U0536322

甘肃省文化资源名录
（第三十卷）
地名文化 I

特色自然地理地名、市州、市县区、乡镇街道、
村、社区

总 主 编：陈 青　王福生
副总主编：马廷旭
总 校 对：刘玉顺
本卷主编：王 荟　李 骅

中国书籍出版社
China Book Press

图书在版编目（CIP）数据

甘肃省文化资源名录. 第三十卷 / 陈青, 王福生总主编; 甘肃省社会科学院编. — 北京：中国书籍出版社, 2018.1
ISBN 978-7-5068-6714-6

Ⅰ.①甘… Ⅱ.①陈… ②王… ③甘… Ⅲ.①文化遗产—甘肃—名录 Ⅳ.①K294.2-62

中国版本图书馆CIP数据核字（2018）第027826号

甘肃省文化资源名录　第三十卷
陈　青　王福生　总主编
甘肃省社会科学院　编

责任编辑	李　新
责任印制	孙马飞　马　芝
封面设计	东方美迪
出版发行	中国书籍出版社
地　　址	北京市丰台区三路居路97号（邮编：100073）
电　　话	（010）52257143（总编室）　　（010）52257140（发行部）
电子邮箱	eo@chinabp.com.cn
经　　销	全国新华书店
印　　刷	三河市顺兴印务有限公司
开　　本	787毫米×1092毫米　1/16
字　　数	400千字
印　　张	18
版　　次	2018年1月第1版　2018年1月第1次印刷
书　　号	ISBN 978-7-5068-6714-6
定　　价	218.00元

版权所有　翻印必究

甘肃省文化资源普查
和分类分级评估工作领导小组

组　长　　连　辑

副组长　　张广智

成　员　　俞建宁　张建昌　范　鹏　武来银　伏晓春　赵海林
　　　　　　王智平　周继尧　史志明　李宗锋　阿　布　李　堋
　　　　　　曹玉龙　陈　汉　梁文钊　陈德兴　妥建福　樊　辉
　　　　　　肖立群　王兰玲　肖学智　宋金圣　拜真忠　卢旺存
　　　　　　石生泰　柳　民　吴国生　火玉龙　车安宁　马少青
　　　　　　王福生　张智若

甘肃省文化资源普查和分类分级评估工作领导小组办公室及下设机构

主　　任　　范　鹏

常务副主任　　王福生

副 主 任　　李　堋　王兰玲　柳　民

执行副主任　　侯拓野　马廷旭　陈月芳　廖士俊

成　　员　　杨文福　丁　禄　田锡如　李含荣　路晓峰　刘效明
　　　　　　张建胜　徐麟辉　马志强　张春锋　梁朝阳　方剑平
　　　　　　黄国明　王银军　刘志忠　李拾良　王登渤　赵艳超
　　　　　　席浩林　王　钢　刘　晋　李军林　王景辉　邵　斌
　　　　　　杨彦斌　李素芬　李才仁加　王　旭　王治纲

综合协调组

　　组　长　　王灵凤

　　成　员　　庞　巍　马争朝　吴绍珍　巨　虹　王彦翔　唐莉萍
　　　　　　　段翠清

普查业务组

　　组　长　　谢增虎

　　成　员　　马东平　侯宗辉　马亚萍　戚晓萍　魏学宏　李　骅
　　　　　　　买小英　梁仲靖　王　屹　海　敬

技术保障组

　　组　长　　刘玉顺

　　成　员　　胡圣方　王　荟　谢宏斌　张博文　宋晓琴

专家联络组

　　组　长　　郝树声　马步升

　　成　员　　金　蓉　赵　敏

甘肃省文化资源名录
编纂委员会

主　　任　　陈　青　郝　远
副 主 任　　范　鹏　彭鸿嘉　俞建宁　王福生
委　　员　　朱智文　安文华　刘进军　马廷旭
　　　　　　王俊莲　王　琦　陈双梅

总 主 编　　陈　青　王福生
副总主编　　马廷旭
总 校 对　　刘玉顺
成　　员　　谢增虎　马东平　侯宗辉　马亚萍　戚晓萍
　　　　　　魏学宏　赵国军　谢　羽　金　蓉　买小英
　　　　　　巨　虹　吴绍珍　胡圣方　李　骅　鲁雪峰
　　　　　　梁仲靖　王　荟　王　屹　海　敬　段翠清
　　　　　　李志鹏　尹小娟　姜　江

前 言

丝绸之路三千里，华夏文明八千年。甘肃是华夏文明的重要发祥地之一，是中华民族重要的文化资源宝库，是国务院认定的"华夏文明传承创新区"。为了保护和传承甘肃恢宏的历史与当代文化资源，使之能够汇总展示给世界，并永久流传，甘肃省从 2013 年 4 月启动了全省文化资源普查工作。在甘肃省文化资源普查和分类分级评估工作领导小组组织下，动员全省各市（州）县（区）、31 个厅局及省直单位的专业人员，数十位专家学者，历时两年，完成了普查和数据录入工作。对于全省文化资源普查成果，甘肃省社会科学院又经过两年时间整理完善、分类编辑、拾遗补阙、校对编排，现在终于有了《甘肃省文化资源名录》的付梓出版。

《甘肃省文化资源名录》集中展现了甘肃历史悠久、丰富多样的文化资源。甘肃历史文化遗存位列全国前茅，民族民俗文化特色鲜明，现代文化颇具实力。伏羲文化、大地湾文化、马家窑文化、齐家文化、寺洼文化、彩陶文化、周秦早期文化、长城文化、汉简文化、三国文化、五凉文化、敦煌文化、石窟文化、黄河文化等历史文化资源积淀深厚；道教文化、西夏文化、伊斯兰文化、藏传佛教文化等民族宗教文化资源星罗棋布；大革命文化、根据地文化、长征文化、抗日文化、解放区文化等红色文化资源耀眼夺目；工业文化、科技文化、歌舞文化、大众文化等现代文化资源特色鲜明。可以说，文化资源是历代生活在甘肃的华夏儿女留给这块大地的永不磨灭的最辉煌印记。

就甘肃省文化资源的精华而言，截至 2017 年初，全省馆藏可移动文物为 195.84 万件，各类不可移动文物 16895 处。有世界文化遗产 7 处，全国重点文物保护单位 131 处，省级文物保护单位 556 处，国家级非物质文化遗产代表性项目 68 项。有国家级历史文化名城 4 座，国家级历史文化名镇 7 座，中国历史文化名村2座，中国传统村落36个。莫高窟、嘉峪关、伏羲庙、麦积山、炳灵寺、阳关、玉门关、锁阳城、崆峒山、拉卜楞寺、中山桥……，都是甘肃文化的历史见证；敦煌汉简、悬泉汉简、铜奔马、牛肉面、剪纸、花儿、皮影、羊皮筏子、黄河水车……，都是甘肃永恒的文化名片；腊子口、哈达铺、会师楼、南梁……，都是甘肃代表性红色文化遗产；酒泉卫星发射中心、刘家峡水电站、玉门油田、《读者》《丝路花雨》《大梦敦煌》……，都是甘肃之所以为甘肃的鲜明标志；祁连山、雪山冰川、河西走廊、大漠戈壁、高原草原、天池梅园……，都是如意甘肃的生动写照。众多的历史、自然和现代文化资源犹如满天繁星，镶嵌在广袤的甘肃大地上熠熠生辉。

《甘肃省文化资源名录》汇总甘肃省文化资源的精华，完成了打造华夏文明传承创新区的基础工作。《名录》将文化资源分为二十大类，分别是：文物；红色文化；重要历史事件与人物；重要历史文献；民族语言文字；非物质文化遗产；自然景观文化；宗教文化；文学艺术；饮食文化；建筑文化；节庆、赛事文化；文化之乡；地名文化；文化传媒；社科研究；文化类高等教育；文化艺术机构团体；文化产业；文化人才。每类文化资源按属性又分若干子分类，每个子分类都有严格的界定。同时，将文化资源级别分为省级和市州级。省级文化资源是指国务院、国家有关部委、甘肃省政府和省直部门已经明确命名、认定、管理（或委托管理）的国家级和省级文化资源，以及甘肃省文化资源普查办公室评估认定并核定公布、报送备案的文化资源。市州级文化资源是指甘肃省各市州、县级政府及其管理部门已经明确命名、认定、管理的市县文化资源，以及甘肃省文化资源普查办公室评估认定并核定公布、报送备案的市县文化资源。甘肃省内世界级文化资源（遗产）纳入省级文化资源管理范围，暂未认定级别和不需认定级别的文化资源统一纳入市州级文化资源范围。

推出《甘肃省文化资源名录》，对于推进华夏文明传承创新区建设、甘肃文化大省建设、丝绸之路黄金段建设意义深远。《名录》不仅仅记录了甘肃文化资源的种类和数量，也使甘肃文化资源的资源类别、品相级别、蕴藏情况、流布地域、传承范围和衍变情况得以准确和清晰化。通过编辑出版《甘肃省文化资源名录》，形成一个科学完整的文化资源数据库、文化资源研究的学术平台、文化资源传承保护和开发利用的指南，有助于更好地挖掘那些具有世界影响、国家价值、显著特点、唯一仅存、开发潜力巨大的代表性文化资源，为文化资源的有效保护提供科学依据，为重点文化资源找到开发的机遇并重塑生长的价值，为文化产业项目的开发利用提供可靠的参考。所以，《名录》的推出，是甘肃省文化资源普查成果面向世界迈出的第一步，是文化实力助推甘肃转型发展的坚实步伐，它为甘肃省今后对文化资源进行保护传承、专题研究、数字展示、市场开发奠定了基础。

甘肃省社会科学院

2017 年 7 月

目 录

前　言 　　　　　　　　　　　　　　　　　　001

特色自然地理地名　　　　　　　　　　　　　001

（一）兰州市城关区　　　　　　　　　　　　002
（二）兰州市七里河区　　　　　　　　　　　004
（三）兰州市西固区　　　　　　　　　　　　009
（四）兰州市榆中县　　　　　　　　　　　　010
（五）兰州市永登县　　　　　　　　　　　　012
（六）酒泉市玉门市　　　　　　　　　　　　014
（七）酒泉市肃北蒙古族自治县　　　　　　　015
（八）嘉峪关市　　　　　　　　　　　　　　017
（九）金昌市永昌县　　　　　　　　　　　　018
（十）天水市秦州区　　　　　　　　　　　　019
（十一）天水市麦积区　　　　　　　　　　　026
（十二）天水市秦安县　　　　　　　　　　　031
（十三）天水市甘谷县　　　　　　　　　　　032
（十四）天水市武山县　　　　　　　　　　　034
（十五）天水市张家川回族自治县　　　　　　036
（十六）武威市凉州区　　　　　　　　　　　038
（十七）武威市古浪县　　　　　　　　　　　040

（十八）武威市民勤县	041
（十九）武威市天祝藏族自治县	043
（二十）张掖市甘州区	046
（二十一）张掖市山丹县	047
（二十二）张掖市民乐县	049
（二十三）张掖市临泽县	050
（二十四）张掖市肃南裕固族自治县	052
（二十五）白银市白银区	057
（二十六）白银市会宁县	058
（二十七）白银市景泰县	060
（二十八）平凉市崆峒区	062
（二十九）平凉市泾川县	064
（三十）平凉市灵台县	065
（三十一）平凉市庄浪县	070
（三十二）平凉市静宁县	071
（三十三）庆阳市正宁县	072
（三十四）庆阳市华池县	073
（三十五）庆阳市合水县	075
（三十六）庆阳市宁县	076
（三十七）庆阳市庆城县	077
（三十八）庆阳市镇原县	078
（三十九）庆阳市环县	081
（四十）定西市通渭县	084
（四十一）定西市陇西县	085
（四十二）定西市漳县	087
（四十三）定西市岷县	088
（四十四）定西市临洮县	089
（四十五）陇南市武都县	090

（四十六）陇南市成县 092

（四十七）陇南市徽县 094

（四十八）陇南市康县 095

（四十九）陇南市文县 096

（五十）临夏回族自治州临夏市 098

（五十一）临夏回族自治州康乐县 099

（五十二）甘南藏族自治州合作市 100

（五十三）甘南藏族自治州迭部县 101

市州、市县区、乡镇街道 103

（一）兰州市城关区 104

（二）兰州市七里河区 106

（三）兰州市西固区 107

（四）兰州市安宁区 108

（五）兰州市红古区 109

（六）兰州市榆中县 110

（七）兰州市皋兰县 111

（八）兰州市永登县 112

（九）酒泉市肃州区 113

（十）酒泉市玉门市 114

（十一）酒泉市敦煌市 118

（十二）酒泉市金塔县 120

（十三）酒泉市瓜州县 121

（十四）酒泉市肃北蒙古族自治县 123

（十五）嘉峪关市 124

（十六）金昌市金川区 125

（十七）金昌市永昌县 126

（十八）天水市秦州区	127
（十九）天水市麦积区	129
（二十）天水市清水县	131
（二十一）天水市秦安县	133
（二十二）天水市甘谷县	135
（二十三）天水市武山县	137
（二十四）天水市张家川回族自治县	138
（二十五）武威市凉州区	140
（二十六）武威市古浪县	141
（二十七）武威市民勤县	146
（二十八）武威市天祝藏族自治县	147
（二十九）张掖市甘州区	148
（三十）张掖市山丹县	149
（三十一）张掖市民乐县	151
（三十二）张掖市临泽县	153
（三十三）张掖市高台县	154
（三十四）张掖市肃南裕固族自治县	156
（三十五）白银市白银区	157
（三十六）白银市平川区	158
（三十七）白银市会宁县	159
（三十八）白银市靖远县	160
（三十九）白银市景泰县	161
（四十）平凉市崆峒区	162
（四十一）平凉市泾川县	163
（四十二）平凉市灵台县	165
（四十三）平凉市崇信县	168
（四十四）平凉市华亭县	170
（四十五）平凉市静宁县	171

（四十六）庆阳市西峰区	172
（四十七）庆阳市正宁县	173
（四十八）庆阳市华池县	174
（四十九）庆阳市合水县	176
（五十）庆阳市宁县	179
（五十一）庆阳市镇原县	180
（五十二）庆阳市环县	184
（五十三）定西市安定区	186
（五十四）定西市通渭县	190
（五十五）定西市陇西县	191
（五十六）定西市漳县	195
（五十七）定西市渭源县	197
（五十八）定西市岷县	198
（五十九）陇南市武都区	200
（六十）陇南市成县	212
（六十一）陇南市徽县	216
（六十二）陇南市礼县	217
（六十三）陇南市康县	219
（六十四）陇南市文县	226
（六十五）陇南市宕昌县	229
（六十六）临夏回族自治州临夏市	230
（六十七）临夏回族自治州临夏县	231
（六十八）临夏回族自治州康乐县	232
（六十九）临夏回族自治州广河县	234
（七十）临夏回族自治州永靖县	235
（七十一）临夏州回族自治州和政县	236
（七十二）临夏州积石山保安族东乡族撒拉族自治县	238
（七十三）甘南藏族自治州合作市	239

（七十四）甘南藏族自治州舟曲县　241
（七十五）甘南藏族自治州卓尼县　242
（七十六）甘南藏族自治州临潭县　244
（七十七）甘南藏族自治州迭部县　248
（七十八）甘南藏族自治州玛曲县　249

村、社区　253

（一）兰州市七里河区　254
（二）兰州市西固区　258
（三）兰州市安宁区　259
（四）兰州市榆中县　260
（五）玉门市　265
（六）敦煌市　266
（七）酒泉市肃北蒙古族自治县　267
（八）嘉峪关市　268
（九）金昌市永昌县　269

后　记　270

甘肃省文化资源名录 第三十卷 地名文化 I

特色自然地理地名

(一) 兰州市城关区
(二) 兰州市七里河区
(三) 兰州市西固区
(四) 兰州市榆中县
(五) 兰州市永登县
(六) 酒泉市玉门市
(七) 酒泉市肃北蒙古族自治县
(八) 嘉峪关市
(九) 金昌市永昌县
(十) 天水市秦州区
……

（一）兰州市城关区

0001 掬月泉
简　介：位于兰州市五泉南路103号，海拔1608.5米，属侵蚀下降泉，月升东山时，此处得月最早，盈月入泉，伸手可掬，故名之掬月。

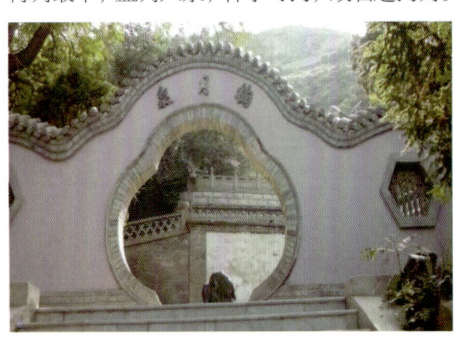

0002 甘露泉
简　介：位于兰州市五泉南路103号，海拔1608.5米，属侵蚀下降泉，称为"漱玉泉"，清同治年间重修寺院时，"取天下太平，则天降甘露"之说，更名为"甘露泉"。位于清虚府西南山崖下，为五眼泉中地势最高者。

0003 摸子泉
简　介：位于兰州市五泉南路103号，西龙口附近，海拔1606.2米。洞长14米，入洞9米，始至泉眼处，洞口有一副对联："糊糊涂涂将佛脚抱来，求为父母；明明白白把石头拿去，说是儿孙。"

0004 皋兰山
简　介：皋兰山海拔2129.6米，是兰州城南的天然屏障和第一高峰，最高点营盘岭。对于皋兰的来历人们有三种说法：其一，皋兰是匈奴语译音。匈奴谓天为祁连，而皋兰、乌兰、贺兰诸山名，都和"祁连"发音相近，有高峻之意；其二，出自羌语河的称呼；其三，近代有人认为，皋兰来自山上的一种兰草。"实际上，皋兰、乌兰、贺兰等指河，是匈奴人的称呼，现在蒙古仍有将河叫皋兰的。皋兰山就是河边的大山。应该得到确认的是，匈奴人在黄河北岸为皋兰山取名的说法是成立的。"兰州市地方志办公室副主任金钰铭说。

0005 蒙泉

简　介：位于兰州市五泉南路103号，由东龙口子午亭北挡土墙下的三股清流汇聚而成。海拔1573.8米，属滑坡泉，明朝李文诗曰："上人邀我烹新茗，水汲山中第五泉"，即此泉。

0006 惠泉

简　介：位于兰州市五泉南路103号，西龙口企桥南，海拔1574.8米，属滑坡泉，日出水量18.34方，圆形径为4.5米，深入地表1.3米，水深0.6米，泉南立天然巨石，上镌"惠泉"两字。

（二）兰州市七里河区

0007 金天观

简　介：金天观位于兰州市七里河西津东路段西园街道华林山1号，属道教全真崳山派，是一个历史久远的建筑群，始建于明建文二年（1400）。据张建1940年《重修金天观碑铭》载："金天观唐为云峰寺，宋为九阳观。明肃王朱瑛将王府从甘州迁往皋兰（今兰州）后，仰观俯察，此地有仙人舞袖之形。1400年遂得其地，于当年春季行工，秋后竣工。以五行论观建西方，又竣工于秋，取西方'庚辛金'之意"，遂取名金天观，一直沿用至今。金天观是甘肃最大的道观之一，以唐代槐树、壁画、牡丹而闻名。1956年，金天观改为兰州工人文化宫。后来人们将一些地方的石碑移到此地，如今院南有明清碑刻十余块。其中，有移自节园的明肃王妃"碧血碑"，立于原三清殿西廊。金天观历来为道教在兰州的活动中心，最早的道教组织"道德社"就在金天观设立，解放后改为道教协会。金天观的创始人是孙碧云真人。现有遗物：象牙笏板、铜磬钹、法衣、莲花冠、黄冠、经书等有价值的历史遗物。

0008 石佛沟

简　介：位于七里河区阿干镇，总面积6376公顷，海拔1950—3124米，整个景区山峦叠嶂，郁郁葱葱，松树、杉树、桦树、灌木、草甸从山峰到谷底把整个石佛沟完全覆盖，是兰州市区内少有的绿色葱茏之地。在盛夏酷暑季节，这里的最高气温也只有20—25度左右。传说石佛沟有一深达数丈的石洞，洞内有一尊汉白玉佛像，被一上山垦荒的农民发现，因此得名石佛沟。石佛沟经历代高僧募捐修缮，渐渐香火旺盛，清代以后，石佛沟陆续遭到人为破坏，被毁殆尽。1949年后国家封山育林，生态渐渐恢复，直到1992年9月被批准为国家AA级森林公园。半山腰处有在原址上新修复的灵岩禅寺，雄伟庄重，金碧辉煌。

0009 天都山

简　介：位于兰州市七里河区八里镇岘口子村，为马衔山支脉，山势自西向东逼近阿干河边，河水自南到东，复折环绕此山，远观犹如海中仙山。又有三峰耸峙，酷似笔架。山上油松林较多，灌林不少，苍翠润碧。上有天然石洞，有石似跌坐如来佛像。清道光年间辟为佛道寺观，沿山建有祖师殿、菩萨殿、吕祖殿、财神殿、鹤来亭，与青山绿水相辉映。庙宇毁于1967年，近年来部分重修。

0010 净业寺

简　介：佛教圣地，位于七里河区阿干镇，该寺于1992年建成，背靠山体，依山而建，共3层，占地面积2670平方米。南至高林沟浴池楼，西至背靠山体，东至兰阿公路，北至河西居民区。

0011 碑滩沟

简　介：属七里河区黄峪乡，该地区处于黄土丘陵沟壑区，境内沟壑纵横，梁峁起伏，山峦重叠，其地形以山地为主，土壤以山地褐色土和灰钙土为主。该地区属于大陆半干旱气候带，干旱少雨，无霜期短，昼夜温差悬殊。

0012 张家岭古遗址

简　介：位于七里河黄裕乡张家岭村，属马家窑文化类型，发掘于上世纪60年代，遗留明显，房址、灰坑、烧窑清晰，残碎石器、陶片众多。

0013 白云观

简　介：位于崔家崖崖头的极寿山白云观，道光十七年（1837）由乡民、信男善女募捐、化缘集资建成。以道为主，道佛结合。道观内除供奉365正神、玉皇、瑶池王母、百子娘娘等神外，另设有佛殿，内塑有观音菩萨、十八罗汉等佛。民国时期，道教活动兴盛，每次参加的达数百人。住观道士最多时为5人。1969年被拆除。现已逐渐恢复。

0014 大尖山

简　介：大尖山位于黄裕乡尖山村，海拔2850米，境内沟壑纵横，梁峁起伏，山峦重叠，其地形以山地为主。地貌特征南高北低，多为山地。

0015 沈家岭

简　介：属七里河区魏岭乡，为一个由南北两块高地组成的葫芦形山梁，面积约0.4平方公里，两高地中间是马鞍形凹陷。东侧坡度小，延伸至兰（州）阿（干镇）公路，西侧则多岩石峭壁，与狗娃山相对。

0016 云顶山

简　介：位于七里河区阿干镇，是兰州的南大门，距离市区21公里，总面积85.5平方公里，与定西市临洮县、兰州市榆中县相邻。其特殊的地理位置、气候条件使得这里旅游资源比较丰富。据史料记载，东晋隆安三年（399），63岁高龄的法显从长安启程西进天竺取经，行至西秦苑川郡（今兰州）时，在云顶山进行夏坐，期间读经、讲经三个月。法显是中国历史上直接从印度求得佛经带回东土的第一人，比后来的唐玄奘早了230年。现据此建有云顶山法显文化景区。

0017 王官营法宁寺

简　介：法宁寺位于黄峪乡王官营村，由山门、厢房及前殿、正殿、后殿等构成三院落。据文献记载，元、明、清各代多次进行修缮，现存3座大殿。

0018 西山寺

简 介：属七里河区阿干镇，本寺于 1992 年重建，主体建筑共有 3 座佛殿，分别是大雄宝殿、观音殿、地藏殿，共有僧舍 20 余间。

0019 姐姐沟

简 介：坐落于七里河区西园街道华林路 137 号，东靠华林山西坡山根，西临林家庄铁路小区，南接工林路，北至林家佳园，一条南北走向约 500 米长的狭窄小路。传说明朝时期，林家庄一带树木成林，流水潺潺，鸟语花香，幽静宜人，黄家楼子书生黄谏因天资迟钝，屡考不第，经常来此读书。年复一年，坚持不懈。一日，见一美貌女子对他言道："见你常来此苦读，却无长进，我有仙珠一颗，你可含在口内，功课必有大进。"并嘱咐万勿咽下。黄谏接丹入口，顿觉脑清目明，聪慧异常。后遇一道士，言说黄谏面带妖气。黄谏如实告之。道士教他："再有此情，将仙丹咽下，必成大器。"黄果依道士所言，将仙丹咽下，遂经史子集，过目不忘。即拜此女子为姐姐，过了几年，皇开科选，果然皇榜高居，得进士及第。荣归后，即到原地寻觅姐姐，却无影踪。忽见道旁一腐烂狐皮，蛆蛹滋生，恶臭异常，黄作恶难忍，"哇"的一声，却将仙丹吐出，再视狐皮，已无踪影，但见姐姐端立面前，手持仙珠说："你已登第，仙珠当还，你我缘分已尽，我将去矣，望君保重。"刹那间，女子已不见，却见一狐狸奔驰入沟。黄谏甚感其恩，常入此沟，高声呼唤："姐姐。"天长日久，后人即将此沟唤为"姐姐沟"。

0020 后五泉

简 介：位于兰州市七里河区南部，五泉山后山，原因是这里也有龙泉、伏泉、马黄泉、叶家泉、谢家泉等五眼泉水，正好背对前山的惠泉、蒙泉、甘露泉、摸子泉、掬月泉等五泉，故兰州人俗称后五泉。后五泉的成因和前五泉相同，都是五泉砾岩中的裂隙水、岩水汇成一泓，顺剞大渡槽流淌出沟，附近村民用以灌溉农田菜圃。后五泉水富含多种矿物质和微量元素，故这里的果品蔬菜质地优良，口感甚佳，特别是冬果梨、软儿梨、萝卜、苣莲、芹菜等，质地细嫩，滋味鲜美，是兰州果蔬中的极品，本地人称其为沟水果子沟水菜，有别于黄河水浇灌的果蔬。

0021 双咀山

简 介：属七里河区阿干镇，是七里河区最高峰，海拔 3124 米，山峰有两个山咀，故得名双咀山。

甘肃省文化资源名录 第三十卷 地名文化Ⅰ

特色自然地理地名

0022 九天娘娘庙

简　介：属七里河区魏岭乡。九天玄女，又称玄女，俗称九天娘娘、九天玄女娘娘、九天玄母天尊。原是中国上古神话中的战争女神，后经道教奉为高阶女仙与术数神。

0023 狗娃山

简　介：属七里河区魏岭乡。提到狗娃山的来历，还有一段有趣的传说：从前，这山上住着一个勤苦的庄稼汉。有一年久旱不雨，窖水也干涸了。庄稼汉因山上没水吃而搬家。临行前忘带了一件东西，他家的牧羊犬留在山上忠实地为主人守护其物，直至饿死。后来主人返回山上寻找遗物，见此情景，大为感动，悲痛之余为它修建了一座义冢，以嘉其志。这事一经传开，乡邻们就叫这山为"狗娃山"了。

0024 小西湖公园

简　介：兰州市小西湖公园又称莲荡池、莲花荡，位于七里河中心城区东北部，南接西津东路，北临黄河风情线，地理位置非常优越，黄河母亲雕像位于小西湖公园正北方约80米，与公园遥相呼应。明洪武十一年（1379），朱元璋封藩，十四子朱楧被封为肃王。建文元年（1399）肃王府从甘州（今张掖）移至兰州，因肃王思念南方水乡之美，遂于建文四年（1402）建莲荡池，周五里，花木畅茂，鱼鳖充盈，供其游憩赏玩，后毁于战火。清康熙五年（1666），巡抚刘斗重建，清乾隆六年（1741）总督吴达善修葺，后又毁于乾隆四十六年（1781）。光绪六年（1880）总督杨昌浚由浙调甘，重建。题额"小西湖"，以示不忘浙人和有别于杭州西湖之意，从此，小西湖一名代替了莲荡池，并改名为小西湖。光绪七年，总理甘肃营务处魏光焘重修。民国九年地震后，小西湖逐渐荒芜，湖水干涸，只存一片芦苇，民国十二年（1923），督军陆洪涛延请陇上名人刘尔炘改建、扩建和增建。其"莲池月夜"曾是兰州古八景之一。20世纪60年代—70年代被辟为城市建设用地。小西湖公园于1984年正式兴建，1987年正式对市民开放。公园建筑、绿化、道路、湖面用地均属城市公共绿地，现有土地面积224.26亩。

0025 雲霖寺

简　介：西果园镇雲霖寺属七里河区西果园镇，建于唐朝盛世，据文献记载，早于兰州五泉山寺院，相传唐三藏西天取经，路经此地，并有许多美丽的传说。该寺海拔2370米—2730米，总占地面积400亩，周边林地约1500亩，年最高温度25℃，最低气温约零下10℃。周围环山抱水，四季溪水不断，夏日天高气爽，冬日暖阳高照。景区内有许多奇山秀峰，地质文化极为丰富。

（三）兰州市西固区

0026 马耳山
简 介：原为藏民牧马之山，因山上马多，取名"马儿山"，后误传为"马耳山"。

0027 曹家沟泉
简 介：又称旋水泉，位于金沟乡曹家沟，出水如锅中水开，故得名。

0028 庄浪河（西固西段）
简 介：庄浪河流域位于黄河中游左岸，自河口乡石圈村入境，经河口村和岗镇村交汇处入黄河。北以雷公山、乌鞘岭、毛毛山与古浪河流域为界，东以大松山、小松山与腾格里沙漠为界，西以朱固大阪、黑刺山、马营山、马牙山与大通河流域为界。流域长度为179公里，平均宽度仅23公里，北宽南窄，全部流域呈狭长三角形。

0029 杏胡台
简 介：传说古时有只黑虎经常出没于台上，故名为"黑虎台"，后来当地群众忌讳"黑虎"二字不祥，因台上有野杏树，遂改称"杏胡台"，位于西固区四季青街道杏胡台村。

（四）兰州市榆中县

0030 马啣山

简　介：马啣山地处兴隆山南侧，最高海拔3670米，山顶平坦，宽约8—10公里，长约40—50公里。以高山寒带冻土地貌为主要景观特征，与号称"地球三极"的青藏高原极为相似。既有冻丘地貌，又有古冰缘遗迹，是考察冰川冻土地貌的重要地点。马啣山气候、植被垂直性分布明显，既有原始森林，又有高山草甸，每年盛夏可见到山顶白雪飘、山腰百花艳、山下绿波荡的奇妙景观。

0031 兴隆山

简　介：兴隆山景区为国家4A级风景名胜区，位于县城西南5公里。林木葱郁、景色宜人，被誉为"陇右第一名山""甘肃之名山、兰郡之胜景"。1983年以来，修建了太白楼、成吉思汗展览馆、喜松亭、滴水亭、上山梯台和革命烈士陵园等68项工程，年接待游客60多万人/次。

0032 官滩沟

简　介：官滩沟景区位于和平镇南部，距兰州市约15公里，属马啣山山系。以平坦阔秀成其风格。方圆500米的谷滩呈舌形状，南高北低倾斜漫开，滩涂四周树木茂密，花草繁盛，淙淙山溪曲流回环，关关鸟声此起彼伏，时有林麝出没，无惊无恐，憨态可人，全然展现一种宁静幽深的原始风貌。为历代甘肃施政官员所看重的养马基地。现留有明肃王"牧马官滩"界碑一座。

0033 明肃王墓

简　介：距离兰州市区10公里，榆中县城23公里的明肃王墓位于来紫堡乡黄家庄村北侧平顶峰南麓，墓区内埋葬有明代肃庄王、康王、简王、恭王、靖王、定王、昭王、怀王、懿王、肃王十位藩王，以及两位妃子和一位夫人共11座墓葬。2006年5月25日，被国务院公布为国家重点文物保护单位。

0034 青城古镇

简　介：青城镇又名一条城，位于兰州黄河下游50公里处，地处榆中县北部，陆路距离兰州市约90公里，是古丝绸路上的重镇。青城历史悠久，地理条件优越，历代文人墨客荟萃，商贾云集，会馆林立。青城是水烟的发源地，被誉为"中国水烟之乡"。全镇拥有1个省级文物保护单位，3个县级文物保护单位。有60多处保存较完整的明清时期的古民居四合院，有400多株百年以上的各类树木。2006年被甘肃省建设厅、甘肃省文物局命名为"甘肃历史文化名镇"。2007年被中华人民共和国建设部、国家文物局命名为"中国历史文化名镇"。2010年被住房和城乡建设部及国家旅游局公布为全国特色景观旅游名镇。

（五）兰州市永登县

0035 吐鲁沟
简　介：吐鲁沟位于永登县连城镇，地貌构造奇特，沟中巨石崔嵬，林木葱茏，峰峦叠翠，主景区蜿蜒约15公里，是一处集"幽、秀、险、奇"于一体而毫无人工斧凿痕迹的自然风景区。全园划分为前吐鲁沟森林风景区、三岔旅游村、大吐鲁沟地貌风景区、小吐鲁沟森林风景区和吐鲁沟草原游乐区五大景区，有20多个主要景点。

0036 仁寿山
简　介：仁寿山位于永登县城西，山势雄秀，历史文化丰富。以仁者寿而得名。这是一处道教胜地，山势峻峭，建筑精美，绿化很好。经保护和合理开发建设，形成集生态、人文于一体的旅游胜地。

0037 大冰沟
简　介：位于河桥镇西侧的山谷中，历史上这里是进入青海的重要通道，历史遗迹丰富，文化传奇多。

0038 笔架山
简　介：笔架山位于连城镇西，山势峻峭秀丽，因形如笔架，故得名。这是八宝川一座名山，是连城古镇的重要标志，对连城古镇的选置、鲁土司治第连城、鲁土司衙门的建设、鲁土司墓葬的选择都有重要作用和影响。

0039 青龙山
简　介：青龙山，位于城东，按五行方位，得名青龙。当地人称东山，山上原有宗教文化建筑，惜毁。上世纪80年代开始进行绿化建设，如今成为绿树成荫、建筑精美的园林，有儒佛道活动场地。这是一座文化名山，也是旅游胜地。

0040 凤凰山
简　介：凤凰山形如凤凰，位于永登县红城镇，是当地著名的佛教活动场所，山上寺庙众多。

0041 跌马沟
简　介：位于永登县大同镇南的山谷，里面有村名叫跌马沟。这是一处自然山谷，因曾有大将军跌马下来而称为跌马沟。

0042 猪驮山
简　介：猪驮山原名萱帽山，位于苦水川西，占地900余亩，在山峦起伏中一峰突兀高拔超众，是一块佛家风水宝地。因本土高僧李福用猪驮砖建寺而易名猪驮山。猪驮山是康熙御封的"渗金佛祖"的得道圣地，山中寺庙始建于清康熙年间，300多年来，通过不断增修，已颇具规模。其中一尊高达22.95米的铜质大佛，冠西北铜佛之首。此山气势超拔，峰峦耸峙，山下玫瑰花似海，每逢花期，游人众多。

0043 龙泉

简　介：这是一处奇特的泉水，水波若龙，泉眼亦如龙态，古代在泉边就建有龙泉寺。

0044 石屏山

简　介：这是一座风景秀丽的山，如屏风一样成为古镇连城的风景，也是历史上的佛教胜地，文化遗迹丰富。作为一座文化和自然相融合的山，其已成为永登及周边地区旅游、佛教活动的重要场所。

0045 庞卜拉峡

简　介：位于永登县民乐乡，是一处特别险要的峡谷，两侧山峰矗立，中有小道和溪流，历史上是重要军事据点。其名源于古代少数民族语言，意为特别险要的峡谷。

（六）酒泉市玉门市

0046 红山寺
简　介：红山寺属市级文物保护单位，位于赤金镇光明村。建于唐贞观年间，建筑规模东西长2公里，主体为东、西两寺，上下庙宇有3层，由洞、殿、楼、亭、祠五部分组成，有大雄宝殿、三清殿、红云洞、地藏菩萨洞、观音殿等建筑。

0047 昌马石窟
简　介：省级文物保护单位，是敦煌石窟的重要组成部分。开凿于五代宋初，后历元明又有续凿和修复。原有石窟共计24座，分为上窖石窟和下窖石窟，分布在昌马乡水峡村的上窖山和下窖山一带。1932年12月25日因地震致昌马上窖石窟12座洞窟全部被震塌，壁画、彩塑等各种文物全部损毁，仅剩下窟中4座洞窟幸存。

（七）酒泉市肃北蒙古族自治县

0048 奎腾温泉

简　介：属肃北县党城湾镇，因该温泉地处奎腾河附近，故当地牧民叫"奎腾温泉"。位于党河源头奎腾郭勒附近的夏尔拉排，在独山子山腰阴坡，距原盐池湾乡80公里。海拔3890米，此处3眼温泉一字排开，山露底表，长约150米。每泉高程只相差3米，泉水从陡坡上流下，注入大奎腾郭勒。奎腾温泉水温介于34—35.4度之间，涌水高程2—6厘米。出水量较大，日出水量上泉为6立方米，中泉为144立方米，下泉为98立方米。水源为硫磺矿层的承压水，泉水析出物呈黄色，形成松散的泉花，堆积成泉花扇和泉花丘。

0049 透明梦柯冰川

简　介：位于肃北县石包城乡，该冰川于1958年由一位俄国冰川学家带领我国冰川研究生诗雅风、王宗太等人来到老虎沟内发现。此沟当时被牧民叫老虎沟，在中国冰川研究的文献中该冰川被称为老虎沟12号冰川（老虎沟内共发现44条冰川，其中梦柯冰川为12号冰川）。2000年为了突出肃北旅游的主题，将此冰川改名为透明梦柯冰川沿用至今。透明梦柯冰川是大雪山老虎沟内最大的冰川，也是祁连山最大的山谷冰川。冰川最高处海拔5555米，末端海拔4260米，长10.1公里，总面积21.9平方米。

0050 黑喇嘛城堡

简　介：位于马鬃山镇政府所在地巴音布勒格村（公婆泉村）南1.5公里处，是丹毕加参1918年进入此地建的军事要塞，方圆3.5平方公里。

0051 布尔汗哈达

简　介：当地牧民根据此地刻画的各种动物和植物（如老虎、大象、莲花），将其视为比较有灵气的地方，故起名为布尔汗哈达，蒙语意为佛山。布尔汗哈达位于肃北县党城湾镇浩布勒村东约40公里的大黑沟内。

0052 德勒诺勒

简　介："德勒诺勒"蒙语意思是马镫湖，因站高观望该湖形似马镫，故当地牧民起名为"德勒诺勒"。德勒诺勒位于别盖乡与石包城乡交界处的山峰之间，距县城120公里，海拔4758米，天池周围长约6000米，有泉水、冰雪融水和降水补给。池水水面约1800亩，最深水位5米，水质为咸水。池中水草丛生，鸭鹤成群，每年降水（雨）季节，池面及周围云雾缭绕，水天一色，气象万千。

0053 孟克音塔克力

简　介：属肃北县石包城乡鹰咀山村，此地"孟克"是蒙古语，汉译"永恒"或"冰川"，"音塔克力"位于石包城乡鹰咀山村。此地在"黑刺沟"冰川中间，形状是圆形湖，7000多平方米，可以通行。此地冰川脚下的大小湖水为当地老百姓祭祀雪山的湖水，海拔4162米，属常年湖、淡水湖。

0054 石城遗址

简 介：该遗址位于石包城乡政府驻地西南3公里处，城堡在50米高的山上，海拔2247米，视野开阔，地势险要，是一处攻防兼备的古城。城堡东西长144米，南北长77米，高9米，城墙为片麻岩石垒砌而成，城墙四角为直角，城内分布房屋建筑，房屋用石块垒成。现城堡只存残断崖，屋内地面遗址有木柴灰烬层，厚约0.4—0.8米。根据城堡结构及地表暴露遗址分析断定，此城约为东汉至魏晋之间建筑，可能是防御羌人侵犯的军事设施。如此石城，甘肃省仅此一处，是甘肃省省级文物保护单位。

（八）嘉峪关市

0055 黑山湖

简　介：黑山湖位于嘉峪关西10余公里处，嘉峪关断层与黑山隆起地带。黑山湖水库是在黑山湖、大草滩地带利用自然形成的古河道，于狭窄口筑一条大坝。利用自溢泉水、开机井水，从最大水源地北大河渠首建长8公里、直径3.2米的涵洞及3.5公里的明渠送水至水库。建坝后，泉水与河水混合作为地表水源通过13公里多的暗渠送酒钢厂区蓄水池供酒钢生产用水。水库库容6400万立方米，为酒钢生产水源，同时还提供嘉峪关、黄草营、断山口等地的农田灌溉和生活用水。

0056 九眼泉

简　介：嘉峪关城东南侧原有自然泉眼十余眼，称为"九眼泉"，九不是具体数字，九眼泉既是很多眼泉组成的沼泽湿地，又称南门湖。是嘉峪关十景之一，汇流量可达0.6立方米/秒，冬夏澄清，终年不竭。明洪武五年，大将军冯胜西征，一眼看准这个地方，于是在"九眼泉"西北坡上置关首筑土城。九眼泉出水量大，曾是嘉峪关村村民从事农业生产和生活饮用的唯一水源。1958年酒钢成立后，在这一带建设嘉峪关水源地，先后打机井八眼，致地下水位下降，泉水不再涌流。

0057 讨赖河

简　介：属黑河水系，古代记载中称"呼蚕河"，后因发源于祁连山中的讨赖掌，易名讨赖河。"讨赖"是匈奴语的译音，有译作"陶勒""托莱"或"洮赉"等名称。又因河水自冰沟沟口出峡谷后，经酒泉县城北侧流下，人们就称为"北大河"。河流经肃南裕固族自治县、嘉峪关市、酒泉市肃州区、金塔县，到会水河与黑河相会，北流入居延海，全长360公里。水源广阔，达620平方公里，年汇集可得水22亿立方米，约有35%直接补给地表水与地下水，还有一部分积结为冰川。嘉峪关市在龙王庙处筑有分水闸，可将水分入主河道两侧的人工水渠南干渠和北干渠，分别流向嘉峪关市的文殊镇和新城镇方向，流入酒泉市肃州区境内。

（九）金昌市永昌县

0058 云庄寺

简　介：永昌县云庄寺风景区位于永昌县城东南29公里处，南坝乡南9公里的祁连山中。景区包括云庄寺石窟、石佛寺石窟人文景观和祁连雪峰、森林、草原等自然景观。景区面积约100平方公里。著名的永昌八景之一"云庄铺翠"风景点就在此风景区。云庄寺古有多处寺观，已毁，尚存晋代以来大小石窟21处；石佛崖在云庄寺石窟东南2.5公里的石佛崖上，原有栈道、亭阁，后毁。现存大小石窟9处。开凿于晋代，与云庄寺石窟属市级、省级文物保护单位，具有较高的历史文物价值。清代本县进士南济汉曾著文《再游云庄山记》，并作诗《云庄古松》，诠译云庄寺佛缘禅机和绮丽风光。诗云"但得秦封意，年光勿琐谈，高寒惟抱节，深翠早为岚，阅世何多变，空山总未谙，丹楼藏秘笈，常把与君参"。而今的"六月六"朝山节，别具风光，逐步演化为城市居民和当地群众避暑旅游胜地。

（十）天水市秦州区

0059 铁堂峡

简　介：铁堂峡位于甘肃省天水市秦州区天水镇齐寿山西北，在秦州区天水镇与平南镇交界处，源于齐寿山的西汉水从峡中穿流而过。铁堂峡不仅是西汉水上游的流经之地，同时也是由陇入川的驿道和军事关隘。峡内壁立千仞，色黑似铁，空谷一线。《直隶秦州新志》中记载："铁堂峡（礼县）东一百里，汉姜维故里。"元《一统志》记载："姜维铁堂庄在天水县（今天水镇），峡内四山环抱，中有孤冢，相传为维之祖茔。"唐代伟大诗人杜甫、元朝诗人徐銮，清朝举人、历任江苏教育总会两江学务及江南高等学堂国文教授程先甲先生都曾作诗赞之。

0060 苏成河

简　介：苏成河在秦州区南部苏成乡境内，河长13公里，区境内流域面积89平方公里，主流发源于汪川乡东部的大山梁，海拔2064.8米，自东北向西南流经罗家坡、成家庄，至闫家河口附近与西支汇合。西支发源于礼县宽川，由西北流向东南，于张家小狗村附近入境，经苏成至闫家河口与东支汇合，至杜家磨南出境入徽县，与东支麻沿河汇合称长丰河（又名杜家河），南流汇入嘉陵江。

0061 观音山

简　介：位于华岐乡辛大村东4.5公里，起点为秦岭主干脉，东西走向，由观音山迤南、西南、北出3支。观音山南为王家大咀、后山里梁、西尖坪，至盘头山，为杏家沟及岸湾沟分水岭。后山里梁迤东为大山上，为岸湾沟及西凡沟分水岭。大山上再东南为西湾山，是西凡沟及门眼沟分水岭，观音山西南依次是老人咀、梨树梁、韩家大梁、韩家梁、白家坝梁，南抵龙头寺止，为双闫河与杏家沟分水岭。全长约7公里，平均海拔1942米。

0062 吕二沟

简　介：吕二沟，当地人也称为"女儿沟"，位于天水市区南部，是渭河一级支流藉河南岸的一条支流，南北走向，流域面积12.01平方公里，干沟长6800米，平均宽度1830米，海拔1175—1707米，相对高度532米，流域内沟壑纵横，有大小支沟51条，由于特殊的地质特点，水土流失比较严重，长久以来，是天水市地质灾害重点治理流域。

0063 慧音山

简　介：位于天水市南郊玉泉镇王坪村南，地处水家沟与龙王沟之间，距市区2.5公里，起于玉泉镇李官湾，止于王家坪村，南北走向，主峰海拔1409米，山上有古刹南廓寺，位于慧音山山坳，建寺已有一千多年的历史，这里风景优美，古树参天，有汉柏唐槐的传说。

0064 簸箕湾梁

简　介：位于秦州区杨家寺乡北4.5公里处，起点位于秦岭主脉，主峰海拔2002米，西北至东南走向，为崭水河西支发源地，由簸箕湾梁东南出一支为园树梁，东麓为关家店村。又东南为梨树坡，又南为庙山，秦公簋出土于此，是秦祖发祥地，由此出境至礼县界。全长约12公里，平均海拔1946米，为崭水河及稠泥河之分水岭，自簸箕湾梁迤东为五台山、蒿坪山，其北麓为铁炉村。

0065 武山

简　介：武山位于天水市南郊石马坪街道石马坪社区南，地处吕二沟与豹子沟之间，距市区1.5公里，起于玉泉镇杨何村何庄，止于石马坪街道石马坪社区，南北走向，主峰海拔1481米，山上有秦州区烈士陵园，始建于1949年，原名"烈士墓"，1995年更名为"烈士陵园"，是全市精神文明建设、政治文明建设和爱国主义教育基地。

0066 大山梁

简　介：坐落在大门乡大门村南6.5公里处，起点于礼县与秦城交界处的乱石山，东南走向，为白家河主流及苏城河东支、汪川河、西汉水南诸支流发源地。

0067 王家大山

简　介：位于牡丹村东北9公里，起点于秦岭主脉，主脉海拔2033米，南北走向，南麓为稠泥河东支发源地，北麓为普岔沟东支发源地，东麓为大沟河（店镇境内灰水河上游），总共3支。王家大山迤北为东台梁，亦名沈家山，又北为大咀梁、尖子塄坎、太京山，其北麓为三十甸子村。自大咀梁迤东为窑湾梁，是普岔沟及韦家沟两水分水岭。北麓为二十里铺。平均海拔1707米，全长约8公里。王家大山迤东为邵家湾、马岐山、年家湾，由年家湾折北为原林下、大坪梁。邵家湾折北至半个咀，自半个咀又分北东两支，东支为场咀山，场咀山北为庙支山，是韦家沟及平峪沟两水分水岭，此支山梁全长约8公里，平均海拔1766米。王家大山西南依次为旗杆山、万家山，是稠泥河东支和大沟河分水岭。万家山迤西为洞子湾梁、酸刺梁、大营梁。此支山梁长约8公里，平均海拔1844米。

0068 景东梁

简　介：在关子和铁炉乡西部，主峰海拔2716米，东西走向。以景东梁为发端，迤东南、东、东北引出3支。东南一支为白崖梁，次南为白坚石梁，梁之东侧为峁水河上游芦子沟，再南依次为高咀梁、阳洼山、尖山寺，由此出境至礼县界。

0069 喇嘛山

简　介：属秦城区藉口镇，位于关家店东北2.5公里处，主峰海拔1912米，东西走向，起于秦岭主干脉，为金家河南支流石沟河发源地。喇嘛山东北为奇龙山、锡壶咀，为石沟河及史家沟之分水岭。自锡壶咀东北约5

公里抵郑集寨村。

0070 西汉水

简　介：古称漾水，又名犀牛江，发源于齐寿山西麓，流经甘、陕两省的6县，至陕西省略阳县两河口汇入嘉陵江，全长212公里，境内长26公里，为嘉陵江一级支流。由齐寿镇向西经平南、天水乡，于天水乡咀头村附近出境至礼县，礼县盐官段称盐官河。西汉水南支为南河（古名兰渠溪水），又称大门河，发源于大门乡东部烽火山（海拔2017米），自东南流向西北。经大门、徐家峡，至天水村西汇入西汉水。汪川河，发源于汪川乡境内的大山梁，自东南流向西北，经柏母、刘骆、阎集、汪川，于万家庄附近出境汇入西汉水。西汉水北支流有平南河、双闫河（发源于牡丹乡咀头，自北流向南，经华岐至天水乡龙头寺附近汇入西汉水）。稠泥河（古名资水），至篆咀与西支合。西支为主流，发源于杨家寺乡北部簸箕湾梁南麓白家沟，由西北流向东南，至篆咀与东支合，经大柳树村、白家村至天水乡境内的流家磨村汇入西汉水，主河长26公里，流域面积164.4平方公里。崌水河，即《水经注》杨廉川水，源头有2支，北支（北河）源于杨家寺乡芦子沟，自北向南流经史家河、彭家庄、宋家庄，至杨家寺村与西支汇合。西支（西河）源于杨家寺乡刘家大庄西部山沟，自西向东经土盆子、马河湾、田家庄，自杨家寺村汇入崌水河，南流经中川，至士子村附近出境入礼县红河乡。境内主流长15.5公里，流域面积92.75公里。

0071 秀金山

简　介：属秦州区玉泉镇，位于天水市城区西郊藉河南边，地处南沟河及平峪沟间，距天水市5公里，起于太京镇西山坪，止于玉泉镇西团庄，南北走向，主峰海拔1581米，旧有四方堡庙宇，现为市级现代农业综合开发示范区，涉及玉泉、皂郊、太京3镇，总土地面积15平方公里，可有效利用耕地面积1.8万亩。秀金山农业综合开发示范区项目自2013年实施以来，以农业综合开发项目为依托，整合其他涉农项目进行建设，成效显著。

0072 马蹄梁

简　介：位于牡丹镇牡丹村东6.5公里，起于秦岭主干脉。南麓为双闫河流域，东麓为大沟河流域，西麓为稠泥河东支发源地。自马蹄梁迤西、南出两支，马蹄梁迤西为吴家尖咀、花猫咀、大咀梁，大咀梁西南2公里即牡丹木门山，山下即木门道。大坡梁东南为董家梁、安集寨，为稠泥河及双闫河之分水岭。此支山梁全长约10公里，平均海拔1941米。马蹄梁迤南出4短支，西支为泰山庙，是王家河坝及常家沟水分水岭。泰山庙东为槟草堤梁，南为小岭，是常家沟及秦家沟分水岭。槟草堤梁东为火石坡梁，是秦家沟及石沟分水岭，再东为大坡梁。此支山梁长约7公里。

0073 藉河

简　介：藉河古名洋水，全长85公里，自西向东流经甘谷、秦城、北道3县、区，境内河长55公里。发源于甘谷县南部瘦驴岭（海拔2472米），经甘谷艾家川至古坡，在古坡乡杨家坪附近入境。经关子乡石川（古称大牟川）、七十铺、藉口乡六十铺、五十铺，至白草滩与金家河汇合。南北2支汇合后，由西向东，流经太京乡全境，至王家磨与南沟河汇合后进入秦州市区，至县家路村出境，于北道区二十里铺乡峡口村入渭河。流域面积1276平方公里，境内面积1066平方公里，藉河自藉口以下北岸支流有年集沟水（又名蜘蛛谷）、罗玉河（古名濛水）、普岔河、韦家沟水（即古罗城溪，又名佛空谷水）、平峪沟水（古名山谷水）、南沟河（古名黄瓜水，又名赤峪水）等支流。藉河进入市区后，南岸依次汇入的支流有豹子沟（古名毛泉谷）、吕二沟（古名栗泉谷）、龙王沟、水家沟（古名沙垅水）诸水。以上4水发源于王家山及后郎庙山，自南向北，汇入藉河。

0074 高咀梁

简　介：坐落在平南镇平南村东北5公里处，起于秦岭主脉，东南走向。此山梁为区境内秦岭主脉的最低点，迤东又逐渐抬升。高咀梁西北为万家庄。万家庄以北的毛栗山（亦名毛鹿山）为南沟河及灰水河之分水岭，其西麓为店镇村。毛栗山迤北抵皂郊村，地形险要，是南宋吴璘抗金要塞。此支山梁长约6公里，平均海拔1699米。高咀梁迤东草帽子梁，折北抵兴隆村，东麓为南沟河。高咀梁东南出一支草滩湾梁，有草滩湾梁折而西为崖湾梁，崖湾梁西南为马家湾梁、车套坡、园咀，其西麓为平南村。全长约9公里，平均海拔1772米。

0075 太阳山

简　介：位于天水秦州区皂郊镇，坐落在皂郊村东南10公里处，主峰海拔2059米，起于火焰山，南北走向，有新洞寺及玉香洞，是南沟河东侧诸小支流及北道区永川河西侧支流发源地。太阳山西高咀头，为东沟及石沟里分水岭，经西北樱桃坡梁抵皂郊村止，为老虎沟及段家沟分水岭。太阳山迤北依次为卧牛山、鸡木塄坎，为慕水沟及水家沟发源地。自鸡木塄坎迤北分4支，东为慧音山，为水家沟及龙王沟之分水岭，山阴有南郭寺。慧音山西为文山，亦名文峰山，古名屏山，其麓为石马坪，上有汉将军李广墓，是龙王沟及吕二沟分水岭。文山之西，亦名武峰山，为吕二沟及豹子沟分水岭。山阴处有革命烈士公墓。武山之西为秀金山，是豹子沟及南沟河下游段之分水岭。北麓为天水郡北部，以中梁为脊轴，分为西北、东南走向的3支山梁。

0076 灰水河

简　介：灰水河，别名黄瓜水，发源于皂郊镇水泉村，流经皂郊镇谢家庄村、杨集村、冯家坪村、店镇村、皂郊村汇入南沟河，全长15.2公里，流域面积4.56平方公里。

0077 齐寿山

简　介：坐落于齐寿镇廖集村东南5公里处，古名嶓涿山，又名云台山。是历史名山，也是黄河、长江两大水系分水岭。主峰海拔1951米。起于秦岭主脉，东西走向。北山诸水为渭河支流赤峪河（南沟河），西山为西汉水之源，东山细流经李子、党川、两当汇入白水江。故有民谣："齐寿山不大不小，压着三江河脑。"齐寿山西南为山门梁，是沿川子及刘家峡分水岭，山门梁东南抵娘娘坝村，山门梁迤西为彭梯湾梁，为西汉水主干及南支流分水岭。山门梁迤西南为小山梁，东侧为刘家河及黄塬河分水岭。小梁山西北为丁家梁，小梁山迤南为烽火山，为西汉水支流南河发源地。烽火山北出一支马家山，烽火山迤西为侧山咀，为西汉水南支胡家沟水发源地，迤西北8公里抵天水村。此支山梁全长约15公里，平均海拔1970米。地貌属红土—黄土丘陵地。

0078 云雾山

简　介：位于店镇、平南镇交界处，起于秦岭主脉火烧咀，西北、东南走向，全长约6公里。平均海拔1765米。云雾山西北为黑鹰山，尖咀山，其东麓为花猫沟。东南为碾盘山、水泉梁，折而北为黄家梁，为灰河沟发源地。黄家梁北4公里为长板坡梁，是古秦州南下古道必经之地。

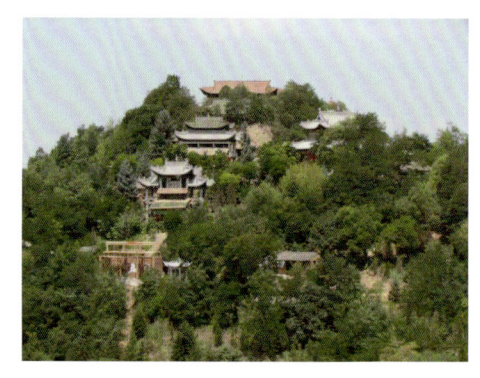

0079 关同大梁

简　介：位于平南镇平南村西2.5公里处，起于秦岭主脉红土坡，南北走向。关同大梁南为大草坡,西为大咀、门眼沟,南抵西汉水止。关同大梁迤东为盘龙山,折而南为马家大坡、鞍子坡,至高楼子止。全长4公里,平均海拔1815米。

0080 火焰山

简 介:位于齐寿镇廖集村东5公里处,起于秦岭主脉,东西走向。为北道区永川河支流谢家河及白家河北支流蒋家沟发源地。火焰山南有王家梁、坝王堡,南抵娘娘坝村。为沿川子及蒋家沟分水岭。火焰山迤东为山台咀、三皇咀,由此出境至北道区界。自三皇咀迤南为红椿木梁、白堡梁,为董水沟发源地。由三皇咀东南出一支张家山、大佛背,南抵柳林村,为北峪沟及董水沟之分水岭。张家山东南为王家大山、陶家沟梁,为倒柳树沟及松川沟分水岭。

0081 文山

简 介:位于天水市南郊玉泉镇石马坪村南,地处吕二沟与龙王沟之间,距市区2公里,起于玉泉镇柴家山,止于石马坪村,南北走向,主峰海拔1481米,上有西汉名将李广之墓。李广墓墓冢高约2米,周长26米,祭庭为3间,悬山顶,垣墙大门额题"飞将佳城"。墓碑上镌有蒋介石题字"汉将军李广之墓"7个大字。据考证,此墓是李广的"衣冠冢",葬宝剑衣物。墓地祭亭门前有两匹汉代石雕骏马,造型粗犷,风格古朴,但现已磨损残缺,只略具形式,石马坪也因此而得名。

0082 南沟河

简 介:皂郊镇南沟河,古名黄瓜水,发源于齐寿镇稍子坡,自南向北流经皂郊镇王家店村、兴隆村、袁家河村、皂郊村、下寨子村、新庄村、董家坪村、贾家寺村、玉泉镇冰凌寺村、暖和湾村汇入藉河,全长27公里,流域面积8.1平方公里。

（十一）天水市麦积区

0083 麦积山石窟

简　介：麦积山又名麦积崖，地处天水市东南方50公里的麦积区麦积镇南侧，是西秦岭山脉小陇山系的一座孤峰。麦积山石窟始创于十六国后秦（384—417），尔后屡有修葺扩建，至公元六世纪末的隋代基本建成，并完整保留至今。区内松竹丛生，山峦叠翠，周围群峰环抱，麦积一秀崛起，古称"秦地林朱之冠"。海拔1742米，山高142米，形状奇特，孤峰崛起，犹如麦垛，"麦积山者，北跨清渭，南渐两当，五百里岗峦，麦积处其半，崛起一块石，高百万寻，望之团团，如农家积麦之状，故有此名"。山峰的西南面为悬崖峭壁，麦积山石窟就开凿在这峭壁上，有的距山基仅20米，有的高达80米。在如此陡峻的悬崖上开凿成百上千的洞窟和佛像，在中国石窟中是罕见的。

0084 石门山

简　介：属天水市麦积区党川乡，石门山距天水麦积山石窟15公里。其山壁立千仞，四周峭崖，只有一条小路连接南北两峰，且南北峰之间的聚仙桥下石壁上，有一大方形黑浑圈，状若门楣，故名石门山。相传有虎豹出没，俗称卧虎台。周围有众多的自然景观和人文景观，入之愈深，愈给人以"山间横黛色，数峰出人间"的感受。去石门山的路上，有一地势开阔处，依山傍水，林丰草茂。据传，秦人先祖嬴非子曾在这里牧马。据地方志记载："麦积山北，左有永丰山，中有东柯峪，山亘四十里，上有秦亭，下有秦台，非子封邑，所谓邑之秦也，旁有金紫山，下有马房山。"20世纪80年代后，放马滩考古发掘了大量秦汉时期的珍贵文物，有秦汉竹简、木板地图和西汉文景时期的纸张实物等。放马滩植被良好，森林覆盖率高，2000年被辟为森林公园。据石门山上所存明崇祯元年（1629）兴龙山承修祖师像碑记和清乾隆六十年（1795）石门重修庙记载："秦州石门，陇右之灵峰，河西之鹫岛，接昆仑而矗磅礴，映华岳而擅奇物，名山大川，脉胳相属，盖为一州之洞天福地也。"可见山上殿宇建造最晚应始于明代。现保存有明、清两代塑像 20 多尊，古建筑 27 座，山上自然风景与人工建筑巧妙结合，浑然一体。殿宇楼阁掩映在参天古木之中，深邃幽静。

0085 仙人崖

简　介：属天水市麦积区麦积镇，位于甘肃天水麦积山风景名胜区，相传此处常有高人隐居修行，故名仙人崖。仙人崖距麦积山石窟 15 公里，由三崖、五峰、六寺所组成。翠峰高耸于崖顶，寺观修建于峰顶或飞崖之间，颇有雅趣。三崖，依其方位，名曰东崖、西崖、南崖。五峰即玉皇峰、宝盖峰、献珠峰、东崖峰和西崖峰。六寺为木莲寺、石莲寺、铁莲寺、花莲寺、水莲寺和灵应寺。"五峰"和罗汉沟群峰众相参差罗列，姿态万千，若揖拜"玉皇峰"，人称"十八罗汉朝玉帝"。仙人崖的寺宇总名叫华严寺，到明永乐十四年，明成祖朱棣把华严寺改名灵应寺，主要是把仙人崖的庙宇，划拨给韩开府（明韩王朱松的府第），变成了韩开府朱家私人家庙了。故一般人把仙人崖和灵应寺往往互称。"仙人送灯"为秦州十景之一。古时，南崖脚下，依崖修建了燃灯阁，是仙人崖的主建筑之一。每当夏秋深夜，天然磷光与阁中的油灯和烛光浮动辉映，人传是神仙携灯往来，故有"仙人送灯"之说。

0086 凤凰山

简　介：凤凰山位于天水市麦积区西北 56 公里新阳镇境内，海拔 1895 米，相对高度 500 米，其山北环渭水，南绕藉河，紧依 316 国道和陇海铁路，其为朱圉脉系，邽山主峰；上遗古观，下辟良田，南眺麒麟，北峙五龙，东瞰天靖，西壤冀城，相传有凤凰栖息而得名。凤凰山东岳庙自汉唐以来，屡有营建，历代修造，屡建屡毁，1942 年在当地名士胡汝翼先生的倡导下，筹集资金，募资助物，组织人力，重修庙宇，历经 3 年，至 1945 年建成泰山庙、山门戏台及厢房。1980 年后，对殿宇逐年进行了维修、扩建。

0087 龟凤山

简　介：麦积区甘泉镇的龟凤山旅游景点位于麦积山自然风景区的林缘地带，坐落在麦积区甘泉镇西 7 公里处龟凤村，分为龟山和凤山。距天水火车站 30 公里，与秦州区皂郊镇太阳山森林公园毗邻相望。山区四周峰峦叠翠，风光秀丽，气候湿润凉爽。龟凤山的由来有两种说法，一说是明代肃王朱炽宏妃子死后葬于此，一说是指龟、凤两座山，故又叫龟凤山。龟山山顶颇似龟背，有面积约1500平米的平地，建有佛、道寺庙，寺院有明代嘉靖甲寅年肃王朱炽宏亲笔题写的"云光寺泰昌登极"匾额，极为珍贵。凤山蜿蜒环抱龟山，似金凤展翅，东西二山如双翼，极为险峻，无路可攀。西边山峰四棱直立，似钟，名钟山。峰下有危崖，遍生翠柏，风动柏涛，哗哗作响，故名柏响崖。崖下有神仙洞，极幽深。东山峰顶浑圆平坦，似鼓，名鼓山。山下有潺潺流水，曲折萦绕，更增添了龟凤山的幽趣。

0088 卦台山

简　介：卦台山又称伏羲画卦台，位于天水市麦积区渭南镇西，距城区38公里，是中华人文始祖伏羲观天法地、演绎八卦、教化众生之地，因此而得名。现为省级文物保护单位，国家2A级旅游景区，市级爱国主义教育基地。卦台山处于天水市三阳川西北端，现辖于麦积区渭南镇，距天水市约15余公里。卦台山如一巨龙从群峦中探出头来，翠拥庙阁，渭水环流，钟灵毓秀，气象不凡。登临卦台山顶，俯瞰三阳川，人们不难发现，古老的渭河从东向西弯曲成一个"S"形，把椭圆形的三阳川盆地一分为二，形成了一个天然的太极图。卦台山巅，宽敞平整。建

有伏羲庙、午门、牌楼、钟楼、古楼、戏楼、朝房等，现存有一直径64厘米，厚约10厘米的木制雕刻"伏羲六十四卦二十八宿全图"，极为珍贵。

0089 罗玉河

简　介：罗玉河发源于麦积区凤凰山南麓的五眼泉，一路逶迤东行，从秦州市区东南折入藉河。历史上因流经市区中城，故多水患，直至清朝中叶的1740年才从左家场改河东流归于今天的藉河。

0090 白家河

简　介：麦积区麦积乡娘娘坝镇的白家河又名永宁河，发源于秦岭南部，处于秦城、徽县交界处的大山坝西麓，主河道长76公里，流域面积541平方公里。由西南流向东北，经樊花窑、舒家坝、钱家坝至南峪，由南峪折转东至李子乡柳林村，由柳林村折转东北，经望夫、长河至下台子村出境，然后由北道区党川马家坪村附近进入徽县，于花庙河合

流注入嘉陵江。

0091 曲溪

简　介：麦积区东岔镇的曲溪位于天水市麦积区东南方向，距离火车站60公里，距麦积山东南约20公里。景区内山幽林静，纯自然风情极浓。那里清清溪流，九曲十八弯，一步一景。河石、草坪、沙滩、湖光、林木交相辉映，置身其间，如在画中。曲溪景区的形成，主要是由曲溪之水和冷水河之水在鱼娃娃口交汇成一较大的河流，自东北向西南蜿蜒流去，直至观音殿。在这一段之间，溪水时而跌宕起伏，时而波平如镜，"曲溪"之名由此而得。曲溪既是一处天然植物园，又是一个天然野生动物园。

0092 映月湖

简　介：麦积区伯阳镇石门村的映月湖位于著名风景区石门景区后山脚下，四面均被石门山包裹。这里一年四季山清水秀，风景秀丽。映月湖的来历，有个美丽的传说，宋康定二年八月十五日，嫦娥、八仙一行赴蟠桃大会回归，路行至此，嫦娥因酒力发作行走困难。这时正值万民昂首赏月之际，为了让嫦娥能顺利回宫，八仙们便在这里搭起了一座聚仙桥，嫦娥才化险为夷。从此，每逢中秋，为感谢八仙相助，嫦娥都要提前准备好佳肴，邀众仙聚在这里，品着茶酒，吃着仙果一起来赏月，当一轮圆月升起映入湖面时，清辉满湖，光影婆娑，仿佛整个宇宙都溶解在一片银色中，"映月湖"的佳景就这样形成了。

0093 放马滩

简　介：位于麦积区党川乡的放马滩是麦积山风景区的一部分，因传说秦始皇先祖嬴非子在此地为周王室牧马而得名。这里碧野连天，风景优美。由于上个世纪曾出土战国秦汉时期的木板地图、竹简、纸地图等一大批重要文物，被当时的考古学家誉为先秦考古文化的圣地。放马滩位于天水市东南56公里处党川燕子关，是通往石门景区后山的必经之路。相传周孝王十三年，嬴非子在此牧马有功，被封为附庸，准许在秦地建邑。秦国为嬴非子部落的正式名称，号称嬴秦。

0094 桃花沟

简　介：桃花沟位于东岔镇桃花坪村的大梁沟，此沟属秦岭山脉，山内有200多种中药材，近30种动物，其中一级、二级国家保护动物有金丝猴、黑熊、锦鸡等。相传李自成当年领兵从汉中凤县、庙藏等地翻过大山，来到桃花沟，途中妃子高夫人病故于桃花沟，由于路途遥远，便将高夫人的遗体埋于半沟。现桃花沟的景点有面佛、灯盏石、令牌石、大刀石、五柱香、佛掌山等，景色优美，引人入胜。据传灯盏石每到夜间，山梁一片亮光，到半夜还能听见雄鸡鸣叫。

0095 毛峪河

简　介：麦积区伯阳镇毛峪河是一条源自伯阳镇境内的河流，源头在石门风景区群山之间，毛峪河沿线分布着下河、韩河、巩坪、高坪、王坪、南河、范河、红崖、石门等9个行政村，10个自然村的1.34万人，占伯阳镇总人口的55.8%，河流向西再经下河村流入渭河，毛峪河上游没有工业企业，水源干净，可以用来做饮用水和农业用水。毛峪河沿线毛峪河公路，起点为310国道，终点在红崖村梁子树，直通石门景区，是一条十分重要的旅游线路。沿线主要经济作物是苹果，是伯阳山区经济发展的交通生命线，也是沿线群众的致富小康路。

0096 金龙山

简　介：麦积区东岔镇的金龙山地处秦岭北坡，渭河南岸，位于麦积区东岔镇与三岔乡交界处，东距宝鸡市70公里，西距天水市90公里。金龙山，原名惊龙山。后经村民、宗教局共同商议改名为金龙山，名称沿用至今。其山海拔1900多米，有大小庙宇12座，顶为玉宝殿，洞为圣母洞，有佛爷殿、文庙、雷祖、菩萨、三观等神殿，每年正月初九，二月十五、三月十六、七月十二都有庙会，陕甘两省信奉弟子都前来朝拜，人山人海，热闹非凡。当地村民组织唱大戏，请道士诵经做法。山中林间小道，从立远村瓦舍沟步行有两小时的行程，近年来，有旅游探险者多次上山看景游玩，山中有清泉一处，即山中泉眼，为神水，传言可治百病。山中风景优美，地势险要，是纳凉避暑的好地方。

（十二）天水市秦安县

0097 大地湾

简　介：秦安县大地湾位于秦安县五营镇境内的邵店村东侧清水河谷及南岸山坡上，距秦安县城45公里。秦安大地湾遗址，是甘肃省东部地区保存较完好的一处原始社会新石器时代古文化遗存，是1958年甘肃省文管会在全省文物普查时发现的，当时就被公布为省级文物保护单位。秦安大地湾遗址，总分布范围达110万平方米。截至2002年年底，仅发掘了其总面积的1.34%，就取得了下述成果：清理发掘出房屋遗址240座，灶址98个，灰坑和窖穴325个，墓葬71座，窑址35座及沟渠12段，累计出土陶器4147件、石器（包括玉器）1931件、骨角牙蚌器2218件以及动物骨骼17000多件。其实际内容之丰富可想而知。难怪20多年来一直参与大地湾发掘和研究的专家郎树德感叹："大地湾是一个远古文化遗存的巨大宝库，现在才只是打开了它的大门。"据考证，大地湾遗址大致可分为五期文化：前仰韶文化、仰韶文化早、中、晚期和常山下层文化。其历史年代从距今8000年一直延续到距今5000年。其中，距今8000年的一期文化是我国西北地区迄今为止考古发现中最早的新石器时代文化。

0098 凤山森林公园

简　介：凤山森林公园位于甘肃省天水市秦安县城东凤山上，以凤山森林公园为重点人工林绿化区域。目前，凤山森林公园已栽植塔柏、刺柏等苗木3.43万株，修建上水工程2处，修建蓄水池4座。

（十三）天水市甘谷县

0099 大像山

简　介：甘谷大像山，位于甘肃省天水市甘谷县城西南 2.5 公里秦岭西端的文旗山上。自山脚拾级而上至巅，总长 1.5 公里，占地面积约 640 亩，是古丝绸之路上甘肃东南部融石窟和古建为一体的重要文化遗存之一，2001 年被国务院公布为全国重点文物保护单位。山上松桧丛生，丁香溢彩，亭台楼阁依山而建，雕栋画廊绿树掩映。山中悬崖间，峭壁上有大洞窟 1 个，洞内坐石胎泥塑大佛一尊。大像山石窟为甘谷八景之一，大佛洞窟两旁，依山附势修有长长的走廊，如同一条腰带。廊上窟龛相连，巍峨壮观，现存 22 个窟龛，大都平面近方形。正壁开大圆拱龛和设高坛基，并有僧人修行的禅窟，这是大像山窟龛特殊之处，在全国也很罕见。甘谷大佛为半圆雕石胎泥塑，高 23.3 米，肩宽 9.5 米，头高 5.8 米，膝长 6 米。其造型高大雄伟，令人仰止，所具有的文化特质可视为西方装饰性雕塑和中国写意性雕塑完美结合的艺术巨制。据考证，甘谷塑佛造像可远溯北魏，先后共经历了 4 个朝代，300 多年。

0100 渭河（甘谷段）

简　介：渭河（名称来历待考），发源于渭源县鸟鼠山（海拔 2509 米），流经渭源县、陇西县、武山县，自武山县洛门镇流入甘谷，由西向东经磐安、谢家湾、新兴、大像山、六峰、金山等 6 个乡镇所辖地区，至金山乡的魏家磨流出本县，进入天水市境。流经甘谷县境 42 公里，流域面积 1228.5 平方公里（按直接流入水系计算）。其较大支流散渡河（原称苦水河）自通渭县的蔺家川南进入本县后流经大庄、安远、新兴，于新兴镇的大王村西注入渭河。新中国成立前在汛期有牛皮筏子引渡，1958 年于新兴镇姚家庄架水泥桥一座，长 221 米，将县城与渭河北岸连接起来。2012 年，对姚庄渭河大桥进行重建，桥梁全长 206.106 米，桥面宽度 21 米。

0101 天门山

简　介：天门山位于甘谷县城南，海拔 1500

米，是甘谷县名胜风景旅游区之一，自古以来有"天门春晓"的美誉。山巅有始建于秦汉，重建于宋仁宗天圣年间（1023—1031）的东岳庙，有泰山之神东岳天君的塑像，苍柏环抱的古庙是采伐本山松木所建。塑像壁画，庄严肃穆；殿宇楼阁，巧匠精工；楹联匾额，出于名家。庙院内两株红白牡丹植于北宋，系珍贵的文物树木。天门山山势巍峨，连峰耸峙，古木成林，山花似锦。南岭渠水，潺潺环绕；盘山公路，直通山顶。正如《甘肃通志》描述甘谷县城的景色："关岭东峙，朱圉西雄，南仰天门，北环渭水，万山四塞，复岭重网。"是观赏城区景色的最佳去处。每当旭日东升，登临山顶，晨雾中环视四野，但见层峦叠嶂，绵延起伏，颇为壮观；俯瞰渭水平川，烟雾缭绕，玉带蜿蜒，高楼林立，霞光映彩。夕阳西照时，则四野涂金，山峦辉映。清康熙年间伏羌（今甘谷）县令曹思义赋诗曰：秦陇名山眼底收，天门翠耸更无俦。云开平野田畴绣，雾散高城楼舍稠。

0102 石鼓山

简　介：石鼓山位于甘谷县城南35公里处的艾家山，为朱圉山最高峰，海拔2625米，山峰陡峭，人迹罕至，远望如石鼓，近看似卧牛，茂林幽泉，森秀无比。初春时节，万物透绿，石鼓山白雪皑皑；大雨前夕，飞鸟翱翔，石鼓山烟云弥漫。史载："山林中珍禽出没，鹿麝时鸣，野生植物遍地皆是。"山间悬崖峭壁之上，一泓清泉飞流直下，蔚为壮观；曲折泉石之间，溪流潆洄，汇为藕水，当地人称"乌龙江"。更为神奇的是，山丘之巅，突兀一石，酷似一头卧北朝南的耕牛，翘首做犀牛望月之状，人称卧牛山。卧牛山石颈之下，有一巨石，其面圆而平，每当正午阳光直射之时，远远望去，石面宛如兽皮所蒙，恰如一面威风凛凛的巨型战鼓，恍惚之中，有如雷声隐隐而来，民呼之曰石鼓，石鼓山因此得名。石鼓山因郦道原《水经注》中"有石鼓不击自鸣，鸣则兵起"的历史记述而备受史学家重视，也因优美的草原风光而备受游人青睐。

0103 散渡河

简　介：散渡河发源于通渭县中营大山南麓，在通渭县流经部分地域后流入本县。在本县境内由北向南流经大庄、安远、新兴、渭阳，于渭阳乡大王庄注入渭河。该河长46公里，流域面积474平方公里，为县境内第二条大河。

（十四）天水市武山县

0104 东梁渠

简　介：以引水上山称著的东梁渠，坐落在武山县城东南 25 公里的温泉镇东梁山上，故名东梁渠。西南有云山高耸，东南有大马山峨然屹立，中与矿泉发源地炉子山鼎立相峙，与东梁山均属西秦岭山脉北缘部分。东梁渠从温泉镇石家磨引聂河水，依山绕湾，穿山越谷，由南向北，从高而低，把低低的河水调上高山，曾为举世瞩目的奇迹。渠长 30 公里，灌溉面积 32000 多亩。全境总面积 42 平方公里，经温泉、洛门二乡镇。解放前东梁一带地瘦民穷，苦旱多灾，农民不堪度日，背井离乡。解放后，党领导农民大力发展农业生产，东梁渠便在群众的迫切要求和县委大胆设想的形势下得以兴修。1956 年 2 月，在一无先例，二无资金，三无技术的条件下，充分依靠群众的力量和智慧，采取先修马路，后开渠道，见湾就绕，减少渡槽和边测量、边施工，边施工、边测量的办法克服了勘测设计难关，经历了无数复杂地形，越过 40 座山涧，穿过了 4 座森林，逾越 100 多公尺的悬崖峭壁，闯过了著名的长虫山、圣母山、阎王匾、鬼门关、黑沟湾、烂泥滩、鞍子山等艰险，于 1957 年 6 月终于修通。东梁渠的建成，是新中国成立后天水第一个大型水利工程。

0105 云雾山

简　介：位于武山县杨河乡的云雾山，主峰横亘杨河、温泉、四门三乡镇之间，东西跨越 11.5 公里，南北跨越 16.5 公里，面积 193.825 平方公里。东邻草川、南濒杨河、西北横跨四门。最高处称殿咀，海拔高程 2720.2 米。东延部分高低起伏，至洛门镇大柳树断然终止，南面是波浪式缓坡地带，西面山势险峻，有断续残次森林，北面山之腹部，有松林一片，大都生长于石罅岩缝，于断崖绝断处虬枝横展，矫健挺秀，蔚为奇观。山峰断崖间多有瀑布流泉，四周峡谷深涧，流水潺潺，四季不枯。在西部险壁处，有连环式自然山洞 9 处，名曰"九眼洞"，其间一洞窈然深幽，曲曲弯弯没有光亮，洞的尽头人迹罕至。相传是王禅老祖说法讲道的所在。在佛教和道教东传的鼎盛时期，这里曾是僧侣择山修行的风水宝地，相传 3600 位喇嘛曾建起 210 多座佛殿寺庙，当时佛塔高耸，寺庙巍然，今虽都倾圮，然残痕隐迹犹能显示出当时规模的宏大。云雾山是古豲道"八景"之一。有"日出衙山千壑笑，雾绕云山烟雨飘"的赞语。

0106 太皇山

简　介：太皇山系陇上高原北秦岭支脉，在武山县城南 120 华里处的层峦叠峰间，拔地而起，直插云天，群山簇拥，从水俯伏，如"众星拱北"，巍然若"太皇高踞"而得名。太皇山与云雾山均以奇拨峻险冠于武山。太皇山横跨沿安、滩歌、龙台 3 个乡镇，东延部分经四门、洛门镇的西旱坪断截。此山南临沿安、东跨龙台、北接滩歌。东西跨越 14.6 公里，南北跨越 16.5 公里，面积 125.575 平方公里。最高峰海拔 3112.5 米，属北秦岭支脉，由石灰岩构成。四面山势险峻，农家村舍或藏或露于山麓谷底，登临者多从荒榛盘曲的小道而上，确有上接万里云天，下临千片烟谷的奇丽景色。相传东汉光武帝刘秀征伐隗嚣，大将来歙、冯异、马武曾多次屯兵于此，凭险踞高，举兵出击。山之绝顶，空气稀薄，常年积雪，草木稀少，具有明显的高寒气候特征，故有"太皇无春夏，冰积六月寒"的说法。在山腰或山脚仍有丰富的植物资源。山之西北部林木苍郁。太皇山之东南面，峰峦起伏，牧草优美，50 年代县畜牧局曾在这里办有畜牧场。

(十五)天水市张家川回族自治县

0107 马家塬战国遗址
简　介：马家塬遗址位于张家川回族自治县木河乡桃园村马家塬，海拔1874米。遗址所处地形较为特殊，它北依马家塬山梁，东西两侧为地势较高的杜渠梁和妥家梁，形成中部低凹平缓、两边高陡的环抱地形，避风向阳。在遗址中心区有较为密集的战国墓葬分布，面积约2万平方米，共探明各型墓葬60座。经中国国家文物局批准，自2006年8月7日开始发掘，截至2012年9月共发掘完成26座。马家塬遗址出土文物数量众多、工艺精美、档次很高，所包含的文化信息丰富而独特，因此被评为2006年全国十大考古新发现之一。现为（截至2012年）省级文物保护单位。

0108 凰翔府
简　介：恭门镇距张家川县城十余公里，地处关山西麓，是古丝绸之路上的一个重镇。由于地处东西要冲，自古以来这里都是兵家必争之地。恭门镇名称的由来与古代白起有关，是因秦时大将白起在这里修筑弓门寨而得名。到了民国初年，人们认为"弓门"这一名字杀气太重，不太吉利，便改"弓门"为"恭门"。恭门镇有一处古代的城郭遗址，这就是凰翔古城。据史载，公元前688年，秦武公伐邦戎获胜，便在这里始置邦县。邦县与冀县是我国历史上最早设置的县。邦县的治所在凰翔府，即今恭门镇下城子村。因县城就在凤凰山下，如一只美丽的凤凰栖息于此，故名凰翔府。东汉光武帝时，因建上邦西城于清水，邦县故城便改为上邦东城。邦县故城凰翔府南依凤凰山，北临天河，有秦陇古道穿城而过，县城城廓略呈梯形，至今仍清晰可辨。关于凰翔府的消亡，一说是在北宋末年被来犯的金兵焚毁，一说则是因为河水暴涨，冲毁城郭，百姓只得弃城而去。如今，正在建设中的天水到平凉的天平铁路刚好从故城南面的城垣下穿过，而当年的城池早已夷为良田沃野。

0109 云凤山
简　介：云凤山位于马鹿乡花园村，地处陕甘交界，张家川县最东部，关山西麓，东与陕西省陇县接壤，是陕西省进入甘肃省的第一村，这里民风纯朴、风景优美、交通便利，形成了以美丽的云凤山为主的风景区。云凤山境内山青林茂，万木峥嵘，有林地面积2141.9亩，森林覆盖率达56%，木材总量达3万立方米，林区生长有天麻、党参、柴胡十几味名贵药材，出产蕨菜、生漆等上百种林副产品，栖息着金钱豹、林麝、红腹锦鸡等多种珍禽异兽；依托云凤山优越地形花园村共有5个自然组，140户村民，总人口667人。云凤山旅游资源丰富，神奇秀美的关山风光和绿波荡漾的天然草场，古朴浓郁的民族农家乐共同构成独具特色的旅游景观。景区面积57.7平方公里。景区以其雄、险、奇、秀的独特魅力，成为当地旅游资源中最为靓丽的风景线。主要景点有五龙山（又称云凤山或"五龙朝凤"），早年建有佛、道教寺院、玉皇顶、王母宫、大佛殿、药王殿等，现仅存明神宗万历年间的石幢、黑虎洞灵官泥塑头像等。

（十六）武威市凉州区

0110 北顶草原
简　介：凉州区唯一的天然牧场，因位于西营河之北而得名。

0111 八十里大沙漠
简　介：八十里大沙漠，位于凉州区东部，面积约 2000 平方公里，占全区总面积的五分之二。因从长城乡境内的古长城至邓马营湖东西横跨越 80 华里而得名。系腾格里沙漠的一部分（腾格里系蒙语天也），沙梁起伏，绵延无垠，海拔 1500—1600 米。南部有 13 道旱麻岗，东北部原有沙间盆地邓马营湖，为沼泽地带，水草丰美，是畜牧基地。现因开垦耕种，水位下降。

0112 天梯山
简　介：祁连山余脉，山峰巍峨，陡峭峻拔，高入云霄，山有石阶，拾级而上，道路崎岖，形如悬梯，故称天梯山。位于凉州区张义镇灯山村境内，其石窟是我国早期的石窟之一。创建于十六国北凉，后经历代开凿，规模宏大，建筑雄伟，有学者称为中国石窟鼻祖。

0113 邓马营湖
简　介：位于八十里大沙漠东北部，原为沼泽地带，水草丰美，是畜牧基地，有陈家圈、段家圈、九个井、泥房子坑。因开垦耕种，水位下降，现地表已干涸。

0114 莲花山

简 介：莲花山为祁连山余脉，位于武威城西南15公里的松树乡境内，海拔2900多米。晴朗之日，登临山顶，引颈西南极目而望，但见大山环列，层峦叠障，似龙腾虎跃，莽莽苍苍，险峻雄伟。纵目于东北，则是一马平川、麦黍飘香的武威绿洲。因山上旧时建筑规模宏伟，殿宇相接，山泉秀丽，景物宜人，历来为武威游览胜地。每年农历五月十三这天，莲花山便成为武威人的朝圣之地。

0115 石佛崖山

简 介：金山乡镇境内，以其山崖上有十几个小石窟，窟中雕塑有佛像得名。

（十七）武威市古浪县

0116 昌灵山

简　介：位于古浪县城东 75 公里处，为亚洲距离沙漠最近的原始森林。昌灵山为西北著名的道教圣地，被誉为"西北小武当"。因山上曾建有三清殿、文昌宫和灵隐寺而得名。1989 年被甘肃省人民政府确定为省级自然保护区。昌灵山系祁连山东麓北端独立山体，从东向西，依次有小龙沟、大龙沟、大油松沟、小油松沟，山脉走向一致，山势东高西低，山形聚集挺拔，主峰海拔 2954 米，面积约 48 平方公里，山上松、柏、榆、杨、柳、刺等乔灌丛生。山上建有玉皇殿、祖师殿、金花娘娘殿、三霄娘娘殿、磨针殿、文昌宫和百子洞。林间有三眼神泉、石棺卧路、六月冻冰、舍身石崖、梅鹿听经、断雪奇峰、天生涝池、百草神岭、不老仙台、金鸡报晓、寿柏参天、神仙古洞等 12 处景观。

（十八）武威市民勤县

0117 石羊河
简　介：古称谷水，亦名马城河。近代又名石羊大河，据传有石羊饮水故名。石羊河是河西走廊较大的内陆河之一。其上游主要支流有古浪、金塔、黄羊、杂木、西营、东大河等，均源于祁连山脉。径流为山区的降水和冰雪融水补给，出山后为武威灌区引灌，部分潜入地下，变成潜流伏行，至中游出露，形成洪水、白塔、清水、南、北沙河，流于民勤境南，诸河汇合成为石羊河。境内河道长23.1公里。

0118 洪水河
简　介：又名红水河，发源于武威市凉州区长城乡红水村。因径流流经红水村或径流为山区的降水和冰雪融水而得名红水河或洪水河。洪水河在民勤县境内，河道长约4.5公里，东南起九墩乡洪水河桥，西北向弯延汇入石羊河，在民勤县境内是石羊河径流重要的补给支流。

0119 苏武山
简　介：位于民勤县城东南约15公里处，相传汉中郎将苏武出使匈奴时牧羝于此故名。海拔高度1449米，坡度角大于30度，面积约38.4平方公里。现已开发为苏武山景区，景区内既有苏武庙等名胜古迹，又有黑河滩高效农业示范区、苏武山葡萄庄园和中国道教生态林基地等现代观光农业。

0120 青土湖

简　介：位于民勤县西渠镇北部，北至白土井，东西介于东平湖井与西河井之间，为古谷水支流及井泉河的终端湖。青土湖原名潴野泽、百亭海，潴野泽在《尚书·禹贡》《水经注》里都有过记载，称"碧波万顷，水天一色"，也有大禹治水，到潴野泽才大功告成的传说。它是《尚书·禹贡》记载的11个大湖之一，是一个面积至少在1.6万平方公里，最大水深超过60米的巨大淡水湖泊，后来潴野泽东西一分为二，其中西面的叫西海，也叫休屠泽，民国时改名为青土湖。青土湖是民勤绿洲最大的一个湖泊，曾经碧波荡漾4000多平方公里，水域面积仅次于青海湖，解放初的青土湖也有100多平方公里的水域面积。那里曾经是一块水草丰美的风水宝地，碧水粼粼，水草丛生，湖光波影，水鸟争鸣。后因绿洲内地表水急剧减少，地下水位大幅下降，于1957年前后完全干涸沙化，腾格里和巴丹吉林两大沙漠在此"握手"。2006年以来，经过多年的生态治理，干涸沙化半个多世纪的青土湖重现碧波，2012年季节性水面达到15平方公里。

0121 红崖山

简　介：位于县城南面32公里处重兴乡境内，远远看去因山色赤红而得名。主峰高度1754米，相对高度354米，坡度角40度，面积约75平方公里。

（十九）武威市天祝藏族自治县

0122 金沙峡

简 介：金沙峡地处天祝藏族自治县西部，以山奇、石怪、水碧、谷幽为基本特征。这里森林茂盛，花香鸟语。驱车而至，原始森林的气息立即扑面而来，上百亩的原始森林可谓隐天蔽日，松、杉、杨、桦各种树木、矮小灌木应有尽有，老则古木苍干、老树虬枝，少则娇婉欲折，翠如春草，山谷之间是委蛇徐行的小溪，清水绕树而行，不时的变幻着姿势，每有高低落差，便有叮叮咚咚或哗哗啦啦的奏鸣曲形成，峰回路转，茂密的森林退做了背景，大宛沟的野花立即充塞了视野，野菊花、玫瑰、蕨麻花……五颜六色，漫山遍野，稍有风过，则花涛浮动，花潮荡漾。顺峡直上，一路有着美丽传说的仙人峰、仙人洞、仙人泉、痴心石、姊妹峰、仙人棋盘、合家欢乐古树等景观争相呈秀，惟妙惟肖。散布于林间草坡的樱桃、野葡萄、草莓等珍果供您信手采摘，尽情品尝。傍晚的金沙峡，硕日渐坠，红霞如染，峡谷内金光四溢，天池浑然融为一体。

0123 乌鞘岭

简 介：乌鞘岭位于甘肃省天祝县中部，属祁连山脉北支冷龙岭的东南端。为陇中高原和河西走廊的天然分界。既是半干旱区向干旱区过渡的分界线，也是东亚季风到达的最西端。东西长约17公里，南北宽约10公里，面积约170平方公里，主峰海拔3562米，年均气温—2.2℃，志书对乌鞘岭有盛夏飞雪、寒气砭骨的记述。

0124 吐鲁峡

简 介：吐鲁峡在天祝县西南边陲，位于大通河南岸的甘青两省交界处，面积约60平方公里。境内山奇水秀，松挺桦白，有龙洞、天窗眼、灯干石、练功台等自然景观，是甘肃省著名的旅游景区，被誉为"神话般的绿色山谷"。

0125 峨博滩

简　介：位于武威市天祝县西大滩乡毛毛山北麓，距夏玛保护站东南10公里，是夏玛林区最丰美的草原，因滩上有一大峨博而得名。峨博，亦称敖包，蒙古语，是祭山神或战神的地方。每年农历正月初一、五月初五、六月十三，当地农牧民群众聚会于此，用松枝柏叶煨桑插箭，高呼"拉加罗"（意为长久吉祥、胜利），祈愿山神降福于民，保佑地方安宁。

0126 马牙雪山天池

简　介：马牙雪山天池，位于天祝县西南部的马牙雪山之上，海拔为4030米，由上下两个哑铃状的姊妹湖组成，大部分时间为冰川，当夏日消融，湖天一色，置入其中，有"不敢高声语，恐惊天上人"的感觉。马牙雪山天池四周石山围绕，有许多神奇的传说，壮美的风光，令人流连忘返。

0127 大通河

简　介：大通河古称浩门水，位于天祝县西南部，该河源于疏勒南山东部，奔流于河西走廊南山与冷龙岭和大通山与达坂山之间的走廊之间，在享堂峡附近注入湟水，呈西北至东南走向，全长约480公里。河流上游海拔较高，有大面积的沼泽，中游门源县附近为农耕区。下游流经天祝、互助、永登三县，河道狭窄，落差较大，水利资源丰富，建有十多个水电站。浩瀚的现代引大（通河）入秦（王川）水利工程，将部分水调入腾格里沙漠边缘的景泰、古浪县等地，不但解决了许多群众的吃水问题，而且起到了很好的防沙护沙作用。

0128 五台岭

简　介：五台岭位于天祝县西南部，距县城华藏寺38公里，面积约110平方公里，海拔4100多米，因自下而上五个阶梯而得名。九曲十八弯的公路，宛如一条飘带缭绕在青山绿水之间。登上山巅举目远眺，"会当临绝顶，一览众山小"的豪迈，油然浮上脑际，咏诸口中。向西望去，千山万峰尽收眼底，云雾缥缈填充于沟壑。随着云涛的翻动，山峰隐现，如海如浪，跃动于眼前。

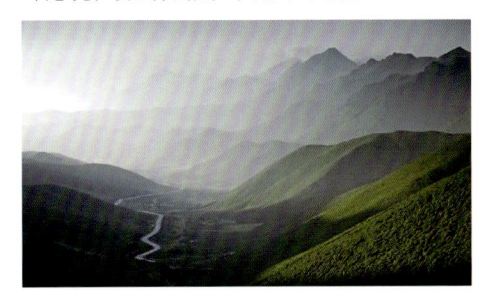

0129 卡洼掌

简　介：卡洼掌高原风景区位于天祝县境西北，属祁连山冷龙岭，东西长约22公里，南北宽约10公里，面积约220平方公里。主峰大雪山（藏语称阿尼岗嘎尔）是甘青界山，海拔4874米，为天祝最高峰。山脚草原宽阔，山腰灌丛分布，终年平均气温－3.5℃，山顶终年积雪，并有冰川分布。储藏有丰富的煤炭、铜、铁等矿产资源，属高山草甸草场，是当地牧民的夏季放牧区。

0130 先明峡

简　介：先明峡和金沙峡一山之隔，地处天祝藏族自治县城南部，峰峦叠障，劲松盘根错节，翠柏苍劲挺拔，细柳曼舞河畔，满眼的绿色苍翠欲滴，这里有亚洲之最的引大入秦工程先明峡倒虹吸，落差107米，如巨龙横亘于两座高山之间，为秀美的自然景观平添了一处人为的宏伟和壮观。

0131 朱岔峡

简　介：朱岔峡，作为祁连山东端林海中一条有名的深峡幽谷，气候是天祝境内最好的地方之一。朱岔，藏语意为两条水相汇到一起的地方。全长20多公里，是天祝三峡中最长的一个峡。从东头到西口，全是山势高峻，河道深切的峡谷。春天，冰雪消融，溪流淙淙，阳光婆娑，桦林叶翠，到处是一派盎然生机；盛夏，鲜花烂漫，绿荫葱葱，百鸟啼啭，清爽宜人；秋天，那满山的红桦朝霞濡染般红得像火，苍翠的松柏林浓墨泼就似的傲霜斗寒；隆冬又是雪染山崖，霜压翠柏，一幅琼崖玉树的北国风光。

（二十）张掖市甘州区

0132 党寨绿洲生态公园

简　介：党寨绿洲生态公园是依据《甘州区党寨镇总体规划（2010—2025）》建设的集村民集会、休闲游憩、体育健身于一体的综合性小城镇开放空间，与张掖绿洲现代农业试验示范区核心区紧紧相连。党寨绿洲生态公园总投资973.46万元，建设规模29648平方米。设计以时代特色和地域特色相结合，充分展示党寨镇历史文化，精心打造村民休闲游憩、娱乐健身的小城镇综合性开放空间。

0133 镇风寺塔

简　介：位于党寨镇下寨村六社，据甘州镇风寺塔碑记，甘州城南党寨镇下寨村六社有镇风寺塔，以其镇遏风沙，亦名镇风沙塔。其寺之鼎盛时，信徒云集，香客纷纭，为甘州名刹。至于近世，战乱频发，寺院遭毁，惟古塔独存。考之方志，载之者鲜，《甘州府志》云：清康熙四十四年，僧人慧涌重建镇风寺塔。古塔处方形台基之上，高14.38米，土坯筑砌，为喇嘛教式覆钵塔。其上建金刚须弥座。四面各开拱券形佛龛有三。古塔造型隽秀，结构精巧。1990年5月28日，张掖市政府定其为市级文物保护点，2010年11月2日，张掖市甘州区政府复以其为区级文物保护点。久蚀风雨，古塔危然，濒于倾覆。2011年12月，江苏苏州和式设计营造股份有限公司董事长吴景贤先生，慷慨捐资20万元，以为维修之善款，浙江富阳天钟山神院并张掖西夏国寺主持释觉明，不辞劳顿，堪舆谋划。修缮自2012年农历三月始，于农历四月初八告竣，自此光华再现。

（二十一）张掖市山丹县

0134 焉支山

简　介：焉支山是祁连山国家级自然保护区的重要组成部分，是以自然风光为依托的游览区，于1993年经甘肃省林业厅批准为省级森林公园，2010年5月评为国家AAAA级旅游景区。焉支山位于丝绸古道重镇张掖市山丹县境内南部，距山丹县城45公里，东连永昌，西望张掖，南连祁连，北眺龙首，海拔2400米以上，最高主峰百花池顶海拔3978米。公园规划面积1193.52公顷，有内陆荒漠山地森林、奇特的峡谷地貌、变幻的气候天象、深厚的历史文化等丰富的旅游资源，集旅游观光、休闲度假、森林探险、科考研究、生态教育等功能于一体，是西部理想的生态观光、休闲避暑的理想旅游之地。焉支山扼河西走廊咽喉要道，历来为兵家必争之地。西汉元狩二年，骠骑将军霍去病率军于焉支山下几番鏖战，逐匈奴于大漠之北，匈奴失此山而发出"亡我祁连山，使我六畜不蕃息，失我焉支山，使我妇女无颜色"的哀叹。公元609年，隋炀帝西巡河西时欣闻焉支山风光秀丽，颁诏于此山接见西域27国君主使臣，史称"万国博览胜会"，从而使焉支山被现代史学家称为世博会的起源地。大诗人李白在《幽州胡马客歌》中有"虽居焉支山，莫道朔雪寒，妇女马上笑，颜如赪玉盘，翻飞射鸟兽，花月醉雕鞍"之绝句，但最脍炙人口的要数韦应物的《调笑令》："胡马、胡马，远放焉支山下，跑沙跑雪独嘶，东望西望路迷。迷路、迷路，边草无穷日暮。"位于山中的玉皇观和山巅的钟山寺更是彰显了焉支山浓厚的宗教文化氛围。

0135 大马营草原

简　介：大马营草原，位于山丹县南境，东与永昌县、肃南县毗邻，西隔童子坝河与民乐县相望，南以祁连山分水岭与青海省门源、祁连两县接壤，北以明代壕沟及焉支山根为界与山丹县比邻。总面积1233平方公里，海拔2420—4933米。大马营草原，古称汉阳大草滩。境内扁都口、平羌口、白石崖等要隘，控扼甘青两省交通。历代王朝多在此设立皇家马场，修筑城堡，设置墩标烽燧，屯兵戍边，牧养军马。此处水草丰茂，拥有草原百万多亩，是我国历代最大的良马基地。据史籍称："祁连大草滩在唐代养马最多时期即逾七十余万匹以上。"大马营草原，其地理位置极具军事价值。在民族战争频发的古代，占据此地可切断吐蕃与匈奴的联系，保证西域大道畅通。这里有良好的天然大草场，在以车马为主要作战工具的时代，是屯兵养马的好地方。所以自汉代设置牧师苑驻兵养马以来，这里一直是饲养军马的重要场所。

（二十二）张掖市民乐县

0136 海潮坝森林公园

简　介：该园是2000年经甘肃省林业厅批准的省级A等森林公园，地处海潮坝山区，是一处以高山、奇石、秀水、林海等自然景观为特色的绿色生态旅游区。园内古木参天，林海幽冥，松涛柏浪；巍巍峰巅银装素裹，原始森林苍茫亘古；泉水叮叮淙淙如鸣佩环，鸟语花香山幽恍若桃花源；晴天"林染霞光洒万金"，阴天"风飘万壑怒涛奔"。身临其境，别有一番情趣。森林公园有丰富多样的物种资源。主要树种有青海云杉、祁连园柏，面积为1166公顷；灌木有高山柳、金露梅、锦鸡儿、花楸等，面积为3095公顷。动物有雪豹、马鹿、青羊、猞猁、蓝马鸡、雪鸡等珍禽异兽30多种。海潮湖森林生态旅游区位于民乐县城西南20公里处祁连山国家级自然保护区，因其松林如海、松涛如潮而得名。风景区由海潮坝水库游览区、沙沟休闲度假区、祁连山原始森林雪原冰川景观游览区三大部分组成。风景区古木参天、林海幽冥、溪水畅流、植被茂盛、珍禽栖息、野趣横生，是人们避暑度假、休闲娱乐的理想去处。在此坐观林海，静听松涛，品尝美酒，使人超凡脱俗、忘却尘世。主要景点有海潮坝水库、海潮寺、海潮湖森林公园、青龙寺、娘娘山等。

0137 扁都口风景区

简　介：扁都口位于民乐县城南30公里处，祁连山国家级自然保护区内，是中国古代丝绸之路的交通要道，历史上是兵家必争之地。谷内冬温夏凉，不但是优良的牧场，更是理想的旅游胜地。景区内有石佛爷、娘娘坟和诸葛碑等神奇的自然景观和丰富的历史遗迹，特别是盛夏时节，登高望远，万顷油菜花满目金黄、蜂飞蝶舞，香气袭人，令人心旷神怡，被誉为"河西千年扁都口，天下第一油菜花"。如今已成为甘肃河西地区的旅游胜地，年接待游客4万多人次，旅游收入达240多万元。

（二十三）张掖市临泽县

0138 三道柳沟

简 介：三道柳沟位于新华镇南缘，祁连山北麓，东望梨园口，西眺明水河，北与向前、西街村相接。昔有三道积洪河过境，东一条称"陈家河"，中一条称"李家河"，西一条称"砟子河"，俗称"三道流水沟"，略称"三道流沟"。为防洪护堤，在河堤上扩植山柳，后又称三道柳沟。以陈家河以东称东柳沟，砟子河以西称西柳沟，其间称南柳沟。砟子河，积洪河，因其源有煤矿，常有煤砟冲入河内，故名。自南山坡积洪，经西柳沟村流向西沙窝（新华镇生态开发区），无主河道，三道柳沟、砟子河为红西路军战斗遗址。1937年初，红西路军5军、9军、30军在临泽境内与国民党马步芳部进行了艰苦卓绝的战斗。2月15日，红30军265团"夜老虎"小分队20余人夜袭威狄堡雷家屯庄马家军弹药库，焚毁军火20大车，烧死战马27匹。21日晚，突袭威狄堡一带。3月7日晨，红西路军转战三道柳沟，总指挥部设在西柳沟，30军驻防南柳沟，与马家军激战五昼夜，于3月12日清晨突围后，进入祁连山。西柳沟、南柳沟、砟子河两岸是红西路军战斗过的地方，西柳沟还有保存完好的李先念拴马桩和红军井。现在三道柳沟新建有烈士陵园，在李先念拴马桩处新建反映战斗事迹的群雕像两处。

0139 梨园口

简 介：梨园口位于倪家营乡闪佛寺山西北侧，为山峦间低洼的豁口，口外为洪积扇，口内为丘间山地，山包错落，丘陵起伏，昔有车道自此而过，称其小口子。

0140 阳台山

简 介：阳台山，别名砚台山、羊台山。分大阳台山和小阳台山。大阳台山在板桥镇东15公里处，是座孤立的山峦，远看顶平底方，如砚台形，常在文字表述中写作"砚台山"，又因坐落于板桥堡东，太阳从那里升起，也称为"阳台山"，相传苏武曾在此牧羊，又称"羊台山"。大阳台山西侧有一座小山称小阳台山，其间古称"阳台口"。

0141 凤阳山

简　介：祁连山余脉之称，坐落于梨园河南岸，自孤山子东南向延伸，为低山丘陵群落。凤阳山为中新世纪末地壳上升形成的褶皱带，山体由红、绿、黄、青、紫等泥岩层构成，而以红、青灰松散沉积层为多，经风化后呈五颜六色的条状纹理，在山岚蒸腾的晨曦里，山形如朝阳之丹凤，故名。熬河一带又称新凤阳山，现已辟为张掖丹霞地质公园。

0142 缪家屯庄

简　介：红西路军战斗遗址，位于倪家营乡下营村四社，为缪姓居民所筑，故名。现庄内存有红军宣传标语房屋一间，残墙一段。1937年1月3日，中国工农红军西路军总部、九军、三十军进抵倪家营子，至3月5日突围，徐向前总指挥在缪家屯庄指挥红军转战70余日。临泽县人民政府将缪家屯庄列为文物保护单位，命名为"红西路军总指挥战斗遗址"。

0143 汪家墩

简　介：红西路军战斗遗址，位于今倪家营乡汪家墩村，筑于明英宗天顺之际。清同治年间有汪姓迁居其地，久之，民间称其为汪家墩。此墩由墩、裙墙、壕三部分组成。墩为正方形，底阔11米，墙底厚2.7米，一门，墩高6米，鸡窝天棚两层（已拆除），裙墙已不完整，最大高度1.8米，与墩不平行，左、右、后三面间距1.2—1.6米，迎门一面为2.3—2.8米，墩宽4米。1937年1月3日，中国工农红军西路军总部、三十军进抵倪家营子，汪家墩为前哨防御据点。以墩为堡垒，四周设路障。初有红三十军八十八师二六三团一营九连防守，血战一昼夜，大部将士阵亡。由七连接防，血战一天，因后路被切断，孤立无援而奉命撤退。为缅怀先烈，列为县级文物保护单位，该遗址现存最大深度1米。现在墩外有民间百姓修建的土制纪念碑一座，2013年重新进行了保护和修缮。

（二十四）张掖市肃南裕固族自治县

0144 黑河

简　介：黑河，又称"甘州河"，古称"羌谷水"，裕固语称"哈拉穆然"。发源于青海省祁连县境内。上游有两条支流，东支流称"八宝河"（又名鄂金尼河），祁连县城即建在八宝山下；西支流称"八字墩"（又称巴字墩、哇当、野马川等）。两河流至黄藏寺附近，始称黑河（甘州河），向北切穿走廊南山，形成约95公里的黑河大峡谷，至海拔1750米处的鹰落峡出山，进入张掖地区。总流域面积7408平方公里，年平均流量36.8立方米/秒；入境后年径总流量11.6亿立方米，流域面积2128平方公里。进入大峡谷后经由潘加隆哇（青达坂河）、夹道河、德合隆、宝瓶河、大小长干河流补给后，黑河流量逐渐增加。境内自产水量3.9亿立方米，多年最大洪水流量1150立方米/秒，最小流量2.57立方米/秒，出境流量15.5亿立方米/秒。

0145 肃南丹霞地貌

简　介：丹霞地貌，主要分布于康乐、大河、白银蒙古族乡境内。海拔2000—3800米之间。南北宽5—10公里，东西长40公里，总面积300多平方公里。

0146 喇嘛坪

简　介：喇嘛坪，藏汉复合语，因其昔日为喇嘛活动之地而得名。曾因红西路军在此经过，一度称"红星坪"。位于大河乡境内，距县城红湾寺镇3公里。东西长3.5公里，南北宽1.2公里。海拔2420—2617米，总面积4.2平方公里。地形开阔平坦，草地连片，光照充足，土质肥沃，适宜种植各种农作物，有可利用土地面积6200亩。

0147 波罗台子

简　介：波罗台子，位于隆畅河北岸、红湾寺镇西北处，面积约0.5平方公里，原为一依山傍水的荒坡，1983年开始引水绿化治理，使这块寸草不生的荒山坡花草繁茂，郁郁葱葱。

0148 托勒滩

简　介：该地部分属酒泉祁明区管辖，1959年和2001年经甘、青两省协商后进一步明确了托勒地区界线。

0149 临松山

简　介：此山位于肃南县马蹄乡马蹄寺南，海拔4221米，植被繁茂，气候凉爽，风光秀丽，景色宜人。该山还是祁连山国家级自然保护区核心地区之一，国家AAAA级名胜旅游区。

0150 草古城

简　介：草古城，别名"草沟城""草沟井城"。位于明花乡南沟村西南约20公里处。是集古河道、古城堡、古墓葬为一体的古文化遗址。

0151 红西路军纪念塔

简　介：红西路军纪念塔地处红湾寺镇隆畅河南岸的夹心滩公园，依山傍水，风景秀丽。近年来，又在纪念塔西侧建成隆畅河彩虹跨河大桥、雪山乐岛民族风情景点、音乐喷泉、观景台等设施，形成多功能、综合性的公园。

0152 镜铁山

简 介：镜铁山，地处祁丰藏族乡祁文村。藏语称"恰麦隆"，意为明亮、发光、镜子似的山，以盛产铁矿石而得名。镜铁山今为酒钢公司的原料基地。

0153 巴丹吉林沙漠（肃南片）

简 介：明花乡境内的沙漠地带为"巴丹吉林沙漠"南缘，与祁连山区相望，兰新铁路从中穿过。沙丘绵延数十公里，较大的沙漠有"撒白弘"，多为新月状沙丘，流动性大，地下水位高，有沼泽分布。属内陆沙漠气候，日照时数3110小时，年降水量80—90毫米。为"三北"防护区，建有防风固沙林带，是自治县开发的农业井灌区。

0154 大都麻

简 介：大都麻，位于马蹄藏族乡大都麻村境内。这里森林茂密，沟壑纵横，夏季鸟语花香，百花齐放，气候凉爽，风景优美，是理想的避暑之地，动植物资源、水资源十分丰富。

0155 榆木山

简 介：位于肃南县康乐乡，祁连山北麓，大河乡东部，扼丝绸之路古道之要冲，方圆50多平方公里，部分地区有彩色丘陵和丹霞地貌分布，以盛产黄金、煤炭、耐火材料而闻名河西，是裕固族牧民的主要驻牧地。

0156 莲花海子

简 介：莲花海子，别名"西海子"，因莲花寺而得名。位于肃南县明花乡，今黄土坡村东南约7公里处。面积0.13平方公里。

0157 巴郎岗葛脑达

简　介：巴郎岗葛脑达，裕藏复合语译音，意为"黄牛冰川财主"（冰川名）。巴郎河、西岔河二河发源地，位于肃南县大河乡，在祁连山主山脉东南侧，东峰（鹿角沟脑）海拔4805米，西峰（白羊居羊吕沟脑）海拔5103米，冰川面积19.8平方公里，是祁连山的主要冰川之一。巴郎河与西岔河汇流后称"摆浪河"，多年平均径流量为0.409亿立方米。

0158 八字墩

简　介：位于肃南县康乐乡，祁连县扎麻什盖、野牛沟乡境内。东西长142公里，八字墩河以北总面积1064平方公里。

0159 卯来泉城堡

简　介：卯来泉城堡，别名"堡子城"，藏语称"卧茂堆琼"，意为藏女小部落。卯来泉即卯时出水之意，卯来泉城堡遗址今为省级重点文物保护单位。

0160 二郎山

简　介：二郎山，位于肃南县皇城镇东南，宁昌河与水关河中间南段山脉。二郎山顶海拔4116米，属祁连山国家级自然保护区核心地段之一，总面积190平方公里。现为宁昌村驻地。

0161 明海子

简　介：明海子，裕固语称"库沙海子"，别名"东海子""仓尔湖"。地处明花乡上井村境内。附近有全省重点文物保护单位"明海古城"。

0162 祁连山

简　介：祁连山是我国著名山脉之一。祁连为匈奴语，意为"天山"，别名"雪山""南山"等，藏语称"多拉让茂"。

（二十五）白银市白银区

0163 剪金山

简　介：古老的剪金山位于白银区四龙镇北15公里，距白银市区40公里。剪金山原名百花山，始建于北宋天圣元年（公元1032年），清代乾隆十九年（公元1754年）两次维修扩建，全部古建筑面积约7000平方米，寺庙高大宏伟，颇为壮观。剪金山主峰海拔1748米，西有白银，东靠靖远，交通十分便利，峰拥万山，山峦环绕，堪称一方风水宝地。山上现存建筑为清代重修，整个建筑群分三路布局，南路为中轴线，从低到高依次为三清洞、天王庙、天桥、土地庙、子孙宫、四元君殿、采花将军殿、灵宫殿、雷神殿等。东路有刘道塔，经山梁至庙院。西路为石刻。各庙、殿山墙内侧分别绘有人物、花鸟、山水，子孙宫内有泥塑神像。剪金山自古的传统九月九日朝山会，吸引着省内外的大批商人游客。

0164 武当山

简　介：武当山位于水川镇大川渡西北侧花庄子，大川渡小学旁边，此处天然形成一小谷，三面环山，南靠黄河，风景秀美，气候温暖，文化传统悠久，根基深厚，是重要的黄河文化发祥地之一。该景点山峰陡峭，峡谷幽深，有很多历史、人文景观。著名的祖师大殿、斗母宫、文昌宫、四圣楼等建筑，便雄踞于此，融南方山水秀丽和北国风光之雄奇为一体，具有独特的旅游优势。

0165 雷祖山

简　介：雷祖山位于水川镇白茨滩村，是水川镇的至高点。海拔2000多米，经多年风蚀形成，形似麦积，非常独特，山顶建有雷祖庙。登上山顶，可俯视水川全景，但见烟雾笼罩之中，群山苍茫，起伏绵延，园林、河流、农舍镶嵌于花树间。每年农历六月二十三有盛大庙会，场面热闹异常。

（二十六）白银市会宁县

0166 慢牛坡红军烈士陵园

简　介：慢牛坡红军烈士陵园位于会宁县白草塬乡境内，距县城70公里，1986年4月经省委、省政府批准修建，纪念1936年10月28日在这里同国民党第25师激烈战斗中，壮烈牺牲的中国工农红军四方面军第31军91师、93师数百名红军指战员和93师师长柴洪宇。2006年对烈士陵园重新修建，重建烈士纪念碑一座，碑体为三面体，象征中国工农红军一、二、四方面军在会宁胜利会师。碑基为边长10米的正方形，象征红军三大主力1936年10月10日在会宁会师。碑顶三棵长青树，象征红军会师精神万古长青及牺牲烈士永垂不朽。碑高9.3米，象征红四方面93师百余人在此捐躯。修建牌坊门一座，上书原国家主席杨尚昆题写的"红军烈士陵园"。2013年，科学制定了抢救保护总体规划和实施方案，积极争取资金100万元，根据慢牛坡红军烈士陵园的地理环境实际，由甘肃省长源建筑设计咨询有限责任公司精心设计，投资77.47万元，在原址上进行扩建维修改造，将陵园面积扩大到20000平方米（增加了近3000平方米）。新建了由81根大理石柱子组成的无名烈士墓群；新建了长19.36米、高3.3米的英烈墙（用大理石组成的慢牛坡阻击战浮雕），将原来的土坯陵园围墙用红砖砌成；用花岗岩、水泥砖铺设了陵园院面；维修了陵园大门、纪念碑，对陵园进行了绿化。

0167 掌里烈士陵园

简　介：会宁县掌里烈士陵园位于会宁县大沟乡境内，解放初期，伪会宁县常备自卫大队队长王匪五田，勾结地方反动势力，成立反革命组织，妄图武装暴乱，颠覆我人民政权。甘肃军区警卫团某连于1950年11月奉命围剿，全歼顽抗敌匪。战斗中战士王金锁、胡吉祥、樊学荣、刘长有、武尚山、冯焕、周玄水等7人，英勇奋战，光荣牺牲。为了纪念战斗中牺牲的烈士，1985年8月会宁县人民政府建立了掌里烈士陵园。有烈士墓7座，烈士墓碑1座，属县级文物保护单位。2013年重修了掌里烈士陵园大门和墓碑。

0168 大墩梁红军烈士陵园

简　介：大墩梁红军烈士陵园位于会宁县中

川乡境内，距县城 25 公里，是 1986 年 4 月经省委、省政府批准修建，纪念 1936 年 10 月 23 日在这里同国民党第 3 军、第 37 军激烈战斗中，壮烈牺牲的中国工农红军四方面军第 5 军副军长罗南辉和 887 名红军指战员。2006 年对烈士陵园重新修建，重建烈士纪念碑一座，碑体为三面体，象征中国工农红军一、二、四方面军在会宁胜利会师。碑座为五级台阶，象征红五军在此战斗。碑基为边长 10 米的正方形，象征红军三大主力 1936 年 10 月 10 日在会宁会师。碑顶三棵长青树，象征红军会师精神万古长青及牺牲烈士永垂不朽。碑总高 11 米，象征中国工农红军途经 11 省。碑基座高 2.8 米，象征在此牺牲的红五军副军长罗南辉年仅 28 岁；碑体高 8 米多，象征 887 名红军指战员在此捐躯。修建牌坊门 1 座，上书原国家主席杨尚昆题写的"红军烈士陵园"。

（二十七）白银市景泰县

0169 寿鹿山森林公园

简　介：寿鹿山国家森林公园，属国家3A级旅游景区，位于甘、蒙、宁三省（区）交界处，西距景泰县城39公里，公园总面积1086公顷。公园地处腾格里沙漠与黄土高原的过渡地带，周围被荒漠戈壁所包围，享有"戈壁绿洲"之美誉。公园景区山体巍峨，蜿蜒生动，绿波荡漾。景区内青海云杉、祁连圆柏天然林和油松、落叶松、青杨人工混交林以及由祁连杜鹃、锦鸡儿、腊梅、高山柳等组成的天然灌木林，多姿多彩，生机勃勃；原始森林内马麝、丛林猫等十多种野生动物徜徉林间。历代文人学士总结有"寿鹿八景"，攀登寿鹿山、穿越原始森林，但见沿途云雾缭绕，野芳幽香，似有"登天梯、踏云路、入仙乡"之感。

0170 黄河石林

简　介：景泰黄河石林位于白银市景泰县东南部，与中泉乡龙湾村毗邻。这里群山环抱，环境幽静，空气清新，风景秀丽。以古石林群最富特色，规模宏大，占地约10平方公里。石林由桔黄色砂砾岩构成，高度80—100米，最高处达200余米。景区内峡谷蜿蜒，峰林耸立，绝壁凌空，气势磅礴，自然造型多姿传神，以奇、雄、险、古、野、幽见长。石林景观与黄河曲流山水相依，静中有动。龙湾绿洲与坝滩戈壁，两种生态，一河之隔，对比强烈，绵延沙丘与河心洲遥遥相望。黄河九曲，龙湾多娇。徜徉景区，色彩、形态、险易、曲直、明幽、古新等多有变化，颇具天然大园林神韵。景区内有自然景点多处，各具特色。

0171 大敦煌影视城

简　介：大敦煌影视城位于甘肃省景泰县东

部24公里，地处喜泉镇大水㳇村，是全国第一家继承敦煌文化的影视基地，也是全省唯一人工建造的影视拍摄基地，总投资一千多万元，占地622亩，大敦煌影视城中的莫高窟是按1：1的比例建造的，分上中下3层，开窟108个，明清一条街完全是复古建筑，主体建筑有福龙商号、怡春园、古艺斋等。影视城所有的建筑都四面有门，可以一景多用，便于影视拍摄。《最后一个冬日》《美丽的大脚》《黄河浪》等都在这里取景拍摄。

0172 双龙寺

简　介：双龙寺，又名碧云寺，位于芦阳镇西2公里处，距县城13公里。双龙寺原为一座完整的寺院，后大部分建筑被拆，现仅存前楼和大佛殿，均为清光绪二十九年（1903）重修。大佛殿坐北向南。面宽3间，前卷后脊顶，每间彩枋3朵。前2层卷檐翘角楼和后面硬山顶大殿组为一体。南北两面开门，前楼基层门向南开，二楼与后殿地面同一水平。东、西、南三面为绕廊，廊宽1.5米，边有围栏。东西两侧有砖砌拱门，与绕廊相通。整个建筑为砖木结构，呈长方形，结构严谨，别具一格。寺院东、西有陪殿，两侧有小泉，水自石雕龙口吐出，颇饶风趣。左侧山崖下建子孙宫，俗称"悬塑洞"。宫顶数处滴水，悬泉叮当，永滴不息，清凉沁脾，其左侧为假山，上塑小泥人数以百计，千态百姿，楚楚动人。陪殿及"悬塑洞"已毁无存。1936年，红军西路军过黄河，在有名的景泰条山血战、雷家峡血战的前夕，徐向前曾在双龙寺设立西路军战斗指挥部，灰飞烟灭，弹洞前壁，岁月嬗变，50年已过去，双龙寺因红西路军做过战斗指挥部而驰名，现在已成为人们凭吊过去，怀念红军的爱国主义教育基地。1980年，双龙寺被景泰县委县政府定为县级文物保护单位。

（二十八）平凉市崆峒区

0173 崆峒山

简　介：崆峒山，国家 5A 级景区，位于平凉市城西 12 公里处，景区面积 84 平方公里，主峰海拔 2123 米，由五台、隍城、香山、弹筝峡、胭脂川、望驾山、太统山、西山和十万沟—大阴山九个功能区组成。崆峒山属六盘山支脉，受风化差异、水冲蚀、崩塌等外动力作用，形成了孤山峰岭，峰丛广布，怪石突兀，山势险峻，气势雄伟奇特的丹霞地貌景观。主要景点有皇城、苍松岭、崆峒后峡、朝阳洞、凤凰岭、上天梯、蜡烛峰、太阳掌、月石峡、五台、雷声峰等。有八台九宫十二院四十二座建筑群七十二处石府洞天，儒、释、道三教并存。崆峒山还是天然的动植物王国，有各类植物 1000 多种，动物 300 余种，森林覆盖率达 90% 以上。崆峒山集奇险灵秀，具有极高的观赏、文化和科考价值。黄帝曾问道于广成子，自古就有道源圣地和西镇奇观之美誉。1986 年 5 月前中共中央总书记胡耀邦视察平凉时亲笔题书"崆峒山"。景区先后获得了国家重点风景名胜区、国家首批 5A 级旅游景区、国家地质公园、国家级自然保护区、中国旅游行业十大影响力品牌、中国十大道教文化旅游胜地、中国最美的十大宗教名山、中华民族文化生态旅游最佳目的地等誉称。

0174 太统山

简　介：太统山，国家 3A 级旅游景区、国家级自然保护区、省级森林公园，位于平凉市城区西南部 9 公里处，主峰太统山属六盘山东部支脉，海拔 2234 米，为境内第一高峰。林木覆盖率为 70%，有木本植物 33 科 90 多种，草本植物 3000 多种，食用真菌 20 余种，人工成材林 195 公顷。栖息有金钱豹、梅花鹿、狍子、麝、锦鸡等国家重点保护动物 30 多种。山上建有太白庙、菩萨庙、龙王庙、天桥、石窟等，并伴随许多神话传说故事。"太统屯云"为平凉古八景之一。太统公园于 1993 年建成，总面积 27 万亩。分太统山游乐度假区、大阴山—十万沟风景林观赏旅游区、崆峒山自然保护区、安国风景林和西山风景林建设区。

0175 柳湖

简　介：柳湖，国家 3A 级旅游景区，是陇东著名的山水园林，以"柳中湖、湖中柳"驰名。始建于北宋神宗熙宁元年（1068），时任渭州太守的蔡挺"引暖泉为湖，环湖植柳，建避暑阁及柳湖亭于其中"。明嘉靖年间，韩藩昭王占为苑囿，筑亭榭楼阁十多处，明武宗敕赐"崇文书院"。清同治十二年（1883），陕甘总督左宗棠驻军平凉，再次修复，亲植柳树，题"柳湖"匾额，更名为"柳湖书院"。柳湖距今已有 900 多年的历史。"柳湖晴雪"为平凉古八景之一，新中国成立后经多次修复、扩建。现有面积 199 亩，水域 56 亩，分大、小东湖和西湖三部分，并于 2007 年复建柳湖书院。园内现存古树名木 167 株，其中以"左公柳"居多。现为开放式城市公园。

0176 泾河

简　介：泾河，又名泾水。据《尔雅》解释"水直波曰泾"，故名。泾，径也。泾河是渭河一级支流，即黄河二级支流。它发源于宁夏六盘山东麓，南源出于泾源县老龙潭，北源出于固原大湾镇，至平凉八里桥汇合，东流经平凉、泾川于杨家坪进入陕西长武县，再经政平、亭口、彬县、泾阳等，于高陵县陈家滩注入渭河。泾河全长 455.1 公里，流域面积 45421 平方公里。泾河干流河谷开阔，一般在 1 公里以上，平凉至泾川间，谷宽 2—3 公里，川地平坦完整，有良好的灌溉条件。

（二十九）平凉市泾川县

0177 回山

简　介：回山又称王母宫山，是西王母文化发祥地和祖庙所在地，位于泾川县城西泾汭河交汇处。古籍载，"回"者，西王母俗名，如是，回山者乃西王母之山。穆天子来回山拜谒西王母时，手植古槐一棵，名"降真树"，并题"西王母之山"。回山，犹如一座美丽的金字塔，侧看则显西方白虎之相，神奇之中，象征着古西部先民对虎的图腾崇拜，与华夏民族崇拜龙的图腾一样，遥相对应。回山背依天池，面临高峰、夸父峰，左带泾水，右绕汭河，环抱瑶池，两河交汇于其下，山环水绕，古苍翠青，交相辉映，又如苍龙饮水，地理文脉称绝。回山始建于汉武帝元封二年，宋初、明嘉靖年间曾两次重修，清同治三年毁于兵燹，现留有宋初重修碑石一通。后来又重新修建，现有王母宫大殿、东王宫大殿、金母殿及其他配殿，山下有回屋，为西王母居住的地方，回屋内"回中降西王母处"大型石崖壁画表述《山海经》中记载的西王母形象，"西王母其状如人，豹尾虎齿而善啸，蓬发戴胜"，有青鸟侍卫，左有周穆王乘八骏拜谒王母，右有王母驾临汉宫赐武帝蟠桃等传说画面。山下的王母宫石窟开凿于北魏永平三年（510）。回山南麓的瑶池，是传说中西王母举办蟠桃会、宴群仙的地方，西王母也曾在此设宴款待过周穆王。大云寺·王母宫景区被国家旅游局命名为"AAAA"级旅游景区。

（三十）平凉市灵台县

0178 皇甫湾

简　介：皇甫湾位于朝那镇三里村，距镇区2.5公里。是晋代医学家、文学家、史学家，世界针灸医学鼻祖皇甫谧的诞生地。流域面积3.6平方公里。现存古墓葬群及车马道、车头坡、歇马店、潭沟、桥沟等遗址遗迹10多处，出土汉晋饰品、陶器、钱币等文物百余件。现有专职皇甫谧文史研究员1名。在镇区建成了皇甫谧史料展室和皇甫谧雕像公园，制作皇甫谧雕像1座，铜像1尊，皇甫谧史料展室藏品达到200多件。

0179 喂马川

简　介：百里乡芦子集村喂马川地处芦子集村，南邻陕西西梁山，北接芦子集原寺沟村，东至万宝川农场，西镶龙门乡珍珠山林场，相传唐朝时期，西凉国国王在此喂养御用之马，薛仁贵征西之后，西凉城破，国王喂马的地方也随之被破坏，御马坡一名沿用至包产到户时期，后被人们说成喂马川，一直沿用至今。

0180 书台山

简　介：平凉市灵台县中台镇下河村的书台山西至郭条湾组，东至河湾组，南至灵雷公路，北至崾岘组。相传皇甫谧曾在该山鸡鸣读书，直至中午，曾有石碑篆刻碑文，于文化大革命期间遭到破坏。

0181 蛟龙山

简 介：蛟龙山位于川口村川口社，呈东西走向，东低西高。相传很多年前，这里干旱少雨，民不聊生，但在一个伸手不见五指的夜晚，突然电闪雷鸣，北风呼啸，顿时大雨磅礴，宛如天破了一个大洞，就在这时一条浑身散发着金光的巨龙呼啸着冲下来，当接近百姓时，巨龙突然变得性情温和，慢慢地卧了下来，当天明时分，人们发现这里多了一座蜿蜒长山，从此这里变得风调雨顺，人民安居乐业，在此生活的群众便将此山称为蛟龙山。

0182 通气塬

简 介：通气塬位于灵台县中南部，东北与本县中台镇毗邻，南与陕西麟游县接壤，西连本县百里乡。地处黄土高原残塬沟壑区，地势由南向北倾斜，南北长15公里，东西宽10公里，海拔在1100—1350米之间。整个塬面呈凤爪形，基本是由尹家沟、湫子沟两条大沟分割成南北走向的东、中、西三道塬，东塬稍宽，中塬次之，西塬更狭。三道塬上坐落着关庄、宁子、任家坡、韩家洼、五星、郑家洼、青山、塔贤、蒲窝、新庙10个村庄共10894人。相传汉光武帝刘秀被王莽追赶逃难至此，无处藏身，但见一农妇于田间耕地，便隐身于其犁沟土丘内，口含一麦秆以通气，从而躲过了王莽的追杀，通气塬便因此而得名。因其与陕西麟游县接壤，故有"蒲窝三足鼎三秦"之说。

0183 达溪河

简 介：达溪河是横贯灵台县全境的主要河流，属泾河支流，发源于陕西省陇县的五马山，自西向东经崇信县的五举农场和灵台县的龙门乡、百里乡、中台镇、邵寨镇、独店镇等5个乡镇，在独店镇告王村出县境入陕西，于长武县巨家乡河床沟与黑河汇流，至亭口镇入泾河。达溪河，《水经注》称细川水。《新唐书》载："仁果兵自南原澡而还，大战百里细川。"明代时已称达溪，疑为大溪之讹。达溪河全河流域面积2485平方公里，在本县境全长85公里，流域面积1334平方公里，是境内主要水利资源。

0184 洞山

简 介：百里乡古城村洞山社的洞山位于古密须城东南处，占地350多亩。相传周文王伐密，密须城破，密康公骑牛至洞山脚下一处烂泥滩，牛被拦住，追兵追到此，杀害了密康公，尸首埋于洞山山腰一处，至今仍有坟塚。

0185 白云洞

简　介：白云洞位于中台镇下河村下河组东山上，东至罗家湾组、南至牛家塬组、西至孙家沟组，北至达溪河南岸。风景优美，空气宜人，草木茂盛，洞口烟雾缭绕，相传有白蛇出没。

0186 文王山

简　介：文王山位于距灵台县城东10公里处之达溪河南岸，在邵寨镇辖石坊村境内，古名九峰山，又名宝岩山。初春之时，冰雪消融，悬崖处瀑布飞流，蔚为壮观，为古灵台八景"瀑布春融"之所在。据史书记载："早在公元前11世纪（约1076年），商朝西伯侯姬昌（后即周文王）率大军西来伐密，战捷归师途经灵台县城，筑"灵台"祭天地，之后沿河东下，途中见一山，其势卓尔，四周八峰围拱，河水自足迂绕，即登峰顶，预演八卦，以卜讨纣大计。自此九峰山始有文王山之名。相传文王演卦之时，忽有电闪雷鸣，后山间有一童哭叫，姬昌命差收养为义子，即后扶佐文王建立周朝的雷振子。文王临走，山民感念其宣扬德化之功，夹道相送，不舍依依，也从此有了雷家河、告王河之地名。

0187 荆山

简　介：荆山，坐落于灵台县城中台山之上，因多奇花异鸟，尤以荆花独特繁茂，故名"荆山"。又因地处隐形山、离山、苍山和虎山之中，又曰"中台山"。历史上荆山庙宇众多，传说美丽动人。2004年，县委、县政府按照森林公园的建设定位，聘请省园林设计院等专业单位，对荆山进行了规划设计，总体规划分布在两面山一道沟，南至古灵台，北至皇甫谧文化园，东至高志山，西至古城墙，规划面积417公顷，概算总投资8500多万元，共分为生态旅游、历史文化、民俗风情、休闲娱乐和科普教育五大功能区。截至目前已建成了前山荆山门、三贤祠、德化廊、朝晖亭、夕照亭、日月亭、关公殿、灵通门、玉皇阁、东沟景观湖、休闲广场等人文旅游景点，公园内自然景观与人文景观融为一体，相得益彰，钟灵毓秀，美轮美奂。2009年12月晋升为国家AAAA级旅游景区。走上如今的荆山，四季松柏常青、绿树成荫、鸟语花香。森林覆盖率达到了80%以上，被各地前来游览的人们称为"绿色氧吧"。

0188 点将台

简　介："将台"位于西屯乡柳家铺村南头社，相传在唐玄宗年代，发生了"安史之乱"，北番兵与安禄山、史思明相互勾结，战争连年不断，为平息这场战乱，玄宗皇帝派大将郭子仪带兵征番，兵至距柳家铺3华里处安营扎寨，并建"点将台"1处（周围人叫"将台")。因此，将士在这儿屯兵养马，誓与番兵死战，平定安禄山之变。

0189 三女峰

简　介：三女峰位于百里乡新集村南山山顶，占地15亩。传说密康公在烂牛湾被杀后，已逃至现新集一代的密康公的三个爱妃得知此消息，随后殉情，"三女"殉情后，青春女神碧霞元君念其情意缠绵，死得惨烈，便助"三女"羽化为啼山鸟。为寻觅康公，它们在三女川的深山密林中昼伏夜出，行踪无定，绝不与人遇面，至今人们谁也没见过。每当夏夜，啼山鸟总是彻夜不停地呼唤"康公！康公！"直至嘴吐鲜血。因这鸟叫声酷似小狗夜吠，当地人又称它"看山狗娃"，认为是这里的一宝。清代灵台县令黄居中有诗曰："三女来奔日，康公弃国年；而今传美物，犹自以名川。"

0190 火烧湾

简　介：火烧湾地处什字镇罗家庄村部北面2.5公里处，此处现属村林厂管辖区。这里林木茂盛，山清水秀，气候宜人，是夏季避暑的好地方。据传，清朝年间，有一股土匪（大约100余人），长期占山为王，劫财害民，坏事干绝，抢夺民女，使人民不得安生，朝廷多次派出兵围剿，均未消灭，见于山势陡峭，林木茂密，周围的河流为界，时值秋冬季节，地方官员下令点火烧山，将这帮土匪全烧死于山中，除了民害。该处因此而得名为"火烧湾"，今被灵台县文广局列为"火烧湾遗址"保护区。

0191 干树塬

简　介：干树塬位于朝那镇街子村里庄组，距镇区7公里。一百多年前，此地有一古槐树，枯死很长一段时间，此地便被称为"干树塬"，后来枯枝上又长出两棵新芽，存活至今，其后有一寺名为"白马寺"，现古迹犹存。

0192 天池坳

简　介：在上良乡杨家庄村与蒋家沟村塬面接壤处，周围高，中间低，形如盛菜的碟子。

0193 高志山

简 介：高志山位于灵台县中台镇下河村，达溪河北岸，灵台县城东。山势陡峭，孤峰突起，地势险要，海拔1150米，面积约两平方公里。是灵台群山之首，东至郭家岭组，南至李家庄组，西至东沟景观湖，北至姚家山组。高志山因山势高耸，山上有志公洞而得名。山中有志公庙1座，相传高崖下有无影树1棵，山顶建造八卦亭1座，周围林木耸立，松柏翠绿，梯田环绕，是下河村大杏产业发展基地之一，也是灵台县旅游景点之一。

（三十一）平凉市庄浪县

0194 紫荆山

简　介：紫荆山公园为国家 AA 级旅游景点，位于县城中心，因山阴遍植紫荆树而得名。始建于西秦太初年间，为儒、释、道三家活动场所。唐宋以来，经历代修葺，至明清时，十八罗汉殿、南海观音殿、大佛寺等古建筑群落已成规模。1986年县政府号召社会各界捐资重修。各类建筑物依山而建，自下而上有8个阶台，自成院落，内有三清殿、文昌阁等建筑19处。1986年5月，中共中央总书记胡耀邦视察西北途经庄浪时题写"紫荆山"山名，1989年3月，中共甘肃省委书记李子奇题写"紫荆山公园"。

0195 云崖寺

简　介：云崖寺坐落于平凉市庄浪县韩店镇，云崖寺风景区为国家 AAAA 级景区、国家级森林公园和国家级文物保护单位，位于庄浪县韩店镇，东距县城28公里，景区面积13.27平方公里，由金瓦寺、竹林寺、佛沟寺、大寺、西寺以及红崖寺、木匠寺、乔阳寺等寺群组成，属丹霞地貌。云崖寺石窟群始凿于北魏，石窟内碑刻、题记众多，浮雕、泥塑像形态各异。景区主要景观有"秋千架""遮天石""飞来石""骆驼峰""笔架山""试斧山""棋盘岭""金龟饮水""湘子洞""大禹神足"等。

（三十二）平凉市静宁县

0196 九龙山

简　介：九龙山位于静宁县八里乡，海拔1998米，属祁家大山余脉。相传，汉刘秀起兵西行讨伐隗嚣曾于此避难得救。光武帝登基后钦题"救龙山"，遂得名。山体蜿蜒起伏，与西岩寺山遥遥相望，右侧成环抱状，有藏龙卧虎之势。山上树木茂密，庙殿亭阁较多，是旅游、避暑的胜地。每当春回大地，九龙山上野花竞放，蜂蝶飞舞，古椿百态，状似蛟龙出水，玄鹤展翅，犹如耕农扶犁，宫娥掌灯。至秋高气爽，登高极目，山势开阔，阡陌纵横，田园织锦，风景如画，令人心旷神怡。

（三十三）庆阳市正宁县

0197 四郎河

简　介：四郎河发源于甘肃省庆阳市正宁县艾蒿店子，最后在长武县雅口流入泾河，总长80公里，在庆阳市70公里，流域面积783平方公里。传说在很早以前四郎河叫"害河"，经常淹没人家，淹死牲畜。在"害河"岸边住着一户姓王的穷苦人家，父母早年去世，弟兄4人。这个村的人都习惯称他们弟兄4人为大郎、二郎、三郎、四郎。他们弟兄4个带头治水，"害河"变成了"利河"，后四郎兄弟中的四郎因治水牺牲。四郎去世以后，大郎、二郎、三郎不负众望，继承兄弟的遗志，又一如既往地率领大家修河治水，直到年老辞世长眠于他弟弟的身边。后来人们为了缅怀四郎及其兄长治水的功绩，在"害河"畔为四郎弟兄修了一座"四郎庙"，为四郎弟兄塑了像。逢年过节时分，远远近近、十里八村的人都来这里烧香磕头，祈福祈安，还将"害河"改名为"四郎河"。至今，四郎河边的孩子还会唱那怀念"四郎"的动人歌谣："四郎河水弯又弯，四郎的歌唱不完。四郎率众治恶水，想起四郎泪不干。四郎河水甜又甜，四郎美名天下传。四郎救人舍性命，想起四郎心里酸。四郎河水清又清，四郎是咱好弟兄。四郎治水立大功，千秋万代人赞颂。"

0198 庵里水库

简　介：庵里水库坝址选在子午岭山麓的西坡乡庵里村。这里两川汇流，三山夹峙，东依马儿沟，西临湾子村。林地面积各占55%，黄土沟壑区约占45%。坝址以上干流长16公里，水源发源于宫河寺，流域内植被良好，水土流失轻微，野生动植物丰富，空气清新，环境幽静，日照充足。

（三十四）庆阳市华池县

0199 甘泉山

简 介：甘泉山为子午岭南端的一个分支。沿合水、华池两县分水岭向西北延伸到华池县的麻芝崾岘，然后穿华池县境，经大红庄、墩梁、老爷岭、新庄畔、羊沟畔、黄蒿地畔、紫坊畔乡高庄村深崾岘、墩儿山，过打扮梁的雷崾岘、五里湾、张新庄、田掌进入陕甘两省交界的丁崾岘。

0200 寨子湾

简 介：陕甘边区苏维埃政府（即南梁政府）旧址，位于华池县林镇乡四合台村的寨子湾。是原南梁政府所在地，刘志丹、谢子长、习仲勋等老一辈无产阶级革命家曾在这里战斗和生活过，1934年至1935年，他们在此建立了陕甘边区政府。西距南梁（荔园堡）15公里，西南距林镇12.5公里。1934年至1935年，陕甘边区苏维埃政府就在此地办公。这里地处子午岭密林深处的一坐北向南的簸箕形沟掌上。沟掌下是巨大的山谷，沟底有水。数十里之内山丘连绵，林木茂密，人烟稀少，清静深邃。共分三组：一组为军事委员会所在地，在东崾岘，有6孔窑洞，西边3孔为办公室，次为刘志丹住室，再为刘志丹妻子住室；二组在寨子湾，同东崾岘隔一小沟，为苏维埃政府所在地，有窑洞4孔，一为办公室，一为伙房，第三为警卫班战士住室，第四为习仲勋住室；三组在上崾岘，位于两组窑洞之间的山顶上，有小道同两组院落相通。这组窑洞九孔，为政治保卫处住处，共住七八十人，可居高临下放哨监视来犯之敌。

0201 花池

简 介：花池位于林镇乡东华池村街道以西300米处。西魏时，因此地半山腰的岩隙间出现一泓清泉，泉水周围林木翠绿，花草吐蕊，远眺如在万花丛中，故名"花池"，今为"华池"。华池清泉清流汩汩，甘甜爽口，沁人心脾，民间传闻为"神泉圣水"，常饮可清心明目，预防百病。如今这里有座龙王庙，依崖而建，青瓦朱柱，远望似楼，近看为亭。从山下沿坡而上，皆以条石为阶，曲折数百余级，十分陡峻。

0202 南梁

简　介：位于华池县南梁镇，20世纪30年代，刘志丹、谢子长、习仲勋等老一辈无产阶级革命家创建了以南梁为中心的陕甘边革命根据地，1934年11月7日在甘肃南梁荔园堡成立了中国西北第一个工农民主政权——陕甘边区苏维埃政府。1935年，陕甘边革命根据地与陕北根据地连成一片，形成辖区达3万平方公里，人口90万的西北革命根据地，成为第二次国内革命战争后期我党"硕果仅存"的革命根据地。为经历二万五千里长征的党中央和中央红军提供了落脚点，为陕甘宁边区的发展形成奠定了重要基础，在中国革命史上具有十分重要的地位。南梁革命纪念馆1986年经中共甘肃省委、甘肃省人民政府批准，在华池县南梁乡荔园堡修建，1987年11月7日正式落成。荔园堡古城是北宋治平年间修筑的，在历史上，这座古城曾是北宋抵御西夏南侵的前沿边哨，城名由宋英宗钦赐。纪念馆由门楼、牌坊、革命烈士纪念碑、浮雕、清音楼、政府旧址、展馆等部分组成。胡耀邦、陈云、习仲勋以及在陕甘边革命根据地工作过的老同志亲笔题词。1994年12月被中共甘肃省委确定为全省爱国主义教育基地，2000年5月被甘肃省国防教育委员会确定为全省国防教育基地，2001年6月被中共中央宣传部确定为全国爱国主义教育示范基地，2004年被列入全国首批百个红色旅游经典景区，2009年被列入全国国防教育基地，并被评为国家AAA级旅游景区。

（三十五）庆阳市合水县

0203 子午岭

简　介：子午岭又名子午山，以山脉走向得名。旧有桥山、鸡山、翟道山等名，又因属地不同，叫法各异。子午岭，是合水县主要山脉，东南起于五亭子，西北至于麻子崾岘，斜贯县境之东北部，全长68公里，东西宽63公里，是泾、洛河水系的分水岭。海拔在1458米至1682米之间，坡度一般为20至35度。岭区土壤有森林棕土壤、腐植质土和黑垆冲积土，岩石有紫色砂页岩、石灰岩等。气温最高为32℃，最低为19℃，年平均气温7℃。降雨量最高750毫米，最低为480毫米，平均为600毫米。降雨时间多在5、6、7、8四个月。无霜期140天左右。由于雨量充足、气温适宜，故而森林茂密，植被丰富。

0204 马莲河

简　介：因流经马连川而得名。古称泥水，俗称马傻子河。于庆阳城南由东西二河汇合而成。西河发源于环县甜水公社樊泉沟圈，上游称环江；东河发源于定边县张崾岘公社的枣章台，上游（悦乐以上）叫元城川，下游叫府东河。马莲河，是合水县第一条较大的过境河。于板桥镇的孟家桥进入县境，流经板桥、西华池、何家畔、吉岘五个乡镇，在铁李川进入宁县。境内全长35.7公里。集入马莲河的主要支流有县川河、固城河、冉河、太乐沟水等。马莲河床由红砂、紫页岩构成。县境内集水面积1793平方公里，多年平均流量为1189秒立米，最大流量为9581秒立米，最小流量为1.37秒立米。结冰期从11月下旬至次年3月上旬，约110天。马莲河主河道石岸较陡，水位变化较大，因之，水利设施不多，灌溉面积较少。

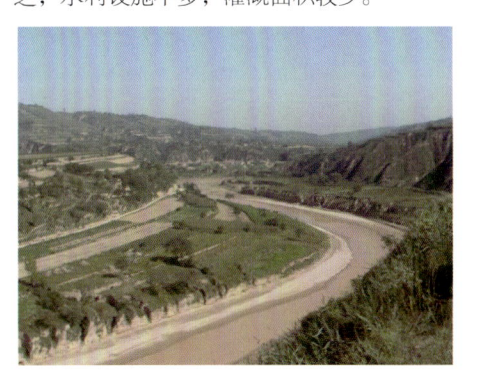

(三十六)庆阳市宁县

0205 九龙川

简　介: 九龙川位于甘肃庆阳市宁县新宁镇，因一条发源于子午岭的河流九龙河而得名。九龙川属暖温带大陆性高原气候，温润适中，四季分明，年降水量574毫米，平均气温8.7℃，无霜期170天左右。盛产大枣和黄甘桃。

（三十七）庆阳市庆城县

0206 二将川

简　介：二将川位于山庄乡雷圪崂村芋台组，地处二将川河与铁匠沟水交汇处南侧山梁。全程地跨两山，周长3500余米，城墙残高4—5米，中间被一条小沟分为南、北2城。北城依山势而建，很不规则，占地约20万平方米。南城呈长方形，又分为内、外城，占地30万平方米。宋天禧五年（1021）始筑，置马铺寨。庆历二年（1042）三月，知庆州范仲淹复筑，宋仁宗赐名"大顺城"，为宋抗击西夏南侵的重要军城。元丰二年（1079）后，为环庆路第三将驻师处。金仍置大顺城，为庆原路边将营第二将营驻师处，后别传为"二将城"沿袭至今。元废。现为省级文物保护单位。

0207 清凉山

简　介：位于三十铺镇雷旗村小寨组。山麓有清凉山庙1座，内有20世纪八九十年代当地村民捐资重修的大雄宝殿、万灵宝殿、僧房等建筑，清光绪皇帝御赐"飞越流香"匾悬于万灵宝殿前。庙宇南北长约75米，东西宽约18米，总面积约1400平方米。山门外有石砌拱桥1座，桥西侧岩石下有两孔山泉，风景优美。山腰有两处窑洞庙宇，内有佛教菩萨、道教神仙等彩塑造像。山底公路东侧台地有新建庙宇及戏台等附属建筑。清凉山是明清时期庆阳府八景之一，号称"灵岩滴翠"。

0208 三八五旅驻庆旧址

简　介：位于县城皇城开发区西侧，1937年10月，八路军陕甘宁边区留守兵团129师385旅旅长王维舟、副旅长耿飚奉党中央命令进驻庆城留守陇东，保卫边区西南大门，驻防8年，拥政建政，军民一家，鱼水情深，取得了反围剿斗争和大生产运动等一系列的胜利。旧址现存旅部首长和部队官兵住过的窑洞120孔，训练场1处，原貌保存比较完整。2003年对旧址进行了保护维修。现成为红色旅游景点之一。

（三十八）庆阳市镇原县

0209 鸡头山

简　介：位于镇原县开边镇镇政府东约 1 公里处。鸡头山如雄鸡引颈报晓，昂屹立，峰峦突兀，沟壑纵横，树木繁盛，花草似锦，河渠流水潺潺，山间鸟雀叽叽。东风渠恰似一条玉带缠山而过，高耸的渡槽凌空而起，劈崖凿石，掘山填沟，牵引茹河水上山，浇灌千亩良田，显示着人民的力量和智慧。鸡头山原有一座寺院，名曰石空寺，恰在鸡鼻眼的地方。寺院下方的平台上有戏楼 1 座，每年农历三月初三举行盛大庙会，香客信士摩肩接踵，蜂拥而至，香火长盛不衰。这座依山就势、别具风格的古刹建于何时，已难于稽考。民间传说，明代洪武年间一张姓御史巡视于此，曾在大佛殿柱子上留下联语云"鸡头无量，雄居西川"。可知石空寺应当在明代以前就建成了。改革开放后，为使这座具有神奇色彩的名山，再放光辉，群众自筹资金 4 万元，箍崖面，建雨蓬，重修窑殿。如今殿宇飞檐斗拱，金碧辉煌。鸡头山悠久古老，史籍方志多有记载。最早的当首推太史公的《史记·五帝本纪》云："（黄帝）西于空桐，登鸡头。"《镇原县志》记载："秦二十七年，始皇巡陇西、北地，出鸡头山。"那时的北地郡，即今陇东一带。因此轩辕黄帝与秦始皇登临鸡头山是不容置疑的事实。镇原县武沟乡孟家原（古称长城原）是秦长城经过的地方，秦始皇巡北地、过鸡头，视察长城应当是事实。

0210 白马池

简　介：位于镇原县屯字镇景家洼，因为当地有白马庙，故称白马池。据考证，清同治 7 年（1868），这里两度山体滑坡，堵塞沟渠流水，形成此池。水深 17 米，水面面积 15.3 万平方米，总蓄水量为 130 万立方米，流域面积 1.97 平方公里。邑人马鉴堂赞云："人形乱翻春水绿，渔歌频唱夕阳红。"白马池水质优良，水资源丰富，池中硕大的金鱼，结队畅游，五光十色煞是好看。

0211 潜夫山森林公园

简　介：潜夫山在镇原县城北约1公里，古称七松亭；由于坐落在县城之北，又称北山；这里柏林密布，古柏参天，又被称为柏山；山上建有玉皇庙，又俗称玉皇山；东汉末年，著名思想家、政论家、哲学家王符（85—162）隐居在此，著书36篇，抨击时政得失，反对谶纬迷信，古题为《潜夫论》，千载流传，中外咸仰，由此更名为潜夫山。潜夫山，已有1800多年历史。据县志载，山上原有潜夫祠、读书台、思潜亭，并依山就势，布建佑德观、三台阁、天宁寺、白衣庵等殿宇，寺观巍峨，古柏参天，气象肃穆，游人熙攘。自清同治以来，屡遭兵燹斧斤之患，亭台楼阁焚毁殆尽，钟磬碑碣荡然无存，只留古柏93棵。四棵汉柏为王符所植，高20米，胸围3.8米，苍劲挺拔。潜夫山东峰建有烈士陵园，园内有革命先烈遗物陈列馆，陈烈遗物数十件。人民英雄纪念碑碑体呈三角形，背北面南，高13米，白色天然大理石挂面，正面仿毛泽东手迹书"人民英雄永垂不朽"八个金光闪闪大字，东侧书宋任穷同志题词"为革命捐躯的先烈永垂不朽"，西边书耿飙同志题词"缅怀先烈继往开来"，两米高的四方形碑座，由天然大理石贴面，北面镌刻204位先烈名录。烈士陵园松柏掩映，百花争艳，雄伟壮观。

0212 太阴池

简　介：太阴池位于镇原县东32.5公里，屯子镇东5公里左右的太阳高家，以新丰梁为界，东西两边各形成一座天然湫池，其地形如太极图状，故新丰梁以东，向阳之地的池湫称太阳池，以西背阴之地的池湫称太阴池。太阳池已经干涸，留下一个神奇的传说。一天晚间，其地所有人做了同一个梦，梦见家家户户赶牛下池湫往返不停地驮水，牛全身水流不住。次日，池坝冲决，水流三日，鱼群挣扎于干涸的池底滩注，却无人忍心去捡食。从此，太阳池不复存在。据考查，太阴池的形成早于白马池48年，为清嘉庆二十五年（1820）。这年天象异变，农历二月初五，雷电大作，洪水滚滚，房倾屋陷，山崩地裂，堵塞沟道，形成了太阴池。该池水面高程为1280米，长970米，平均宽250米，最深水位14.5米，水面面积24.25万平方米，约370多亩，总蓄水量为218万立方米，流域面积1.3平方公里。池边有菩萨庙1座，每年二月初八的庙会。1958年，县水利部门先后数次组织投放鱼苗80多万尾，现在鱼类成群，戏游其中，有白莲、鲤鱼、草鱼等品种，时值春秋，垂钓者络绎不绝，是境内的天然鱼池之一。1976年在此建立大型电力提灌站，发展有效灌溉面积1000亩。

0213 原峰山

简　介：原峰山位于镇原县中原乡原峰行政

村南，坐落在原峰塬腹地，北襟塬面，南望泾河，藏卧沟涧，山环水抱，突兀耸立，独秀一峰，极有神韵。后来，人们看到山形奇特秀逸，就在山上建起庙宇，曰原峰观。每年农历三月二十日，为庙会之日，届时，陕甘宁三省（区）、泾平镇三县（市）的香客信士，川流不息，接踵而至，焚香还愿，游览山景。更有兴隆山、崆峒山、景福山的僧人来此际会，为胜会增色。原峰山古老悠久，历史上是西汉安定郡所在地高平县的著名古刹，香火旺盛，经久不衰，慕名游览者络绎不绝。北周保定三年（563）九月，武帝西巡原州，曾巡幸登临。该处还是驻军、执军、屯兵防守的关隘要塞，古丝绸之路的重要通道之一，从而造就了往日的繁华。自东汉将州治移置临泾后，此处才逐渐冷落，变为单纯的古刹寺观，仅有游人信士来山顶礼膜拜，加之屡遭战乱，原有建筑受到破坏。明清时期，时修时毁，仅保存了山上原有的基本建筑。民国三十五年，县长贺凤梧联络邑籍绅士，化缘集资，修补恢复了原貌，并竖碑刻石，追溯历史，述其梗概，留下极有价值的史料。"文革"中将碑石古迹损坏，仅留灵官殿两极，唯有一堆堆残破不堪的汉砖、琉璃瓦、屋脊六兽等。近年来，当地群众自发捐资，依原样恢复修建，成为镇原游览观光的胜地之一。

0214 茹河

简　介：茹河发源于宁夏回族自治区东南边隅，六盘山脉东侧，固原市大湾乡境内。流经宁夏彭阳县、甘肃镇原县，并在镇原县交口河镇汇入蒲河、再入泾河进渭河，流入黄河奔向大海。茹河全长 171 公里，流域总面积 2470 平方公里，宁夏占 15 平方公里。茹河是宁夏彭阳、甘肃镇原两县人民的母亲河。茹河是轩辕黄帝的故乡河，中华民族发祥地，周先祖在这里兴业，开辟农耕文化的历史先河。因此，茹河也称之为"中华民族的母亲河"。

0215 翟池

简　介：翟池位于县城东 35 公里，峒肖公路西侧的上肖境内。民国二年（1913）古十一月，沟北原头滑塌，堵塞沟渠，形成湫池。因此地聚居翟姓，故曰翟池，又因此池，该村也命名为翟池村。翟池水位最深处为 13 米，水面面积 18 万平方米，总蓄水量 126 万立方米，流域面积 1.33 平方公里。池上游南端有泉眼一孔，以每秒 4 公升的流量注入池中。水质甘甜纯净，是当地人畜饮用的唯一泉池。1977 年 8 月，西岸一角堤坝滑坡，池水下降 3.5 米，后经几次维修加固，现已恢复正常水位。池中鱼类丰富，偶有龟鳖出没，水蛇穿行。春夏时节，碧波粼粼，柳黛成荫，鸟语花香，鳞鱼腾跃，构成一副绚丽美妙的天然景观，令垂钓者心旷神怡，使游人乐不思归。

（三十九）庆阳市环县

0216 山城堡战役遗址

简　介：该遗址位于环县山城乡以北及大西沟西南，断马崾岘以南地带。1936年，中国工农红军在这里进行了著名的山城堡战役。1962年，甘肃省人民委员会公布山城堡战役遗址为省级文物保护单位；1983年9月，环县人民政府在山城乡址公路东侧修建了碑身高3米、宽1米的山城堡战役纪念碑。正面碑文由时任兰州军区政委肖华题写，背面碑文为山城堡战役。现为省级文物保护点和市级爱国主义教育基地。1936年10月，中国工农红军三大主力在甘肃会宁胜利会师后，11月21日在环县山城堡歼灭国民党胡宗南部队主力一个师，从而彻底粉碎了长征以来国民党反动派对中央红军的围追堵截。23日在山城堡关帝庙里举行了庆祝山城堡决战胜利大会。朱德、彭德怀、刘伯承、聂荣臻、左权、贺龙、任弼时、关向应、萧克、王震、徐海东、程子华等三个方面军的首长出席了会议。这次战役，是红军二万五千里长征的最后一战，也是第二次国内革命战争的最后一战，在中国革命史上有着极其重大的意义，为促进国共两党合作奠定了基础。

0217 黑泉河

简　介：黑泉河村是演武乡最北的一个村，清以前就有黑泉神奇的传说："古时候黑泉流出的水有碗口粗，成立柱状，晚上夜深人静时，水柱中有一匹金马驹随喷水在泉中上下奔腾如意，后被喇嘛发现，用千年陈谷草盗走。黑泉水随之成筛状流出。这里不仅有黑泉，而且还有黄泉和清泉的存在，三泉均为浦河之源头。因为泉底质地分别呈黑、黄、清三色而得名。黑泉面积约500平方米，泉底为黑色砂石，水质清澈，水势盛大，冬暖夏凉。明代嘉靖、万历及清代宣统年间编纂的《固原州志》、民国二十五年编纂的《固原县志》均将其列为"风景佳胜之地"，述其"砂石莹净，泡沫万点，日中明澈，旋生旋灭。其起也，如云气五色，上属于空，还颓于池，则如大珠小珠落玉盘然。池畔有龙王庙，乡人祷雨处"。近年来当地村民自发掏泉修庙予以恢复保护。黄泉南距黑泉 2 公里，清泉东距黑泉 3 公里，均位于山腰处，具有取之不尽，满而不溢的神奇现象。是当地人畜饮用水源之一，目前保存基本完好。

0218 庙山

简　介：清光绪年间农历六月二十八日，天降暴雨，将原坐落在二合原石咀坡的龙王塑像冲至白沟门河道，被当地白、姚等姓农民捞起，并在本山建庙供奉至今，并定每年农历六月二十八日为龙王圣诞。至今当地数村村民烧香供奉，庙山之名由此得来。

0219 演武渠

简　介：演武渠，位于演武乡黄山村，其地貌形状酷似鹰爪，大沟正中有一个凸起的高崯，周围 360 度环绕，相传明末农民起义军闯王李自成进京的时候在此演过武，操练过兵马，因此而得名。该地古迹现仅存一旗杆梁，因自然原因已遭破坏。

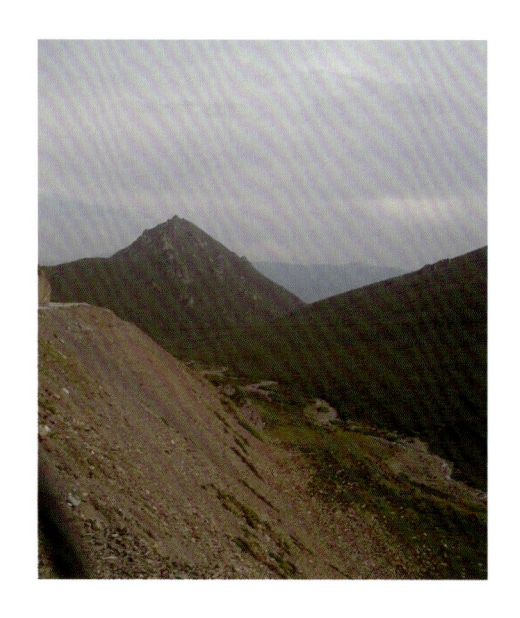

0220 东老爷山

简　介：东老爷山，又称兴隆山，位于陕、甘、宁三省交界之处，海拔 1774 米，距县城 75 公里，东老爷山由祖师崯、玉皇崯、魁星崯三大景区组成，集红色游、宗教游、生态游为一体。景区内有元、明、清三朝古建庙宇楼阁 15 座，其中砖雕、壁画堪称一绝，文物价值连城；有红军长征纪念馆、曙光坛、三清殿、玉皇殿、三官殿、百子宫、观龙阁等新建景点 21 处；有毛泽东、周恩来、彭德怀、叶剑英等老一辈革命领导长征时留下的历史足迹；有"二龙戏珠"山体景观；有松柏成荫的自然风光。现为国家级文物保护单位，国家 AAA 级旅游景区，省级森林公园，市级爱国主义教育基地。

0221 野露寺

简 介：野露寺，位于演武乡曳郭咀村，始建于西夏，已有近千年的历史。元、明、清均有扩建。山环水抱，庙宇栉连，形似凉帽，四山环绕，中峰独耸。溪水夹流，声如佩玉。松柏蓝蔚蔽空，梵宇骈凑，依峰拂云，境至幽邃。1958年上述建筑全部被拆毁，现遗存金泉1眼，砂石造像2具（现已破碎仅存部分残片），玉印、铜尺等器物。有百年老柏树两棵。近年来当地民众自发修葺庙宇3座，钟楼亭1座。新建露天剧场1处、篮球等体育器材、场地基本齐全。据传，野露寺还有两个姊妹寺。即：镇原县殷家城乡白家川的清泉寺和今宁夏彭阳县安家川的万楼寺。

0222 堡子山

简 介：位于环县环城镇周湾村姚南湾组。清朝末年为防御外来贼寇侵扰，当地村民自发修筑城堡，抵御贼寇，至今部分城墙保护完好，故而该山取名为堡子山。

（四十）定西市通渭县

0223 什川古城

简　介：什川古城（通渭寨）位于什川古城村，筑于北宋神宗熙宁元年（1068），南北向，呈梯形，南北相距662米，南垣长378米，北垣仅长18米。后经迭修增建，至光绪十九年（1893），城廓规模略定。城垣东、西、南三面各建有敌楼，在东西角有奎星阁，城正南面有月城，城墙上建有砖垒1500个，炮墩16个。门仍为东、西、南三门，各门出入有吊桥。

（四十一）定西市陇西县

0224 药铺山

简　介：在县城西南 20 公里处，东西走向，海拔 2190 米，界连漳县。昔日山上广布中草药，故名。唐高宗显庆三年（658），孙思邈率五名弟子登崆峒山访求皇甫谧（魏、晋时医学家，今甘肃平凉人）的《针灸甲乙经》一书，后沿渭水来陇西探究封衡（东汉医学家，陇西人）的《容成养气术》。相传，他听说陇西城南 40 华里处有一峻峰，苍松拔地，翠柏指天，奇花满山，异草遍地，便欣然前往。身临其境，珍草满目，贵木皆是，就只顾辨药采撷，竟忘了观识天气。突然，狂风骤起，惊雷炸顶，俄顷之间，暴雨倾盆。急返途中，皆被滑倒，所采药草，洒了一地，又经风卷雨冲，漫山遍野，比比皆是。令人感到惊异的是，雨过天晴，那些药草竟奇迹般地扎根、发芽、开花，勃然覆盖了整座山。从此，人们便把此山称为"药铺山"。后来，当地百姓为纪念药王孙思邈曾到过这里，便把山下的庄子称"越胜（药圣）村"（因陇西人把药（yào）读作越（yuè），胜、圣同音，故"越胜"隐寓"药圣"之意）。

0225 凤凰山

简　介：相传在很久以前，这里植被茂盛，鸟类繁多，一大户人家每天以粮喂之，致使鸟类越聚越多，最终引来凤凰，故此山得名凤凰山。通安驿镇冯河村凤凰山宗教活动场所位于通安驿镇西部，距镇政府所在地 10 公里。凤凰山宗教活动场所具有千年历史，现名胜古迹保存完整，生态植被良好。每逢农历五月初五，周围群众朝山祈福，游人络绎不绝。

0226 仁寿山

简　介：地处陇西县城西南，东西走向，海拔 2057 米，为县城的主要山脉。清康熙岁贡杨其忠《重修仁寿山古寺碑记》称：孔子有"仁者寿"一语，故此山取此嘉名。山上原有汪世显所建十方古刹，故该山俗称十方山。唐代山上建有仁寿寺，元地震淹没，明清时期重建文昌阁、魁星楼、崇羲殿等庙宇，后毁。解放后历年绿化重建，1984 年兴建仁寿山公园，占地 520 公顷，1997 年晋升为甘肃省省级森林公园，为省级自然保护区，2003 年被评为国家 AA 级旅游景区。仁寿山是一座历史悠久的文化名山。山上曾有建于唐中叶的"陇西堂"。自古李姓儿女在此祭祀祖先，缅怀先贤的丰功伟绩。"陇西堂"数度遭毁。改革开放以后，又重建了"陇西堂"主祭堂。陇西"云阳板"，是祈求丰年太平的民间艺术，集舞蹈、武术于一身，每年农历四月八日"朝山会"演出助兴。入围"第四届中国艺术节"广场表演节目，《人民日报》等多家媒体作了报道，倍受中外观众赞誉。爱国主义教育的景点有烈士陵园、西进亭、张新龙雕像、铁锤英雄纪念亭。遗址遗迹为陇西堂、李泽夫妇墓、太白井、太白故里；传统文化有道教三清殿、佛教十方寺、大雄宝殿；依山附势建有迎宾楼、罗亭、瑞亭、如一阁、三寿园、乐寿堂、大佛殿、碑林馆等；山门牌坊、中华名医、李氏名人纪念馆等一展古襄武邑雄风。登临八角楼，陇西城川尽收眼底，油然而生"天边仁寿"之感。

（四十二）定西市漳县

0227 榜沙河
简　介：位于漳县东南部，距城关60里处的新寺乡和东泉乡境内。部分流水发源于岷县，由黑虎河、直沟流水汇至榜沙，因此得名。

0228 漳河
简　介：漳县西南大草滩境内，由城关镇出境。《漳县志》载："源出县之木寨岭，名遮阴河。东北流至鲈鱼关入，始名漳河。"

0229 龙川河
简　介：《漳县志》载："新寺镇在明嘉靖七年前称龙川镇，即名龙川河。"横穿四族乡、马泉乡、新寺乡。

0230 贵清山
简　介：景区面积36平方公里，由贵清山、贵清峡两部分组成，史称"贵清仙境"，属于较典型的喀斯特地貌。景区由奇峰秀水、参天古松、流泉飞瀑、仙桥巨石、古刹亭殿构成大小25个景点100多个景观。主要景点有三峰环翠、禅林挂月、万壑松涛、断涧仙桥、西方胜景、转树险道、灵岩古洞、云崖飞瀑等。

0231 遮阳山
简　介：遮阳山风景区因"日出而为山所蔽"得名。国家AAAA级旅游景区、国家攀岩队训练基地、国家森林公园。位于县城西南29公里处，距212国道300米。景区面积36平方公里，由西溪、东溪、夷门山三部分组成，是中国北方罕见的"天坑地缝"般的峡谷兼岩溶地貌奇观。有云叟洞、藏经洞、玉笋峰、一线天、四面崖、跨步峡、九曲峡、黑龙潭等25个景点120个景观。

（四十三）定西市岷县

0232 "岷州会议"纪念馆红色旅游景区

简 介：该景区位于城西十里镇三十里铺村，距县城15公里。2005年列入"全国100个红色旅游经典景区"和"30条红色旅游精品线路"。主要由"岷州会议"会址、陈展中心、甘肃省苏维埃政府旧址三部分组成。1936年9月18日，接中央军委北上电令后，中共中央西北局在当时的司令部三十里铺村葛生德家召开会议，否定了张国焘提出的西进青海、甘北，以"打通国际路线"的主张，决定了北上与红一方面军会合。红军休整期间，在三十里铺村成立了甘肃省第一个省级苏维埃政府，由何长工担任主席。在包家族村成立了岷县苏维埃政府，由张明远担任主席。并在南川、麻子川等34个乡村相继成立了乡村苏维埃政府。发动群众筹集粮款物资，护理红军伤病员，保证了红军的供给。动员青年农民参加红军，组建了由张明远任团长的新兵独立团。1997年，岷县县委、县政府对"岷州会议"会址进行维修，建成了中共中央西北局"岷州会议"纪念馆，李德生题写了馆名。

0233 狼渡湿地草原景区

简 介：该景区位于县城以东70公里的闾井镇，景区面积613.3平方公里，呈平原丘陵地貌，境内山体浑圆，地势平坦开阔，河流纵横，草原广阔，平均海拔2600米，年平均气温4.9℃。省道306线穿境而过。这里曾为西周王朝和秦汉部落牧马之地，三国魏、蜀交战的古战场。中华民国时期狼渡滩一直为国民政府军马场。这里有一种俗称低轱辘车的古老牛拉车，车为双辕、双轮、双套，并由双缰控制，是汉魏古车的遗存。

(四十四)定西市临洮县

0234 海巅峡

简　介：海巅峡位于临洮县城南30多公里处的南屏镇锁林村，东依南屏山，南和康乐县接壤，洮河由此进入临洮境内。关于海巅峡，这里流传着一个有趣的传说。相传很早以前，洮河里流的不是冰珠而是金珠子，但这些金珠子都被岸边的一个财主霸占着，沿岸的百姓依然过着贫困的生活。有一天，鲁班和他的徒弟们路过这里，看到这种情况后，决定把洮河从这里堵住，使上游的下阁滩一带变成西海，在西海边建造金殿，建立一个没有剥削的王国，让群众从西海里捞取金珠子，过上富裕的日子。鲁班计划好后，晚上便让徒弟们挑石提土，自己则挥动着赶山鞭把两座山往河边赶。不料一个徒弟泄露了机密，消息传到财主的耳朵里。财主连夜跑到河边，眼看两座山快要合拢堵住河水，就心生一计，捏住鼻子学起鸡叫，惹的附近村子里的鸡全叫起来。鸡一叫，鲁班的法力就不灵了。鲁班无奈，只好用赶山鞭往河里抽了一鞭，便带领徒弟们匆匆离去。财主高兴地往河里一看，却发现满河的金珠子变成了冰珠子。因为这里的山势要比鲁班造西海的下阁滩一带地势高，故称"海巅峡"。海巅峡鬼斧神工，峻峭奇崛，洮河穿峡而过。峡内峭壁上有明朝杨椒山碑书，部分字迹清晰可见。峡内还留有汉朝古栈道遗迹。海巅峡蕴藏着丰富的水利、森林、野生动物和药材资源。清代诗人吴镇"我忆临洮好，城南碧水来；崖飞高石出，峡断锁林开"的诗句，就是用来称赞海巅峡俊秀之美的。

0235 岳麓山

简　介：岳麓山位于临洮县城东二里许，主峰海拔2200米，当地人称"东山"，以宋时建于山麓上的东岳泰山庙而得名，山上亭台阁榭遍布，花草林木繁茂，自然景观和人文景观交相辉映，是临洮旅游风景区之一。2003年，经国家旅游局审查，岳麓山被确定为国家AA级旅游景区。沿绿树成荫的石阶而上，十步一楼，五步一阁，水榭、风雅亭、伏龙阁、畅怀亭、一览亭等独具特色的建筑飞檐流丹、画阁回廊，典雅别致。再往上走，山回路转，曲径通幽，半山腰便是超然书院。再往上走"甘南农民起义纪念碑"巍然耸立，豪气镇山，南向呼应的则是纪念1949年临洮儿女踊跃参军，进疆戍边的"戎疆亭"。岳麓之巅的姜维墩，则是蜀汉大将姜维点兵之处。

（四十五）陇南市武都县

0236 米仓山

简　介：米仓山位于武都县城东北部，距城80公里，为秦岭山脉向西伸延的支脉，也是白龙江与西汉水两个水系的分水岭。南北长7.35公里，东西宽6.27公里，面积约27.5平方公里。主峰土城梁，海拔2000米，比县城高1000米，为武都通往天水、陕南、关中一带必越之山。米仓山，山形象米尖，古称米尖山。相传是观音菩萨吃饭时掉下来的一粒大米，下落后变成了一支土地肥沃的山脉，哺育着这里的人民。米仓山历来为兵家要地，传说北宋杨家将征西时曾过此山。南宋爱国名将吴璘和其子驻节将军吴挺曾在这里筑造米尖城，并建军仓广积粮抵御金人。此后人们便将米尖山改称米仓山。解放以来，党和人民政府重视米仓山的绿化和治理，经过种草种树，绿化荒山荒坡6150多亩，营造宽200米的林带3000华里，呈现出山巅绿荫如盖，村落路旁树木成荫的喜人景象，每到夏季，游人如织，已成为人们纳凉避暑的好去处。

0237 白龙江

简　介：白龙江，古称为桓水、姜水、白水等。发源于四川阿坝藏族自治州若尔盖县和甘肃省碌曲县交界的西倾山北麓郎木寺。流经碌曲、若尔盖、迭部、舟曲、宕昌县流入武都县，经角弓、石门、锦屏、两水、城郊、城关、东江、桔柑、透防、外纳入文县。在碧口与白水江汇合至四川昭化入嘉陵江。白龙江沿岸在秦朝和秦朝以前属白马氐羌族驻地，故称羌水。该江流经地区古代为原始森林，河床比降大，滔滔白浪奔腾而下，蜿蜒千里，形似长龙故称白龙江。全长553公里，干流280公里。经武都县城最大流量1500立方米/秒，年平均流量44亿立方米。白龙江流域水土流失严重，含沙量大，由于沿江两岸水土流失严重，河床逐年增高。一遇暴雨，山洪暴发，泥石流随山洪泄下，堵江截流，冲毁河堤，淹没农田。流径县城一段河床比较平缓，阻塞北峪河，大量泥沙淤积，河床逐年升高。白龙江河床现高于城内新市街口1.32米，威胁县城安全。

0238 五凤山

简　介：五凤山，古名真武山。位于武都城北，海拔2265米，超越群峰，高耸入云。相传，古时有五只凤凰落于此地，故得名。五凤山南坡陡峭，多悬崖绝壁；北坡较缓，轻盈秀丽。从山顶南到武都城约15华里，北到马街12华里，面积约24.6平方公里。五凤山是武都城之土山，为游览胜地。

(四十六)陇南市成县

0239 革命英雄纪念碑

简 介：民国二十五年（1936）秋，长征中的红二方面军之一部与国民军王均部第35混成旅激战于县西北五龙山。父老口耳相传，红军阵亡将士中有贺虎者，是贺龙之弟。1962年，县人委民政科致函贺龙元帅，欲为贺虎造纪念碑。同年，国务院办公厅函复民政科，可为红军革命烈士造碑为念，乃择地于裴公湖东北角之紫金山下，建成革命烈士纪念碑，为砖石混凝土结构，碑阳"革命烈士永垂不朽"八字为郭沫若手笔，时在1965年春。文化革命后，以碑体遭损及地形狭限，乃于1980年择地再造，落成于紫金山西北侧峻坂之上。体形仿北京人民英雄纪念碑，砖石混凝土结构，占地2886平方米（折432亩），建筑占地6平方米。碑基为正方形，两台。阳书"革命烈士永垂不朽"，为肖华手迹，阴书"革命烈士纪念碑志"。1980年后，民政局为置守园人二，司洒扫，护陵区，现列入县级以上保护单位。

0240 鸡峰山

简 介：鸡峰山，国家级森林公园，海拔1917米，山峰形状如鸡头而得名，地处鸡峰镇。西南距县城15公里，奇峰突兀，上拂云汉，黄泳《成县新志》以为"状若鸡首"而得名。宋成州知州晁说之《濯轩记》以为，凤起于西岐。过凤县以凤名；过凤凰山而山以凤凰名；濯于百丈潭而潭以凤凰名。过鸡山误视为鸡，故称鸡山。松竹丛茂，苍翠欲滴。山腰有石，奇峰秀丽，如三台状，名三台石，上有佛刹。折西有洞，以龙名。深邃莫测，为旅游风景名胜区。

0241 香水洞

简 介：香水洞又名响水洞，位于今成县陈院镇武山村，西距县城约12公里。香水洞坐落于黄家河下游的龙门峡中，四周峰峦屏蔽，洞下流水泠然。洞口西向，高约11米，宽约15米，深约12米。洞口顶部有清注泻下，雨季如瀑，旱季如线，四季径流不断。洞中石形怪异有的如斧，有的如盆。另有一石如蟠龙状，石上有纹，酷似龙鳞，故称"龙石留形"。又因洞顶水落石盆，泠泠有声，故又得名"响水泉"。洞底还有一钟乳石，呈坐佛状，佛前石桌上缀满石花如蝌蚪文，旧志称"古佛诵经"。洞左有钟乳石如狮，口中吐水成珠，顺石上小沟流入钟乳石盆中，不溢不涸，取水饮之，则奇香盈口，久留不去，此则为香水洞名之由来。明邑令谢镛有《香水仙洞》诗一首："乘舆探奇不惮险，仙源一径如山关。数重垒障云学洞，百尺飞泉水做濂。瑶草千年仍是碧，蟠龙万骥总可潜。凋残地主何缘到，问俗伤心泪欲沾。"香水洞掩居于山腰竹林中，环境幽雅，景致奇特，自明代以来便是人们寻幽探胜的佳地，明代即以"香洞流泉"载入史志。

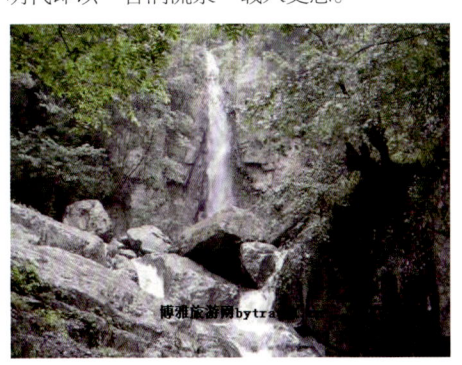

0242 泰山庙

简　介：泰山庙位于成县城关镇李武村，西濒青泥河，南邻凤凰山，与大云寺、狮子洞为联袂旅游区。泰山是一座锥形土山，山虽不高，但遍山是稀有的古树群，松柏环绕，浓荫翳郁。古柏披鳞持甲，老干苍虬，新树挺秀。山顶合抱粗的白骨松，是稀有珍种。古树龄都在200年以上，有的多达四五百年。

0243 杜甫草堂

简　介：杜甫草堂，又称杜公祠，位于城关镇龙峡村，距县城东南3.5公里处的飞龙峡口，东侧为凤凰山，又称凤凰台，草堂处在西南侧坡地，坐西向东，是一组纪念唐代伟大诗人杜甫流寓同谷的祠堂式建筑，也是国内现存37处"草堂"中历史最久的一处。大诗人杜甫经秦陇流寓同谷避安史之乱，唐肃宗乾元二年（759）十月，杜甫离开秦州（今天水），到达同谷（即今成县飞龙峡），在峡西的西岸选择了一处背青山巨岩，面对峡谷山峰，避风向阳的山坡地，营建了简陋的栖身草堂。诗人在此逗留月余，创作了《凤凰台》《同谷七歌》等诗篇，之后即取道嘉陵江入蜀。后人为纪念杜甫，在他居住的旧址上立祠建堂。《成县新志》对此也有记载："子美草堂在飞龙峡口，山带水环，霞飞雾落，清丽可人，唐乾元中子美避难居此，作草亭，有同谷七歌及凤凰台诸诗，后人感其高风，即其址祠祀之"。

（四十七）陇南市徽县

0244　五徵窑

简　介：五徵窑位于徽县嘉陵镇严坪村。相传明太祖朱元璋的女儿（当地人传说是妹妹）安庆公主在此出家修行。"五徵"指代"宫、商、角、徵、羽"五音，盖因洞窟所在之处山高林密，山风拂过则五音齐鸣，宛若天籁，五徵窑之名就天然形成了。五徵窑为明代皇家寺院，现通往岩穴仙洞的山径被改修成水泥栈道，曲径通达幽处。坊额上方镌刻"天音寺"三字，这三字将这处佛家修行道场的绝美自然场景用文字通俗的体现出来。拾级而上，可见庵寺内新塑的金身弥勒、十八罗汉、文殊、普贤菩萨等佛像。左侧为公主洞，内塑安庆公主著一身皇家金黄服饰，二女侍奉左右。顺石级再次西下为道家洞府，有道君天师造像、瑶池宫、西王母、送子娘娘、云霄娘娘诸神稳坐于内。乾坤洞可见魁星爷、药王爷、真武大帝、赵公财神。洞门塑一硕大圆形方孔通宝，凡人经此须钻入"钱眼"方可入得这仙家洞天福地。出洞门回首又可见八卦门，洞外可俯瞰远山茂林。

（四十八）陇南市康县

0245 明月山

简　介：明月山位于平洛镇西北方向，海拔2181米。该山以崖山腰闪闪有明月显映而得名。明月山风景秀丽，景色迷人，登高眺望，明月显映，均有较大旅游开发潜力。

（四十九）陇南市文县

0246 白水江
简　　介：白水江系嘉陵江二级支流，属长江水系，发源于四川省松潘插岗梁，流经四川省松潘、九寨沟县，在我县石鸡坝乡柴门关流入县境，经石鸡坝、石坊、城关、尚德、玉垒5个乡镇，于玉垒的关头坝自西汇入白龙江，流域面积8317平方公里。

0247 中路河
简　　介：发源于舟曲县海拔3846米德日边扎，全程90公里，集水面积964平方公里，由84条山涧溪流汇集而成。因河顺中寨的干线路流淌而得名。县境内流程76.2公里，经博峪、中寨在石鸡坝乡安昌河处流入白水江。

0248 雄黄山
简　　介：位于县城西北部的堡子坝与天池乡交界处，海拔高程4187米，是文县境内最高的一座山。

0249 白龙江（文县段）
简　　介：白龙江系嘉陵江的主要支流之一，属长江水系。发源于甘、川、青三省交界处的两倾山和岷山之间的甘南碌曲县郎木寺附近。流经甘肃省迭部、舟曲、宕昌、武都、文县、于四川广元市的昭化汇入嘉陵江。

0250 天池

简　介：位于天池乡驻地北10公里的乱山子南部，在清光绪五年因强烈地震山崩崖垮，聚洋汤河而形成高山天然湖泊得名。距县城90公里。池水面积约1平方公里，湖面海拔高程1750米，中心水深75米，蓄水量3200万立方米，周围20公里，池形如葫芦，有9道大湾和108个小曲，湖水透明如镜，碧波粼粼，池中倒影出悬崖异树。四周山峦起伏，树林茂密，鸟语花香，风景幽静美丽。连接甘川公路的桥头、天池公路直通天池，是发展旅游业的胜地。

（五十）临夏回族自治州临夏市

0251 八坊十三巷
简　介：八坊十三巷是典型的回族聚居区，由大寺坊、祁寺坊、西寺坊、北寺坊、铁家寺坊、前河沿寺坊、老王寺坊、新王寺坊等八坊，大旮巷、小南巷、坝口巷、北巷、沙尕楞巷、专员巷、大南巷、仁义巷、细巷、拥政路、铁家寺巷、王寺街等十三巷组成。八坊十三巷的街巷结构最早形成于清初，许多建筑年代久远，具有临夏传统建筑的典型特征，街区内有大量典型的老胡同和四合院。

0252 仁义巷
简　介：庄毅公王竑（1413—1488），字公度，号戆庵，祖籍湖北江夏，其祖父王俊卿戍边，携眷落籍临夏市。有一天他收到临夏家人的来信说，其家人在修房时为地基与邻里发生争端，想借官势压服对方，王竑接信后修书给家人并附诗云："千里捎书为一墙，让他五尺又何妨？万里长城今犹在，不见当年秦始皇。"对方见王竑持此态度，在盖房时也向后让出了五尺，形成的巷道被称为一丈巷，后又改为仁义巷。

（五十一）临夏回族自治州康乐县

0253 胭脂川

简　介：因地处胭脂镇而得名，位于康乐县胭脂镇马集村。传说三国时美女貂蝉、骏马赤兔皆出于此。风景秀丽，有莲花山、药水峡国家级森林公园。

（五十二）甘南藏族自治州合作市

0254 太子山

简　介：太子山，藏语称"阿尼念卿"，相传秦始皇长子扶苏，曾带兵征战于此，太子山遂而得名。地处合作市卡加道乡境内，北麓地区与临夏县、和政县接壤。太子山是青藏高原和黄土高原的分界岭，海拔4332米，距合作市45公里，是西倾山脉北支的重要山峰，为安多藏区著名神山。合作市太子山历史上是汉蕃边界，与在明清时期形成的土门关一样，河州二十四关中巴思巴关、槐树关、新营关、牙塘关均在该区。

0255 岗岔溶洞

简　介：岗岔溶洞分布在喜拉沟两侧，位于合作市东北27公里处的佐盖曼玛乡岗岔行政村附近。喜拉沟两侧山峰丘陵连绵，草地、灌木、森林等植被覆盖良好，沟内溪水四季奔流，清澈见底。进喜拉沟不远，有400多年历史的岗岔藏传佛教寺院，始建于公元1241年，历史非常悠久，比著名的拉卜楞寺还早一百多年。景区内有青藏高原十分奇特的岗岔溶洞景观。山上巨石耸立如林、群峰突兀、层峦叠嶂，洞内石壁上有十八罗汉雕像及格萨尔王妃珠毛做饭时留下的脚印及炉灶。有石桌、石椅、石床，恰如神仙居住过一样，曲径通幽，滴水怪石。洞外有一摩崖石刻，相传元朝一征西大将军征剿途经此地，刻字于此地，如今仍有其神奇之处，浸水后清晰可见，水干后忽隐忽现，非常神奇。阿尼念卿山与阿尼夏格山浑然相连，融草原、溶洞、奇峰、怪石为一体，是游览、探险、观奇的好去处。

（五十三）甘南藏族自治州迭部县

0256 扎尕那

简　介："扎尕那"是藏语，意为"石匣子"。扎尕那山位于迭部县西北34公里处的益哇乡境内，是一座完整的天然"石城"，俗有"阎王殿"之称。地形既像一座规模宏大的巨型宫殿，又似天然岩壁构筑的一座完整古城。正北是巍峨恢弘、雄伟壮观、璀璨生辉的光盖山石峰，古称"石镜山"，因灰白色岩石易反光而有其名；东边耸峙壁立的峻峭岩壁，凌空入云，云雾缭绕；南边两座石峰拔地而起，相峙并立成石门；再南至东哇、纳加一带，峭壁矗立，清流跌宕，水磨飞轮，流转不息。山势奇峻、景色优美，犹如一座规模宏大的石头宫殿。

甘肃省文化资源名录
第三十卷 地名文化 I

市州、市县区、乡镇街道

（一）兰州市城关区
（二）兰州市七里河区
（三）兰州市西固区
（四）兰州市安宁区
（五）兰州市红古区
（六）兰州市榆中县
（七）兰州市皋兰县
（八）兰州市永登县
（九）酒泉市肃州区
（十）酒泉市玉门市
……

（一）兰州市城关区

0001 兰州市

简　介：兰州，甘肃省省会，甘肃省的政治、文化、经济和科教中心。兰州市区南北群山环抱，东西黄河穿城而过。具有带状盆地城市的特征，地处黄河上游，年平均降水量360毫米，年平均气温10.3℃。兰州是唯一一个黄河穿越市区中心的省会城市。2012年8月28日，国务院批复设立西北地区第一个、中国第五个国家级新区——兰州新区。文件中明确提出，要把建设兰州新区作为深入实施西部大开发战略的重要举措，并于2020年将兰州发展为西北地区现代化大都市。

0002 团结新村街道

简　介：位于兰州市城关区团结新村50号，团结新村街道之名是根据"团结就是力量"而来，它位于簸箕山和罗汉山北麓。东起排洪沟西侧与嘉峪关街道相接，西至平凉路与铁路东村街道为邻，南沿火车站东路以北与火车站街道为邻，北临定西路、民主东路，与渭远路街道、东岗西路街道相接，占地2.48平方公里。团结新村街道现有社区居委会6个：团结新村社区、红星巷社区、定西南路社区、定西路社区、天水南路社区、天平街社区。居住有汉、满、回、朝鲜、撒拉、东乡、锡伯、俄罗斯等19个民族。

0003 草场街街道

简　介：草场街位于兰州市城关区黄河北。元末明初，王保保（扩廓帖木儿）曾在白塔山东麓筑城，与明军隔河对抗。土堡（"三圣楼"，当地人叫做"楼楼子"或"草场楼楼子"是土堡的大门）正是王保保大军的草料场。明代由于水车的广泛使用，沿河开出了许多水浇地。为了便于耕种，陆续有人在此居住，在土堡内外形成了居民区。人们仍习惯地称这一带叫"草场"。而现在所说的草场街只是广义的地名而已，真正的草场街已不复存在了。

0004 广武门街道

简　介：以明清兰州城外东北向的广武城门而得名。东至东岗西路街道，南与酒泉路街道、皋兰路街道相邻，西与张掖路街道相接，北隔河与盐场路街道、草场街道相望。街道办事处驻广场北路96号。1955年成立城关区广武路和广武门外两个街道办事处；1958年合并为广武门外街道办事处；1959年属庆阳路人民公社广武门管理区；1962年恢复广武门外街道办事处；1968年改为广武门街道革命委员会；1979年恢复广武门街道办事处。

0005 青白石街道

简　介：取青石湾、白道坪、石沟自然村名的首字得名。地处城关区东北部，东与榆中县接壤，南濒黄河，隔水与雁北街道相望，西与盐场路街道为邻，北与皋兰县接界。街道办事处驻碱水沟村188号，距离兰州市区5公里。1950年属安宁区管辖。1952年划归兰州市第六区。1955年属盐场区。1958年属东岗区雁滩公社。1961年划归城关区。1962年成立青白石公社。1983年改为青白石乡。2004年改为青白石街道办事处至今。2011年末辖有青山、杨家湾、青石湾、碱水沟、大浪沟、马家沟、石沟、白道坪、上坪9个村民委员会和沙金坪1个居民居住点。

0006 五泉街道

简　介：五泉街道因五泉山而得名。东起民主西路蓝宝石大酒店与铁路西村街道毗邻。西至市政大坡，与白银路街道相接。南依五泉山。北临民主西路与酒泉路街道分界。总面积1.25平方公里。辖区有居民和流动人口2万余户，共计6万余人。居住着汉、藏、回等17个民族，其中以汉族居住居多。有金昌南路、火车站西路、民主西路、兰山备战路4条大街；有闵家桥、禄家巷、力行新村、兰山村、和平新村、五泉村6个社区。

（二）兰州市七里河区

0007 七里河区

简　介：地处兰州市中南部，东至雷坛河，与城关区相壤；南与定西市临洮县为邻；东南至银山、铁冶、兰山，与榆中县相邻；西南至七道梁、摩云关、湖滩，与临洮县、临夏州永靖县交界，西至彭家坪、崔家大滩、深沟桥，与西固区毗邻；北濒黄河，与安宁区和城关区靖远路街道徐家湾隔河相望。区人民政府驻西湖街道西津东路498号，电话区号0931，邮政编码730050，距兰州市人民政府驻地5公里。2011年末辖西园、西湖、西站、土门墩、敦煌路、建兰路、龚家湾、晏家坪、秀川9个街道，黄峪、魏岭2个乡，阿干、八里、彭家坪、西果园4个镇，有60个村民委员会，77个社区居民委员会，282个村民小组，531个居民小组。

（三）兰州市西固区

0008 西固区

简　介：东与七里河区接壤，西与红古区交界，南与永靖县为邻，西北部与永登县毗邻。东北部以黄河为界与安宁区隔河相望。距兰州市政府驻地约18公里，总面积383平方公里，是市西郊中心区。南北环山，中间为黄河谷地。南北由高渐低向中部黄河盆地倾斜，形成山、台、川三个阶段，黄河由西向东横贯全境。山区可分为南北两部分，平均海拔1800米。川区主要分布于黄河两岸，平均海拔1540米，地势平坦。属温带半干旱气候，山区垂直性气温变化较显著。区内土地资源丰富，有耕地6.4万亩，其中山塬地4.14万亩，河谷川地1.26万亩。有果园1.17万亩，林地10.36万亩，草地27.32万亩，水域2万亩。未开发利用土地1.71万亩，水能资源富集，黄河纵贯全境，年径流量3459亿立方米。湟水在境内流经3公里汇入黄河，年径流量7亿立方米。黄河干流上游现已建成刘家峡、盐锅峡、八盘峡水电厂。区内水电厂、火电厂装机容量48万千瓦。还有待开发的河口峡、柴家峡梯级电站。农副产品种类多，规模大，已建成粮食、蔬菜、瓜果、蛋奶、药材、渔业等10大农业生产基地。

（四）兰州市安宁区

0009 安宁区

简　介：安宁区位于兰州市黄河北岸，为兰州市西北区。东起九洲台白梁子一线与城关区相接，西至虎头崖与西固区毗邻，南临黄河与七里河区、西固区隔河相望，北依群山与皋兰县接壤。东西长19.6公里，南北宽2.7至7公里，是丝绸之路必经地之一。安宁区辖8个街道办事处，24个社区居委会、32个村委会、323个村民小组。

（五）兰州市红古区

0010 红古区

简　介：汉宣帝神爵二年（前60年），在今花庄一带设允街县，为红古区设县之始，属金城郡。东汉、三国魏、西晋沿袭。唐属兰州广武县。北宋政和六年（1116）时一度属震武军。元属永昌路庄浪州。明洪武五年（1372）属陕西行都指挥使司庄浪卫。明永乐元年（1403）授元宗室脱欢之子巩卜世杰为庄浪卫百户，为鲁土司之始，今红古区为其属地。清雍正三年（1725）属凉州府平番县，窑街8村属平番县浩亹分县（后改西大通分县），张家寺以东地区属临洮府兰州。民国初年沿袭。民国二十一年（1932），今红古区大部地区属永登县，张家寺以东地区属皋兰县。民国三十二年，今红古区东南部河嘴至达川地区属甘肃省直属湟惠渠特种乡公所，民国三十六年属湟惠渠管理局，民国三十八年管理局并入皋兰县，今红古区其他地区仍属永登县。1958年3月7日，将皋兰县湟惠渠民建乡、平安乡划入永登县。1960年4月27日，成立红古区，划入永登县的八宝、红古、七山、通远4个公社。1961年，将4个公社划分为12个公社。1963年将连城、河桥、永和、鳌塔、临平、通远、七山、兴隆8个公社划归永登县。1968年改为红古区革命委员会，1980年恢复红古区人民政府至今。区政府驻地1989年7月由原窑街镇迁址海石湾镇。

0011 红古乡

简　介：清末民初时属连城鲁土司所管，至民国二十一年（1932）后，才逐步变为永登县管辖。1960年4月设立红古区时由红古区管辖，称红古公社。1983年6月设立红古乡至今。

（六）兰州市榆中县

0012 榆中县

简　介：榆中县位于甘肃省中部、省会兰州东郊。东接定西市安定区，西靠兰州市城关区，南与临洮县毗邻，北隔黄河与皋兰县相望。县人民政府驻城关镇，电话区号0931，邮政编码730100，距省会兰州市人民政府38公里。榆中县建置始于秦始皇三十三年（前214），属陇西郡辖。汉昭帝始元六年（前81）属金城郡辖。唐属五泉县，公元763年沦陷于土蕃，960年被西夏占领。宋元丰四年（1081）收复后设龛谷寨。金时，升寨为县，元为金州。明洪武二年（1369）降金州为金县，经清至民国七年（1918）沿用金县，民国八年8月改为金城县，同年10月恢复榆中县至今。1949年8月16日榆中解放，榆中县人民政府成立，属定西专员公署。1970年4月，划归兰州市管辖。2011年12月，全县共8镇，12乡，4个社区，268个行政村，1617个村民小组，436708人，其中城镇常住人口48183人，城镇化率11.03%。地处陇西黄土高原，大部分地区被黄土覆盖。以种植小麦、玉米、洋芋、蔬菜为主。

（七）兰州市皋兰县

0013 皋兰县

简　介：西汉属武威郡媪围县地。隋唐为兰州五泉县地。唐广德元年（763）为吐蕃驻牧地。宋景祐三年（1036）为西夏地，属卓罗和南军司。元代属兰州。明代为鞑靼驻牧地。清初属临洮府兰州。清乾隆三年（1738）属兰州府皋兰县。民国二年（1913）属兰山道。1949年12月属兰州市。2011年末辖石洞、西岔、什川、忠和、九合5个镇，黑石川、水阜2个乡，共7个乡级政区；有3个社区居民委员会，71个村民委员会，下设39个居民小组，319个村民小组，182736人，其中城镇常住人口30841人，城镇化率16.9%。辖区东西最大距离60公里，南北最大距离84公里，总面积2556平方公里。人口密度为每平方公里71人。

0014 什川镇

简　介：什川镇因明弘治时所筑城堡位于上峡至河口、东山至泥湾的十字路口而得名什字川堡，简称什川。地处皋兰县东南部，东南与榆中县接壤，西南与兰州市城关区为邻，西连忠和镇，北接水阜乡、石洞镇。

（八）兰州市永登县

0015 永登县

简　介：永登县位于甘肃中部，是河西走廊的东大门，东邻皋兰县和景泰县，西靠青海省的民和县，南接兰州市的红古区和西固区，北连天祝藏族自治县。地域呈"三川两河"，即秦王川、永登川、八宝川、大通河、庄浪河。永登地域广阔，人口众多，历史悠久。

0016 秦川镇

简　介：秦川镇居"秦王川"盆地中心，位于兰州市西北郊，永登县东南部，距兰州市城区87公里，永登县城45公里。地处永登、景泰、皋兰三县交汇处。民国时期归永登八区管辖，1949年9月永登县解放，归古山区，1950年1月，永登又调区划，设五道岘乡，为五区驻地，1958年划归皋兰县，同年成立秦川人民公社，1959年成立兰州市永登区，秦川公社归永登区管，1983年全县社改乡，成立秦川乡，1999年被省民政厅批为秦川镇，同年被省体改委列为小城镇综合改革试点镇。2000年7月撤乡改镇。镇政府驻地五道岘村，是历史上商贾云集的"茶马集市"，历来是"秦王川"地区商气、人气聚集的地方，也是小城镇建设的中心规划区，商贸流通是小城镇发展的主导和基础，已经成为永登县东部辐射带动周边三县七个乡镇的物资集散中心。秦川镇区域内地势平坦开阔，全镇耕地面积10.2万亩，21个行政村。

0017 河桥镇

简　介：河桥镇位于永登县城西南部，地处全国闻名的冶金谷连海经济开发区腹地。东邻七山乡，西连青海省乐都、民和县，南与红古区毗邻，北与连城镇、通远乡接壤。河桥镇，以原驻地河桥驿得名。河桥驿旧名西大通城，建于宋神宗熙宁五年（1072），明称西大通堡，位居大通河东岸。因河桥建有木桥，清代设立驿站，故名河桥驿，简称河桥。解放前属窑街镇管辖，设马军、鳌塔、河桥3保。1951年为河桥、鳌塔、七里、红山乡。1956年为河桥乡。1958年与连城、窑街乡合并成立八宝公社。1961年成立河桥公社。1964年与鳌塔公社合并，仍名河桥公社。1967年改为东方红公社。1971年恢复河桥公社，1983年9月改为河桥乡人民政府，1984年9月改为河桥镇人民政府至今。现辖马莲滩、团结、河桥、南关、马军、乐山、七里、蒋家坪、四渠、鳌塔、主卜11个行政村和南关社区、连铝社区2个社区。常住人口3.7万人，有汉、回、藏、东乡族、土族、撒拉族等多个民族，少数民族人口2300多人。总耕地面积3.08万亩，大通河两岸水川区，水利条件好。主产小麦、玉米、油菜、蔬菜等。境内旅游资源丰富，有药水沟温泉度假村、团庄遗址、鳌塔文化遗址等非物质文化遗产旅游项目及50多家农家休闲娱乐场所。

（九）酒泉市肃州区

0018 西洞镇

简　介：西洞镇有悠久的历史，是以明代水利设施而得名。其农业灌溉用水全靠祁连山融雪，因洪水河从镇境东南部出山，激流冲刷，使河床陡峭幽深，水流湍急，两岸引水极难。据《肃州新志》记载，在明朝洪武年间（1368）大将冯胜平定河西，在酒泉移民屯田，为了引水灌溉，擢千户曹斌，鸠集夫匠在洪水河两岸凿壁穿洞，挖天井，使洞串连，井井相通，蜿蜒曲折，引水上岸，称西岸的渠道为西洞子坝，故名"西洞"。西洞由于水利的兴起，大面积开垦种田，使农业经济有了较快的发展，改变了昔日衰微破旧、满目疮痕的凄凉景象。1950年建政后，划归酒泉市西店区，1953年划归西南区，1955年撤区后合建为西洞乡。1961年改为西洞人民公社，1966年改名为向阳公社，1971年恢复原名西洞公社，1983年因体制改革易名为西洞乡，1985年4月经省政府批准撤乡建镇。

（十）酒泉市玉门市

0019 玉门市

简　介：玉门市是中国石油工业的摇篮、核工业研发基地、甘肃风电发祥地，连续七届进入全国县域经济基本竞争力500强，连续三年名列全国新能源产业100强前十位。因汉武帝元狩二年（前121年）在境内设玉门县而得名。地处河西走廊西端，地处酒泉市中部。东与金塔县、嘉峪关市接壤，南依祁连山，与肃北县、张掖市肃南县相接，西与瓜州县相邻，北接肃北县，距酒泉市区146公里。汉武帝元狩二年（前121年），设立酒泉郡，境内属酒泉郡管辖。1936年隶甘肃省第七区行政督察专员公署。1949年9月，玉门县解放，10月，玉门县人民政府成立，隶酒泉分区行政督察专员公署。1955年10月，专区级玉门市成立，隶属甘肃省人民委员会管辖的玉门油田。同月，玉门县隶属张掖专员公署。1958年11月，玉门县并入玉门市，治所在老君庙。1961年12月，撤销专区级玉门市，成立县级玉门市，隶酒泉专员公署。1978年12月，隶属酒泉地区行政公署。2002年9月，由地级酒泉市代管。2011年末辖玉门镇、赤金镇、花海镇、老君庙镇4个镇，下西号乡、黄闸湾乡、柳河乡、昌马乡、小金湾乡、柳湖乡、独山子乡、六墩乡8个乡和新市区街道办事处，下设59个村民委员会，290个村民小组，15个居民委员会。

0020 赤金镇

简　介：赤金镇原名赤金堡。西汉置玉门县，唐置玉门军，明置赤斤（金）蒙古所，后升为卫，清为赤金卫，后改为所。乾隆三十八年（1773）并靖逆卫、赤金所为玉门县，治今玉门镇。1915年为赤金区。1929年为第二区（今赤金镇、清泉乡），辖7村。1943年设赤金乡。1949年9月建立赤金区，辖6个乡。1952年2月设赤金、惠民2个区。赤金区辖景泉、新民、赤峡、津卫、建设、和平6个乡。1956年10月撤区并乡，将景泉、新民2个乡合并为新民乡，赤峡、津卫2乡合并为赤峡乡，和平、建设2个乡合并为建设乡。1958年3月调整为赤金（新民、建设两乡合并）和赤峡两个乡。1958年9月成立红旗人民公社。1958年11月改名为赤金人民公社，辖11个大队。1985年6月撤乡建镇，辖13个村，73个村民小组。2011年末辖和平村（后改为铁人村）、西湖村、营田村、光明村、新风村、朝阳村、东湖村、金峡村8个村民委员会，32个村民小组，3505户，12941人。辖区东西最大距离48公里，南北最大距离76公里，总面积约为1882.8平方公里。地势南高北低，属祁连山洪水冲积平原。

0021 玉门镇

简　介：玉门镇是玉门市政府所在地，东至高家滩，南达红柳沟，西邻柴坝庙，北连下西号乡。汉为乾齐县地，唐置玉门镇，康熙五十七年在"达里图安插民人五百三十户"，同年设靖逆卫（东达里图，因靖逆将军富宁安驻此而得名），兼设靖逆同知（厅），治今玉门镇。雍正三年（1725），裁靖逆同知，改柳沟通判为靖逆通判，移驻靖逆，领赤金、靖逆2卫。乾隆二十四年裁赤金、靖逆2卫，于此置玉门县。1915年为临城区。1929年为第一区（今玉门镇、黄闸湾乡、下西号乡），辖12村。1943年置晋昌镇，辖8个保。1949年设晋昌区，辖上东渠、中渠、南门、北门、河西5个乡及解放、得胜、和平3个街政府。1955年撤乡并区，设城关镇、城郊、东渠乡。1956年7月，将东渠乡并入城郊乡。1958年9月，城郊、下东号、西红号乡联合成立红星人民公社。是年11月，玉门县并入玉门市迁至老君庙，县址设玉门镇人民公社城郊管理区，辖泉子、中渠、东渠、南门、北门、河西6个生产大队和1个镇（玉门镇人民政府）。1961年城郊管理区单独成立玉门镇人民公社。1968年玉门镇人民公社改称玉门镇革命委员会，1980年复称玉门镇人民政府至今。1983年3月，撤销人民公社建制，设立玉门镇、玉门镇乡，城乡分治。1985年6月，撤销玉门镇乡，并入玉门镇。

0022 花海镇

简　介：曾发现沙锅梁文化遗迹、花海汉简、魏晋古墓群，因出土汉武遗诏和晋律而闻名。清宣统时期设花海上西坝、下西坝、下北坝3个村。1915年设花海区。1919年改为第五区。1943年设花海乡。1949年解放后，设花海区，辖屯城、东屯、大庙、西渠、南渠5个乡。1955年撤区并乡，为大庙、屯城2乡。1956年又合并为花海乡。1958年9月成立火箭人民公社，同年冬改称花海公社，1966年更名八一公社，1983年3月撤销人民公社，成立花海乡。2002年撤乡建镇，辖南渠、黄水桥、先进、中闸、小泉、金湾、条湖、西峡8个村。2004年合村并组，将南渠村、条湖村合并为南渠村，中闸村、先进村合并为中渠村，小泉村、西峡村合并为西泉村。

0023 柳河乡

简 介：柳河乡是敦煌种业制种示范区，酒泉市精神文明标兵乡。古为柳沟地，因疏勒河支流穿乡而过，又因毛柳繁密丛生，取名柳河。地处玉门西北部，东与黄闸湾乡相邻，南接戈壁荒滩远望祁连雪山，西北与瓜州县三道沟镇接壤。乡政府驻二道沟村，距玉门市20公里。明为柳沟地。清驻八旗。1915年为柳渠区。1929年划分为第三区（今柳河乡），辖4村。1943年设柳河乡，1949年12月设柳河区，辖7个乡。1955年撤区并乡，设官庄子、二道沟、红旗、蘑菇滩四个乡。1958年将红旗乡并入二道沟乡，成立跃进人民公社。1961年调整为柳河公社，辖7个生产大队。1966年柳河公社改为东方红公社。1983年3月，撤销人民公社，更名为乡人民政府，原大队改为村民委员会，设6个村。2004年，成立官庄子村，辖5个村民委员会，26个村民小组。2011年辖区总人口2583户，10271人。

0024 独山子东乡族乡

简 介：因此地有独山子，且人口全部为东乡族，故命名为独山子东乡族乡。地处玉门市东北部，毗邻玉门市花海镇，东至国有未利用地，南与南沙窝、东沙窝、小金湾乡交界，西与花海分场、花海镇先进村接壤，北邻国有未利用地。乡政府驻金泉村，电话区号0937，邮政编码735208，距离玉门市86公里。前身是甘肃省疏勒河独山子移民基地，由省农垦疏勒河建设指挥部于2004年开发建设，2007年初结束。2008年3月，玉门市成立独山子移民基地筹建处，派驻干部进点工作，同年4月9日省民政厅批复成立乡政府，8月，省疏管局正式移交玉门市地方政府管理，10月20日独山子东乡族乡人民政府正式挂牌成立。2011年末辖源泉、春柳、金泉、金旺4个村民委员会，27个村民小组，7470人。辖区东西最大距离55公里，南北最大距离73公里，总面积45.2平方公里，人口密度为每平方公里170.7人。

0025 六墩乡

简 介：因地有六墩而得名，2009年移民建乡取名六墩乡。地处玉门西北部，东与国营饮马农场相邻，南连柳河乡蘑菇滩村，西至瓜州县七墩乡，北接麻黄滩与连霍高速公路相望。乡政府驻柳北村，电话区号0937，邮政编码735215，距玉门市40公里。2002年由瓜州县负责开发建设，设武都、舟曲、宕昌3个移民工作站，后因地属玉门又分出，2006年移交玉门市管理，2007年4月批准成立七墩滩移民工作站，由柳河乡代管，设3个行政村，10个村民小组。2009年6月经省民政厅批复建乡，同年12月成立六墩乡人民政府筹建处，负责乡、村两级政权建设和稳定发展。2010年8月6日正式挂牌成立六墩乡人民政府。10月28日，又将饮马农场的两个疏勒河项目插花移民点移交六墩乡管理。辖柳北、安康、昌和、昌盛、安和5个村民委员会，16个村民小组。

0026 柳湖乡

简 介：安置移民，而立新乡，地有红柳，密而壮观。玉门乡镇名称已有泉、河、海者，独无湖字，故曰柳湖，以成"泉河湖海"齐全之意。地处玉门东北部，东临花海镇，南望玉花路，西至矿区，北达汉长城，是疏勒河流域农业综合开发及移民安置项目实施过程中新建乡镇之一，因魏晋古墓群出土晋律而闻名。1996年设毕家滩移民工作站（岷县移民迁出区派出机构），1999年酒泉地区成立玉门市疏勒河项目建设领导小组办公室，管理工作遂由疏管局直接管理变为省、地、市三级管理，2001年设毕家滩移民工作指挥部，2002年正式大规模实施开发安置，2005年移交地方管理，同年12月经批准成立柳湖乡，2006年7月18日正式挂牌。辖华西、富民、岷州、小康、兴旺5个村民委员会，20个村民小组，6301人。地势较平坦，西南为沙漠戈壁，北面紧靠天然红柳封育区，平均海拔1124米，为纯灌区。

0027 昌马乡

简　介：相传薛仁贵西征在此牧马，不胜吐蕃，立名昌马，得胜，遂沿用。地处玉门市西南部，祁连山腹地，四面环山，是一个天然小盆地。东至妖魔岭与赤金镇辖区相接，南靠二龙山与肃北蒙古族自治县为邻，西邻朱家大山与瓜州县相交，北隔照壁山与玉门镇辖区相接。西汉置天陎县，西晋有新乡县，均治昌马。此后虽有变更，但均沿属玉门。《重修肃州新志》："昌马城，在山口内，昌马河经其南，城西有废塔。"解放前为玉门县昌马乡。1949年设玉门县昌马区，辖上窖、水峡、西湾、东湾4个乡。1983年3月撤销昌马人民公社改为昌马乡。2005年撤销昌马乡并入赤金镇。2010年6月7日恢复昌马乡建置。2011年末辖水峡、昌马、东湾、南湖、上游5个村民委员会，12个村民小组，4119人，其中集镇常驻人口182人。地形平坦，坡度不大，为良好的农业耕作区。主要山脉有大山顶、香毛山、照壁山、黑大坂山、黑山头、朱家大山，均属祁连山系，山脉连绵雄奇。

（十一）酒泉市敦煌市

0028 沙州镇

简　介：沙州镇位于敦煌市境的东南部，是敦煌市政治、经济、文化的中心，也是市政府所在地。沙州镇东邻莫高镇，南靠月牙泉镇，北接转渠口镇，西邻肃州镇，西南与七里镇接壤。总面积8.4平方公里。全镇下辖北街、红当、桥北、古城、南街、北台、文庙、梨园等8个社区。沙州镇原名城关镇，1987年8月更名为沙州镇。其名来源于唐代改郡为州，名"沙州"，镇采用"沙州"一名。

0029 转渠口镇

简　介：转渠口镇是2002年省批的建制镇，建镇后原吕家堡乡撤乡并入该镇。转渠口镇位于敦煌市北郊，国道215线贯穿全境，素有敦煌市的北大门之称。全镇总面积108平方公里，下辖9个行政村，1个乡办林场，75个村民小组，全镇5875户，19336人，耕地面积5.3万亩。解放前原转渠口乡土地高低不平，盐碱潮水滩多。当时修建了一条从原吕家堡乡陇西桥村到转渠口乡五圣宫村五组的大土渠，是全乡农田灌溉最大的一条转弯渠，由于渠大转弯多，故称转渠口。

0030 肃州镇

简　介：肃州镇位于敦煌市西郊，东连沙州镇，西接青海油田敦煌七里镇石油基地，南靠白马塔旅游风景区，北与黄渠乡接壤。肃州镇因清代此地设肃州坊而得名，镇政府驻魏家桥村。全镇总面积约90平方公里，其中耕地面积51762亩。现辖祁家桥、高台堡、魏家桥、肃州庙、板桥、武威庙、河州堡、孟家桥、杨家堡、姚家沟10个行政村，78个村民小组，3个农林场站，6022户，21068人。

0031 月牙泉镇

简　介：月牙泉镇位于敦煌市南侧鸣沙山北

麓，东起佛爷庙，西濒党河，北接敦煌市区，南临国家级风景名胜区鸣沙山月牙泉。总面积28.5平方公里，其中耕地面积10560亩。全镇辖杨家桥、合水、月牙泉、鸣山、兰州、中渠等6个行政村，29个村民小组，2352户，8787人。月牙泉镇前身是杨家桥乡，原以姓氏和人工建筑的桥而得名。月牙泉镇是2010年12月由省民政厅批准设立的建制镇，镇的名称是以境内有名胜区"月牙泉"而命名。镇政府驻杨家桥村。

0032 阳关镇

简　介：阳关镇位于市区西南64公里，地处沙漠边缘，四周均被沙漠戈壁包围，俗有"小盆地"之称。阳关镇东靠党河水库，南邻阿克塞哈萨克族民族自治县，西接库木塔格沙漠，北依古玉门关，地域总面积1.53万平方公里。其中绿洲面积32平方公里，耕地面积14132亩。现辖营盘、阳关、寿昌、龙勒、二墩5个行政村，18个村民小组，1603户，5389人。阳关镇前身是南湖乡，2007年9月南湖乡撤乡设镇，更名为阳关镇，以境内有阳关遗址而命名。镇内驻有国营阳关林场和青海山水沟农场，镇政府驻寿昌村。

0033 郭家堡乡

简　介：郭家堡乡位于敦煌市的东北面，地处党河下游的绿洲地带。东靠石油公司农场，北邻转渠口镇，西南与莫高镇地境相连。郭家堡乡驻地原用郭姓庄堡而得名。全乡总面积112平方公里，现辖6个行政村，45个村民小组，2644户，8902人，耕地面积29392亩，乡政府驻七号桥村。

0034 莫高镇

简　介：莫高镇位于敦煌市区东。东接瓜州，西靠城区，北邻郭家堡乡，南与月牙泉镇相接，总面积160平方公里，人口14075人，素有敦煌东大门之称。莫高镇前身是三危乡和五墩乡，2005年9月经上级批准撤乡设镇，原三危乡与五墩乡合并为莫高镇，莫高镇以其地靠近著名的莫高窟而得名。该镇目前下辖窦家墩、三危、泾桥、甘家堡、苏家堡、新墩、五墩、新店台等8个行政村，镇政府驻五墩村。

（十二）酒泉市金塔县

0035 金塔县

简　介：金塔，县名，昔名王子庄，因北凉王长子牧楗曾在此地建立牧庄而得名。1913年以县城东南的"金塔寺"取名金塔县至今。位于绵延千里的河西走廊西北端，宛若镶嵌在古丝绸之路上的一颗璀璨明珠，是全国平原绿化达标县、全国商品粮基地县、甘肃省第二产棉大县和甘肃省小城镇建设先进县。全县总面积1.88万平方公里。东、北与蒙古额济纳旗毗连，西面与甘肃嘉峪关、玉门、肃北接壤，南与酒泉市和张掖地区的高台县为邻。海拔在1100米—1400米之间，属于我国典型的温带大陆性气候，年平均气温18℃，平均日照总时数为3193.2小时，平均太阳辐射总量153千卡/平方厘米。这里光热资源丰富，土地肥沃，林茂粮丰，六畜兴旺，被外国制种专家选定为制种基地。

(十三) 酒泉市瓜州县

0036 瓜州县
简　介：瓜州县是中国蜜瓜之乡、锁阳之乡，中国首个千万千瓦级风电基地规划核心区，全国风电装机第一县。是全国文化、科技先进县，农业科技、科普示范县，农村电气化县。瓜州县因境内盛产蜜瓜，含糖量高达19%，瓜香味美，享誉全国而得名，初设于唐高祖武德五年（622），清雍正元年（1723）更名安西卫，民国二年（1913），改为安西县，2006年8月更名为瓜州县。

0037 西湖乡
简　介：因地处疏勒河下游西边盐碱草湖滩而得名。辖中沟、城北、北沟、四工、向阳、安康、西湖6个村民委员会和四工良种场，48个村民小组。

0038 广至藏族乡
简　介：因汉代设广至县治所而得名。辖卓园、卓尼、洮砚、岷县、新堡、临潭6个村民委员会，32个村民小组。

0039 双塔乡
简　介：因地处古地名双塔堡而得名。辖金河、古城、福泉、月牙墩和新华5个村民委员会，49个村民小组。

0040 锁阳城镇

简　介：因境内锁阳城故址而得名。辖北桥子、堡子、南坝、农丰、中渠、新沟、常乐、东巴兔8个村民委员会，45个村民小组。瓜州县锁阳城镇是由原踏实乡、桥子乡、东巴兔乡合并后成立的建制镇，全镇辖8个行政村，43个村民小组，1773户，6143人，耕地3.96万亩。锁阳城镇历史悠久，文化底蕴深厚，镇内有8处全国文物保护单位，是瓜州县旅游文化大镇。

0041 南岔镇

简　介：因地处八工渠（旧渠）分水岔之南而得名。辖十工、九南、九北、八工、开工、南岔、六工、七工8个村，56个村民小组。

（十四）酒泉市肃北蒙古族自治县

0042 肃北蒙古族自治县

简　介：肃北蒙古族自治县，民国时设肃北设治局，因地处在"肃州"（今酒泉）之北，故名肃北。肃北县位于甘肃省最西端，辖地分南北两片。南山区东西长717.6公里，南北162公里。东邻肃南县，南界青海省，西接阿克塞，北与敦煌、安西、玉门相连。北山地区与蒙古国有60公里的国境线，与新疆、内蒙古接壤。全县属温带大陆性气候，农业以牧业为主，工业以采矿加工为主。全县辖3个乡镇，26个行政村，2个社区。全县人口11376人，蒙古族占48%。

0043 马鬃山镇

简　介：马鬃山镇以其境最大山峰形似马鬃而得名。1937年，国民政府在马鬃成立"马鬃设治局"（驻公婆泉）。新中国成立后，1950年马鬃山为当时的肃北自治区第一个所辖；1960年设立马鬃山乡（乡址在吐鲁），1963年马鬃乡改为区；1969年马鬃山改为马鬃山公社，1971年马鬃山公社为安西县所辖；1973年重新划归肃北县辖；1982年，马鬃山公社改为马鬃区，下辖5个大队；1983年，马鬃山区下辖明水、公婆泉2个乡；1990年，改马鬃山区为马鬃山镇（副县级）至今。现下辖马鬃山、音凹峡、云母头、明水、公婆泉5个村。镇政府驻公婆泉。马鬃山镇位于河西走廊西段北部，北与蒙古人民共和国的阿尔泰省接壤，国境线长65.017公里，东西分别与内蒙古自治区额济纳旗、新疆哈密地区为邻，南邻瓜州县、玉门市、金塔县，全镇总面积3.8万平方公里，海拔1756米。全镇管辖饮马峡村、马宗山村、巴音布勒格村、云母头村、金庙沟村、明水村6个行政村，全镇牧户173户，常住人口457人；棚圈154座，土井226口，可利用草场面积1.4万平方公里，各种矿产资源10多种，已发现矿床128处，野生动物10多种，野生植物，名贵药材30余种。

0044 盐池湾乡

简　介：盐池湾乡因其地为硝盐地，故名为盐池湾。蒙古古语为夏日格勒金，意为金黄色的草原。盐池湾乡海拔3222米，位于肃北县党城湾镇东南部，距离党城湾镇138公里，总面积6052平公里。2006年3月撤并为党城湾镇辖区，境内地表径流水丰富，草木植物比较好，系细毛羊、绒山羊、牦牛、马、骆驼的良好牧场。

（十五）嘉峪关市

0045 嘉峪关市

简 介：嘉峪关市地处甘肃省西北部，河西走廊中部，东临河西重镇酒泉市，距省会兰州776公里，西连石油城玉门市，至新疆哈密650公里，南倚祁连山，与肃南裕固族自治县接壤，北枕黑山，与酒泉金塔县、酒泉卫星发射基地和内蒙古额济纳旗相连接；中部为酒泉绿洲西缘。嘉峪关市是随着1958年国家"一五"计划重点建设项目"酒泉钢铁公司"的建设而兴起的一座集工业、旅游、能源、商贸为一体的现代化区域中心城市。政区东西最大距离66公里，南北最大距离42公里，总面积2935平方公里，其中城市面积8072.17公顷，建制镇面积181.07公顷，村庄面积749.14公顷，铁路用地面积473.93公顷，公路用地面积509.54公顷，盐碱地面积271.36公顷，裸地面积89176.13公顷。

（十六）金昌市金川区

0046 金昌市

简　介：金昌名称久远，早在1700多年之前，境内就有过金昌城。据清张澍撰《凉州府志备考》等古书记载，金昌城由晋将马隆所筑，其古城在永昌县北20里，所谓金川也。金昌市地处甘肃省中北部偏西，河西走廊东部，祁连山脉北麓，阿拉善台地南缘，北、东、东南与武威市相靠，西南与张掖市、西与青海省海北州相接，西北与内蒙古自治区阿拉善盟毗邻。市人民政府驻金川区新华路82号，电话区号0935，邮政编码737100。于1981年2月9日，国务院批准设立金昌市，将武威地区管辖的永昌县划归金昌市领导。金昌市由省直接领导，市人民政府驻金川。至2012年末，辖金川区、永昌县，共2个县区政区；8个镇，4个乡，6个街道，共18个乡级政区；辖有138个村民委员会，下设1036个村民小组，275个居民小组。辖区总人口46.74万人，其中城镇常住人口29.97万人，城镇化率64.13%。辖区总面积9600平方公里。

（十七）金昌市永昌县

0047 永昌县

简　介：永昌县地处河西走廊东部，祁连山北麓，阿拉善台地南缘。东邻武威，北接金川，西迎山丹，南与肃南接壤。东西最长距离144.8公里，南北最宽距离144.55公里，总面积7439.27平方公里，总人口24.3万人，辖于中国镍都甘肃省金昌市。下辖4镇6乡，109个行政村。895个村民小组，5个街道办事处，13个居民委员会。永昌县辖城关镇、河西堡镇、新城子镇、朱王堡镇、东寨镇、水源镇、红山窑乡、焦家庄乡、六坝乡、南坝乡。境内地势以山地、平原为主，与戈壁沙漠东西展开，南北山岭夹峙，相间排列，山地平川交错，绿洲荒漠绵延。最低海拔1452米，最高海拔4442米，平均海拔2000米。属温带大陆性气候，冬无严寒，夏无酷暑，年平均气温4.8℃，平均降水量185.1毫米，无霜期134天。年平均日照2884.2小时，日照率65%。年蒸发量2000.6毫米。

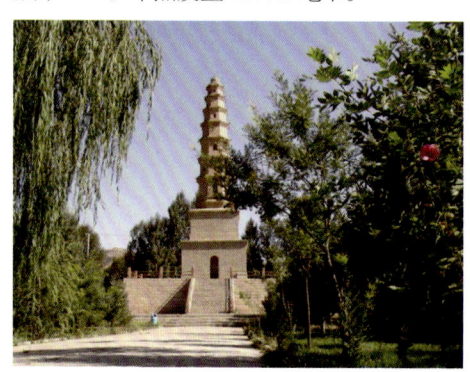

(十八) 天水市秦州区

0048 天水市

简 介：《秦州地记》："郡前湖水冬夏无增减，因以名焉。"《水经注·渭水》："（上邽）五城相连，北城中有湖水，有白龙出是湖，风雨随之。故汉武帝元鼎三年，改为天水郡。"地处甘肃省东南部，六盘山、陇中黄土高原和秦岭山地交接处，是中国版图的几何中心，地跨长江、黄河两大水系。东以陇山为界与陕西省宝鸡市毗邻，南跨西秦岭与陇南市相接，西到桦林山、天爷梁与定西市接壤，北越葫芦河中游与平凉相连。是陕、甘、川交通要道，是西陇海线经济带甘肃段的东部起点、陇东南经济文化物流中心，居西安至兰州两大城市中间。1950 年 2 月，析天水县置天水市。1985 年天水市升为地级市。2011 年末辖秦州区、麦积区 2 个市辖区，甘谷、武山、秦安、清水和张家川回族自治县 5 个县，辖区总人口 373.2 万人，城镇化率 31%。民间艺术有天水民歌、秦安小曲、张川花儿、清水道教音乐等。境内国家级风景名胜区有麦积山，国家历史文化名城有天水市 1 座；国家级历史文化名镇有秦安县陇城镇 1 个，省级历史文化名镇有武山县滩歌镇 1 个，省级历史文化名村有秦安县兴国镇凤山村和五营镇邵店村。国家森林公园有麦积国家森林公园 1 处。全国重点文物保护单位有大地湾遗址、伏羲庙、玉泉观、南宅子等 203 处，省级文物保护单位有南郭寺、水帘洞等 16 处，县级文物保护单位 172 处。本辖区内的著名历史人物有秦襄公、符坚、李渊、李世民、李广、姜维、邓宝珊等。

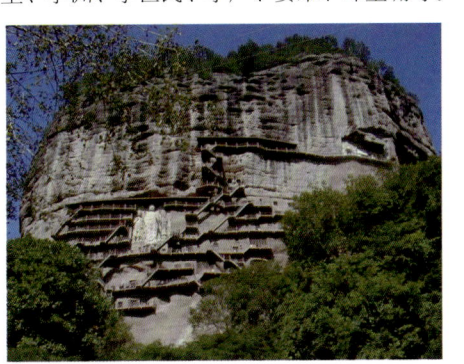

0049 太京镇

简 介：民国时称"而立镇"，取"三十而立"之意。1949 年后称太京乡，1952 年 10 月，建立第十六区政府。1958 年并入藉口人民公社，属田家庄管理区。1961 年又从藉口划出，后与窝驼公社合并，成立太京公社，1971 年 12 月由天水县划归天水市管辖，1983 年改为太京乡。2002 年 6 月撤乡建镇，2005 年 1 月归秦州区管辖。地处秦州城区北部，东与玉泉镇相邻，南与皂郊镇和牡丹镇接壤，西与藉口镇相连，北与中梁乡毗邻。

0050 牡丹镇

简 介：传说境内牡丹村古时有一白音寺，

院内有牡丹花盛开，闻名远近，因此得名牡丹镇。地处秦州区中西部，东与皂郊镇相邻，南与华岐乡接壤，西与秦岭乡相连，北与藉口镇和太京镇毗邻。

0051 石马坪街道

简　介：因辖区内汉代飞将军李广墓前的两蹲石马而得名。东与七里墩街道相邻，南与玉泉镇接壤，西与天水郡街道相连，北濒藉河。

0052 关子镇

简　介：明代时为州域以西第一大镇，且为天水至甘谷的关口要道，得名关子镇。地处秦州城区西北部，东与麦积区新阳镇相邻，南与藉口镇接壤，西与甘谷县古坡乡相连，北与甘谷县白家湾乡毗邻。古代为冀戎活动区域，秦汉时属冀县，北魏曾设当亭县，隋代属冀城县，宋元时称夕阳镇，明代改为关子镇，为州城以西第一大镇，天水至甘谷咽喉要道，清代称秦州关。民国时为天水县第四区，1949年后，关子为第十区，下设关子、冯金、藉源、七十铺、石川等乡。1956年合并为藉口区关子乡，1958年设立关子公社，1960年成立关子区工委，1961年划分为关子、中灵、藉源、玉阳、冯集5个公社，1968年合并为关子公社，1971年划归天水市，不久复归天水县辖，1983年改为乡，1985年划归秦城区，2001年9月撤乡建镇。2005年1月归秦州区管辖。

0053 娘娘坝镇

简　介：传说明朝时金花圣母娘娘镇守过境内牡丹山，故起名娘娘坝。地处秦州区东南部，东与麦积区麦积镇相邻，南与徽县麻沿河镇和高桥乡接壤，西与汪川镇和平南镇相连，北与齐寿镇和麦积区甘泉镇毗邻。

（十九）天水市麦积区

0054 麦积区

简　介：麦积区因辖区有国家级风景名胜区麦积山而得名。地处甘肃省东南部，天水市东部，东临陕西省宝鸡市陈仓区，东南与陕西省宝鸡市凤县接壤，南与陇南市两当县、徽县接壤，西南与秦州区为邻，西与甘谷县接壤，北与秦安、清水两县毗邻。

0055 伯阳镇

简　介：相传春秋时期，渭水常常发生洪灾，老子便率民众开渠引水，治理水患，人们为纪念老子的这一功绩，以老子之字取其地名为伯阳渠，后逐渐演化为今伯阳镇。伯阳镇地处麦积区东南方向，东与元龙镇接壤，南与党川乡毗邻，西靠马跑泉镇，北接清水县草川乡，人民政府驻伯阳村，电话区号0938，邮政编码741032。距麦积区城区20公里。伯阳镇辖21个村民委员会，下设84个村民小组。辖区东西最大距离17.5公里，南北最大距离15公里，总面积141.7平方公里，总人口2.45万人。

0056 新阳镇

简　介：新阳镇是"天水历史文化名镇"之一，因三国至西晋时期曾设新阳县而得名。地处天水市麦积区西北部，东连渭南镇，南接秦州区中梁乡，西邻琥珀乡，北靠五龙乡。三国至西晋设新阳县。北宋初年，秦州被宋与吐蕃划为两半，秦州成为边界地区，自夕阳镇（今麦积区新阳镇）渭河之北为吐蕃地区，称北秦州，自夕阳镇之南为北宋疆域。明代后曾称"沿河城"。民国二十六年（1937）设沿河城乡，民国二十九年改称新阳镇。解放后，1951年改镇为乡；1958年9月，与琥珀、石洞组建新阳公社，1961年7月，设新阳区；1985年撤消人民公社，成立新阳乡人民政府；2002年撤乡改镇。2003年底，原凤凰乡撤消，其14村（另3村并入琥珀乡）并入新阳镇。2005年1月，北道区改名麦积区，新阳镇隶属麦积区。新阳镇辖24个村民委员会，东邻陕西省陇县，素有"甘肃东大门"之称，位于清水县东部30公里处，省道莲寺公路横穿全境，是清水的东北门户；全镇现辖19个行政村，195个村民小组。至2006年底，共有3399户，16019人，其中少数民族人口248人，人均纯收入1382元。土地面积227平方公里（34.03万亩），其中耕地面积10.28万亩，草地面积6.17万亩，林地面积12.02万亩，人均耕地6.5亩，人均产粮378公斤。

（二十一）天水市秦安县

0063 秦安县

简　介：秦安县，位于甘肃省东南部，天水市北部，渭河支流葫芦河下游。总面积1601平方公里。总人口60.8万人（2005）。县人民政府驻兴国镇，地势西北高而东南低。县境内海拔1120—2020米。属陇中南部温带半温润气候，年平均气温10.4℃，正常年景年均降水量507.3毫米。

0064 郭嘉镇

简　介：郭嘉镇位于秦安县城西北部，距县城20公里，地处通渭、甘谷和秦安3县交汇处，区域面积为143.72平方公里。靖天公路贯通镇内10余村，310国道穿镇而过，经济、文化、交通较为发达，有陇上"商埠重镇"之称，属秦安县大镇之一，历史悠久，民风淳朴，人文鼎盛。自古以来是甘肃东南部通往省城兰州"中大路"的必经要道，其镇名相传起源于三国时期，曹操手下谋士郭嘉随曹操征战至此不幸病逝，曹操为纪念郭嘉便将此地取名为郭嘉。郭嘉镇在明代和清明前期设有驿站，清朝后期设立郭嘉镇，民国时期为秦安第三区所属的郭嘉镇。2003年3月撤乡建镇。2004年元月将原吊湾乡14个自然村并入郭嘉镇。

0065 陇城镇

简　介：位于县城东部，距县城45公里。东连张家川回族自治县，南接清水县，地处张家川、清水、秦安三县交界地带，镇域面积78.94平方公里。海拔在1500—1900米之间。陇城镇历史悠久，三国古战场街亭就在境内，是古秦安四大集镇之一。史料记载，汉武帝元封五年（公元前106年），凉洲刺史部治在陇城（古名为龙城）；西晋时设置略阳郡、略阳县，隋朝时设置陇城县。以后历代在陇城一直设置有道、县、镇的建制。解放后设立陇城区，1965年撤区并社，1984

年撤社立乡,2003年撤乡建镇。2005年,全镇辖30个行政村,68个村民小组,6534户,总人口31272人。2006年撤销8个村,撤并后共辖22个村。

（二十二）天水市甘谷县

0066 甘谷县

简　介：甘谷县位于甘肃省东南部，天水市东北部，渭河上游。东与麦积区、秦州区接壤，南与陇南市礼县为邻，西与武山县相邻，北与定西市通渭县毗邻，东北与秦安县相连。县人民政府驻地大像山镇位于县境中北部，距天水市人民政府驻地秦州区64公里，距省会兰州市273公里。总面积1572.6平方公里，耕地万多亩，人口63.3万。

0067 安远镇

简　介：因西夏常北来入侵，宋真宗天禧年间改置安远镇，取"安其远方"之意。地处甘谷县北部，东接八里湾乡，南连新兴镇，西邻大石镇，北与大庄镇和通渭县常家河镇为邻。安远镇汉称平襄，宋天禧二年（1018）置安远寨，属秦州，旋即又属通渭县。元、明、清以至国民时期，为通渭重镇。解放前属通渭县管辖，1949年后划归甘谷县。1950年秋，设安远区，后撤区改置安远乡。1958年成立安远公社。1960年公社扩大，为礼辛公社，社址在安远镇。1961年公社划小，设安远区，下辖8个公社。1968年改名卫东公社，1972年恢复安远公社原称。1983年改社为乡。2001年12月，撤乡建镇，称安远镇。2011年末辖王马、韩家湾、巩川、厚家坪、大城、河湾、史川、南城、蒋山、王台、西城、北城、北川、店子、后川沟、苏家沟、安坡、黄河、麻池窑、阳屲寺、王窑、石方、菜子山、董川、何山、老庄、庙滩、马坪、任山、沙滩、山庄川、阳赛、何家坪、李家堡、阳坡、阴坡共36个村民委员会和安远1个社区居民委员会，下设170个村民小组，144个自然村。

0068 礼辛镇

简　介：明洪武十四年（1381）设礼辛里，以其土瘠民勤、淳朴好礼而得名。地处甘谷县西北部，东南与大石、谢家湾乡相邻，南与武山县咀头乡接壤，西北与通渭县常河、榜罗乡毗邻，人民政府驻下街村，东距甘谷县城40公里。乾隆十四年（1749）设为礼辛镇，乾隆三十五年（1770）置礼辛里、礼辛镇，民国初为礼辛里，1958年9月为礼辛人民公社，1969年改称"立新"公社。1972年恢复原社名。1983年12月由社改乡。2015年10月，撤乡设镇。

0069 磐安镇

简　介：磐安镇唐代称永宁镇，清康熙五十七年五月二十一日（1718）大地震时，北山南移，覆没永宁全镇（今四十铺）。遂西迁永宁镇集市于五十铺，今为磐安镇，取安如磐石之意。地处甘谷县西陲，东与新兴镇、大像山镇接壤，南与武家河镇、古坡乡相连，西与武山县洛门镇相依，北与谢家湾乡为邻。唐宋时期属永宁县，清康熙大地震后更名为磐安镇，民国时属第四区。1956年为磐安高级社。1958年公社化时为磐安公社，后经多次分合。1968年重新组合为磐安公社。1985年改为磐安镇。2004年撤乡并镇，将金川乡合入磐安镇。

（二十三）天水市武山县

0070 武山县

简　介：武山历史悠久，文化遗产丰富。地处渭河上游的武山，南北两岸分布有众多的仰韶文化、马家窑文化和齐家文化遗址，证明远在四五千年前，我们的祖先就在这里生息，并开始了农业活动。这里春秋以前为西戎地。唐时期今武山地属陇西县，为陇右道渭州所辖。宋天禧二年置宁远寨，属通远军。宋崇宁三年(1140)升为宁远县，属巩州所辖。金仍废为寨。元至元中再置宁远县，属陕西行中书省巩昌路。明初移县址于渭水之滨即今城郭，属巩昌府。清代宁远县属甘肃省巩昌府。民国三年（1914）废巩昌府，更宁远县为武山县，为今名之始，属渭川道所辖。1927年废道府制，1936年属甘肃第四区行政督察专员公署领辖。1935年9月和1936年8月，红军长征通过武山。截至2016年，武山县辖11个镇。

（二十四）天水市张家川回族自治县

0071 张家川回族自治县

简　介：张家川古称长家川，因张、长同韵，故名张家川。地处甘肃省东南部，天水市东北部，陇山西麓，属六盘山南沿地段。东接陕西省陇县，南邻清水县，西接秦安县，北与平凉市的华亭、庄浪二县毗邻。

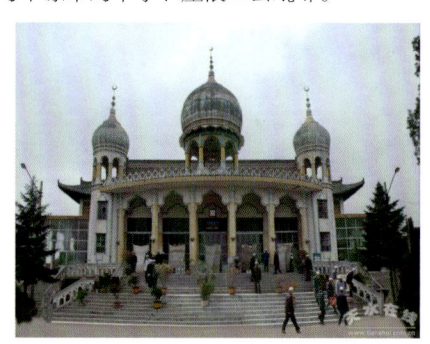

0072 张棉驿乡

简　介：张棉驿乡位于县城北部20公里处，东连华亭县，东南接平安乡，南邻刘堡乡，西接川王乡，北与庄浪县接壤，乡政府驻地张棉驿村。全乡辖11个行政村（田湾村、庙川村、和平村、上蒋村、张棉村、东峡村、周家村、先马村、马天村、盘山村），58个自然组，共有2285户，总人口11451人。耕地面积26756亩，2013年，全乡粮食总产量4338.26吨，农民纯收入2925元。汉武帝建元三年（前137），张骞以郎应募，使月氏，途中被匈奴王所拘留。匈奴王单于将公主许配给张骞，他一住十二年有余，生有三男两女，后张骞在回国途中途经张家川时，便将匈奴公主和五个孩子安置在张家川。张骞长安面君复旨，被封为博望侯，其长子张绵、次子张络、三子张絮也各有赐爵。为了防止匈奴南侵，汉武帝钦定张绵为亭驿官职，并在今张家川县铜厂沟和庄浪县石桥之间建立驿站，辖行政、军事为一体。驿址设置在今庄浪县韩店乡石桥村，后因敌人不断骚扰，张绵便将驿站迁移到今张家川县张棉乡所在地。因驿官司名叫张绵，后人称此地为张棉驿，名传至今。

0073 龙山镇

简　介：龙山镇位于张家川县西部，距县城15公里，地形南北高而中部低，呈带形谷地，平均海拔1644.3米，年平均气温为8.3℃，年降雨量599.8毫米，无霜期163天左右，属温带半干旱区。因取驻地龙山镇的简称而得名。龙山镇，据《秦安县志》记载，龙山，因断山，当龙口之冲，截然中止，取名断山镇。西汉时为街泉县地，东汉县废，地归略阳。三国时诸葛亮出祁山，汉魏街亭之役，都发生在今龙山镇西梁子。清朝嘉庆五年（1800）知县蒋允焄主持筑城，陇山谐音龙山，断山镇，又名龙山镇。全镇共辖20个行政村，106个村民小组，一个街道居委会，总户数7033户，总人口36832人，回族人口19926人，占总人口的54.1%。是一个典型的回汉杂居镇。

0074 张家川镇

简　介：张家川镇据《水经注疏》载，张家川镇后川河俗称"长家川"，张、长同音，因此得名。地处张家川回族自治县中部，东接恭门镇，南望胡川乡，西连大阳、木河乡，北依刘堡乡。人民政府驻东关村。1953年7月6日，张家川回族自治区成立，张川镇人民政府同时成立，管辖18个行政村；1958年8月改称张川镇人民公社；1981年1月改称张川镇人民政府，管辖11个行政村，3个居委会；2003年12月撤乡并镇后，管辖35个行政村，3个居委会；2004年1月撤村并组。

0075 马关镇

简　介：东汉初年，刘秀带兵路过该地，马蹄陷入田鼠洞坑中，刘秀问"是陷马坑吗？"村民回答："是田鼠洞。"刘秀下令消灭田鼠，从此方圆40里再无田鼠，自此以后，这里的村民便称此地为卧马关。解放以后曾在卧马关设立人民政府，在文化大革命时期，政府撤到石川村，起名马关。

（二十五）武威市凉州区

0076 武威市
简　介：元狩二年（前121年），霍去病击败匈奴，为显示汉军的武功军威，在原休屠王领地置武威郡，武威由此得名。宋入西夏，为永昌路所辖，明置凉州卫，清设凉州府。辛亥革命后废府设甘凉道，后改为第六行政督察区，1949年成立武威专区，1969年改为武威地区，2001年5月9日，撤销武威地区设立地级武威市，原县级武威市改为凉州区。武威市人民政府驻地凉州区，同年8月1日中共武威市委成立。10月1日，武威市人大常委会、武威市人民政府、政协武威市委员会分别举行成立仪式；辖凉州区、民勤县、古浪县和天祝县4个县区。

0077 凉州区
简　介：历为州、郡、府、县治所，素有五凉古都之称，是西藏纳入中央政府版图的历史见证地，是中国旅游标志"马踏飞燕"的出土地。1986年被国务院命名为全国历史文化名城和对外开放城市，2012年10月被命名为"中国葡萄酒城"。

0078 金塔乡
简　介：因境内有明宣德二年（1428）建筑的"金塔寺"而得名。辖9个村委会，80个村民小组，总人口1.52万人，总面积58平方公里。

（二十六）武威市古浪县

0079 古浪县

简　介：因古藏语"古尔浪哇"而得名，意为黄羊出没的地方。民国十六年（1927），废甘凉道，古浪县属甘肃省政府直辖。1949年9月，建立古浪县人民政府，全县设4区24乡。1953年1月改设7区55乡。1955年10月撤区并乡，改建为25个乡。1956年1月将25乡改建为1镇19乡。1956年10月将永登县东山区所属的干城、农丰、永丰、老城、裴家营和海子共6个乡行政区域划归古浪县。1958年9月将1镇25乡改建为10个人民公社管理委员会，实行政社合一。1958年12月，撤销古浪县建置，将古浪县行政区域整体并入天祝藏族自治县，原古浪县10个公社合并为5个公社。1961年12月，恢复古浪县建置，全县设21个公社。1968年5月古浪县革命委员会成立，同时废止古浪县人民委员会，成立15个人民公社革命委员会。1981年6月将古浪县革命委员会改为古浪县人民政府。是年，撤销人民公社，全县设7区1镇56乡。2004年8月，全县辖9镇10乡。

0080 海子滩镇

简　介：因早年滩上洪水汇集如海而得名。民国年间属永登县东山乡。中华人民共和国成立后属永登县东山区的裴家营乡。1953年3月设海子乡，属永登县裴家营区。1956年10月，从永登县东山区划入古浪县。1958年9月公社化时，海子滩乡并入钢铁公社。1958年12月，古浪县建置撤销，并入天祝藏族自治县，钢铁公社并入大靖公社。1959年8月，又分设为裴家营公社。1961年12月古浪县建置恢复，随之将人民公社规模进行调整，属裴家营公社。1982年1月农村体制改革时，设海子滩乡，属裴家营区。1984年4月与冰草湾乡合并为海子滩乡。1988年9月又与海子滩乡分乡，把部分区域划归直滩乡。是年全乡辖8个村委会。2001年7月，撤销海子滩乡，建立海子滩镇。2004年8月，撤除冰草湾乡，整建制并入海子滩镇。

0081 古丰乡

简　介：地处古浪县城西南，因雨量较充足，庄稼多丰收而得名。民国八年（1919），属古浪县一区辖。民国二十四年（1935），属古浪县龙山镇辖。民国二十七年（1938），属古浪县一区，设西山乡。中华人民共和国成立后属古浪县第一区三乡。1953年1月，改属第七区，为王府、古丰、西山堡3乡。1955年10月撤区并乡时，由王府沟、西山堡、古丰3乡合并为古丰乡。1958年9月公社化时，由城关镇、暖泉、古丰3乡合并成立跃进公社。1958年12月，古浪县建置撤销，并入天祝藏族自治县。1961年12月古浪县建置恢复，随之将人民公社规模进行调整，设古丰公社。1964年并入古浪公社。1982年1月农村体制改革时撤销人民公社，设立古丰、西山堡、王府3乡，属古浪区。1984年12月，撤区并乡为古丰乡。

0082 黑松驿镇

简 介：因清代曾建有古驿站"黑松驿"而得名。汉、唐时为驿站。历代为兵家必争之军事要塞。民国八年（1919），属古浪县一区辖。民国二十四年（1935），属古浪县龙山镇辖。民国二十七年（1938），属古浪县一区，设安黑乡。中华人民共和国成立后属一区的一乡和五乡。1952年1月在此置七区，辖红童、民和、永安、文合、岔路5乡。1955年10月撤区并乡时为民和、永安、岔路3乡。1958年9月公社化时为团结公社。1958年12月，古浪县建置撤销，并入天祝藏族自治县，1959年1月为永丰、黄羊川公社分辖。1961年12月古浪县建置恢复，随之将人民公社规模进行调整，属萱麻河公社和十八里堡公社，后分为龙沟公社。1965年8月将龙沟、萱麻河、十八里堡公社的部分及黄羊川公社的东庙儿沟大队合并为龙沟公社。1974年6月公社驻地由龙沟堡迁往黑松驿。1982年1月农村体制改革时，分为龙沟、东庙儿沟、十八里堡、萱麻河、黑松驿等5乡，属古浪区。1984年4月撤区并乡为黑松驿乡，辖15个村委会。2002年12月，撤除黑松驿乡，建立黑松驿镇。

0083 古浪镇

简 介：因古藏语"古尔浪哇"而得名，意为黄羊出没的地方。汉代属扑县。唐时属昌松县。唐广德二年（764）后，被吐蕃占领，改称鸿池谷，为吐蕃六部谷之一。明洪武十年（1377），筑城池，因旧名改为古浪城。民国八年（1919），属古浪县一区辖。民国二十四年（1935），属古浪县龙山镇辖。民国二十七年（1938），属古浪县一区的城管乡及暖泉乡。中华人民共和国成立后为古浪县第一区一、二、三乡和第二区五乡部分。1953年6月划分为城关、东山、暖泉、中团、王府、西山、古丰和三合共8乡。1955年10月撤区并乡划为城关、古丰和暖泉3乡。1958年9月成立跃进公社。12月，撤销古浪县建置，并入天祝藏族自治县。1959年1月与红旗公社并为古浪镇公社。1961年12月古浪县建置恢复，将古浪镇公社分为古丰、定宁、泗水和古浪4个公社。1964年2月与古丰公社合并为古浪公社，辖15个大队。1982年1月撤销古浪公社，分设为小桥、暖泉、王府沟、西山、古丰5乡和城关镇，隶属古浪区。1984年4月撤区并乡，设古浪乡，辖6个村委会。1987年4月将古浪乡与城关镇合并成立古浪镇，辖6个村委会和3个居委会。

0084 定宁镇

简 介：清代曾于此筑兵寨，名定宁寨，定宁由此得名。汉代属苍松县辖。唐时为昌松县领地。明代为固守汉长城闇门而建定宁寨。民国八年（1919），属古浪县一区辖。民国二十四年（1935），属古浪县长宁乡辖。民国二十七年（1938），属古浪县一区，设定宁乡及长流乡。中华人民共和国成立后分属一区七乡和二区一、二乡。1952年为二区的定宁乡、长流乡。1955年10月由定宁、双合两乡并为定宁乡。1958年9月与泗水乡合并成立红旗公社。1958年12月，古浪县建置撤销，并入天祝藏族自治县。1959年1月合并为古浪镇公社。1961年12月古浪县建置恢复，随之将人民公社规模进行调整，成立定宁公社。1964年将保和公社的肖营、双庙两大队划入。1982年1月分为定宁、长流、双庙、东山4乡，属泗水区。1984年4月撤区并乡为定宁乡，辖10个村委会。2002年12月，撤乡建镇，设定宁镇。

0085 西靖乡

简　介：因地处大靖西滩，1952年划乡时取西滩的"西"与大靖的"靖"而得名。民国八年（1919），属古浪县三区辖。民国二十四年（1935），属古浪县瑞泉乡辖。民国二十七年（1938），属古浪县三区。中华人民共和国成立后为四区的三、四、五、六乡的部分。1952年12月成立西靖乡。1953年1月划分为古山、西靖2乡。1955年10月撤区并乡又合为西靖乡。1958年9月人民公社化时，与大靖镇合并，成立红星人民公社。1958年12月，古浪县建置撤销，并入天祝藏族自治县。1961年12月古浪县建置恢复，随之将人民公社规模进行调整，从大靖公社划分出来，设立西靖公社。1982年1月农村体制改革时，撤销西靖公社设立西靖乡，属大靖区。1984年4月撤区并乡，为西靖乡。

0086 土门镇

简　介：原名哨马营，相传明代巡监御史罗亨信奏设古浪守御千户所时，因移民来自陕西富平县土门一带而更名为"土门"。汉、唐时为揟次县。元朝为蒙古族驻牧地，称哨马营。明正统三年（1438）更名为"土门"。民国八年（1919），为古浪县二区。民国二十四年（1935），为振育乡。民国二十七年（1938），属古浪县二区，设土头乡、土暖乡、振新乡和新王乡。中华人民共和国成立后为三区，辖一、二、三、四、五乡。1953年1月三区署设在土门堡，辖振南、上河、和乐、永丰、保和、漪泉、新岭、岘子、肖家营9乡。1955年10月，由振南、上河、和乐3乡合建为土门乡，保和、永丰合建为保和乡。1958年9月，由岘子、土门、保和3乡合并成立卫星人民公社。1958年12月，古浪县建置撤销，并入天祝藏族自治县，改为土门人民公社。1961年12月古浪县建置恢复，随之将人民公社规模进行调整，设土门、保和公社。1965年8月与岘子公社分设，为土门公社，辖15个大队。1982年1月农村体制改革时，设土门区，辖土门、青萍、保和、胡家边、和乐5乡。1984年4月撤区并乡，为土门乡。1985年7月将土门乡设为土门镇，辖10个村委会。2004年8月撤乡并镇，原胡家边乡整体并入土门镇，辖16个村委会。

0087 泗水镇

简　介：以旧水系"泗水"而得名。明万历27年（1599）建泗水堡。民国八年（1919），属古浪县一区辖。民国二十四年（1935），为古浪县长宁乡。民国二十七年（1938），属古浪县一区，设泗水乡、双塔乡等。中华人民共和国成立后，全县分4个区，属二区的三、四、五乡。1953年1月全县设7个区，二区署设在双塔堡，辖泗水、下泗水、四坝、双塔4乡。1954年8月，武威县黄羊区大墩乡双塔儿村划归古浪县二区，辖定宁、四坝、三合、下泗水、双合5乡。1955年10月撤区并乡，泗水境内设泗水、双塔2乡。1958年9月改建人民公社，与定宁、泗水、双塔三乡合并为红旗人民公社。1958年12月，古浪县建置撤销，并入天祝藏族自治县。1959年1月与跃进公社合并为古浪镇公社。1961年12月古浪县建置恢复，随之将人民公社规模进行调整，分设为泗水人民公社辖9个大队。1964年将泗水公社驻地从双塔迁至泗水堡。1984年4月撤区设乡镇为泗水乡，辖9个村委会。2001年7月，撤乡建镇，辖9个村委会。

0088 横梁乡

简　介：因境内"横梁山"得名。民国八年（1919），属古浪县三区辖。民国二十四年（1935），属古浪县瑞泉乡辖。民国二十七年（1938），属古浪县三区，设酸茨乡、抬车乡及石横乡。中华人民共和国成立后属古浪县四区七乡（酸茨、抬车）、八乡（石城、横梁坝）。1953年1月置第五区，区署设在横梁山，辖中泉、团庄、中河、三新、横梁、太平、井泉、中岭8乡。1955年10月撤区并乡，合并为团庄、横梁2乡。1958年9月公社化时属高峰公社和七一公社部分。1958年12月，古浪县建置撤销，并入天祝藏族自治县。1959年1月被新堡公社和黄羊川公社分辖。1961年12月古浪县建置恢复，随之将人民公社规模进行调整，划分为团庄、横梁2公社。1964年团庄、横梁合并为横梁公社。1982年1月农村体制改革时分为横梁、中团、团庄3乡，分属黄羊川、干城2区。1984年4月撤区并乡，合并为横梁乡。

0089 黄羊川镇

简　介：境内中部为宽约1公里左右的川谷地带，时常有野生黄羊出没，因而得名黄羊川。民国八年（1919），属古浪县一区。民国二十四年（1935），属古浪县龙山镇辖。民国二十七年（1938），属古浪县一区辖，设黄羊乡。中华人民共和国成立后，属古浪县第一区的五、六乡。1952年1月全县设7个区，第六区区署设在张家墩，辖黄石、黄兴、黄一、蔡泉、新山、永宁、小林7乡。1955年10月撤区并乡，设黄石、黄一、新山、永宁4乡。1958年9月成立前进公社。1958年12月，古浪县建置撤销，并入天祝藏族自治县，1959年1月和高峰、岘子、古浪、西大滩、松林等公社的部分合建黄羊川公社。1961年12月古浪县建置恢复，随之将人民公社规模进行调整，设黄羊川公社、井泉公社。是年，黄羊川公社辖18个大队。1982年1月黄羊川公社改为黄羊川乡，属黄羊川区。井泉公社改为井泉乡，属大靖区。1984年4月撤区并为黄羊川乡，辖15个村委会。2002年12月撤乡建镇。2004年9月，将原井泉乡北岭沟、井儿沟、四道岘、打拉水、薛家水、韭菜沟6村并入黄羊川镇。

0090 裴家营镇

简 介：因明代裴姓将军带兵驻防于此而得名。明万历二十七年（1599）建裴家营堡。民国年间属永登县东山乡。中华人民共和国成立后属永登县东山区的裴家营乡、老城乡。1953年6月为永登县裴家营区，辖山头、花庄、石坡、中川、老城、海子6乡。1956年10月，从永登县东山区划入古浪县。1958年9月公社化时为钢铁公社。1958年12月，古浪县建置撤销，并入天祝藏族自治县。1959年1月将钢铁公社并入大靖公社。1959年8月又分设成立裴家营公社。1961年12月古浪县建置恢复，随之将人民公社规模进行调整，划分为裴家营、老城2公社。1964年8月将老城公社并入裴家营公社。1982年1月为裴家营区，辖裴家营、中川、石坡、老城、冰草湾、海子滩6乡。1984年4月撤区并乡时为裴家营乡。1988年9月将龙泉、大岭、直滩3个行政村划归直滩乡。1993年8月，将裴家营的老城、石坡和大沙沟3个村划归新井乡。2002年7月，撤销裴家营乡，建立裴家营镇。

0091 黄花滩乡

简 介：地处腾格里沙漠南缘，因遍地是金黄色的苦豆花，故得名"黄花滩"。1986年6月，古浪县干旱山区岘子乡群众通过政府引导、农户集资在北部五滩（马路滩、白板滩、麻黄台、二墩滩、四墩滩）进行打井开发、平整农田。后以岘子乡为主陆续移民黄花滩。1992年8月撤销原山区岘子乡，新建黄花滩乡。

0092 大靖镇

简 介：原名"扒沙"，意为街市。明万历二十六年（1598）甘肃巡抚田乐、总兵达云等带兵击退阿赤兔等，取统一安定之意，改为大靖。汉属扑县。南北朝时在此设魏安郡。唐代设白山成，属军事营寨。元代至明初，为蒙古族占领，称"扒沙"。民国八年（1919），属古浪县三区辖。民国二十四年（1935），为瑞泉乡。民国二十七年（1938）全县划分为三个区，第三区署设在大靖堡，辖9乡。中华人民共和国立成后，为四区的一、二、三、四乡。1952年划分为双城、清泉、果园、新民、东平5乡。1953年1月，全县设7区，四区署设在大靖堡，辖10乡。1958年3月与民权乡合并为大靖镇。9月西靖、新民两乡和大靖镇合并为红星人民公社。1958年12月，古浪县建置撤销，并入天祝藏族自治县，与钢铁公社合并为大靖公社。1959年8月分划为大靖公社与裴家营公社。1961年12月古浪县建置恢复，随之将人民公社规模进行调整，分为大靖、西靖、长城3个公社。1964年将大靖改为大景。1981年6月恢复大靖，是年大靖公社辖16个大队。1982年1月农村体制改革时，成立大靖区，辖大靖、双城、长城、龙岗、花庄5乡。1984年4月撤区改建大靖镇。2004年8月将原大墩滩乡整建制并入大靖镇，辖26个村委会。

（二十七）武威市民勤县

0093 民勤县

简　介：民勤县是腾格里沙漠和巴丹吉林沙漠之间的重要绿色屏障，是著名"沙井文化"的发祥地，传为苏武持节牧羊之地。是优质蜜瓜产区和教育名县，是全国治沙示范县和节水模范县。中华民国十八年（1929），因取人民勤劳朴实之义得名。地处河西走廊东北部，石羊河流域下游，东靠内蒙古自治区左旗，南依武威市凉州区，西毗金昌市，西北和北面与内蒙古自治区右旗相连。

（二十八）武威市天祝藏族自治县

0094 天祝藏族自治县

简　介：天祝，藏语称华锐，意为英雄的部落，地处甘肃省中部、武威市南部、祁连山东端，素有河西走廊"门户"之称，是新中国成立后由周恩来总理命名的第一个少数民族自治县，全省唯一的少数民族地区改革开放试验区，全省58个国扶贫困县之一，全国仅有的两个藏族自治县之一，是白牦牛原产地。全县辖9镇10乡，176个行政村，18个居委会，有藏、汉、土、回、蒙古等28个民族，总人口23万人，其中少数民族占总人口的37.1%，藏族占少数民族人口的97.14%。全县总面积7149.8平方公里，耕地面积31.97万亩，天然草原面积621.19万亩，森林面积410.2万亩，境内海拔2040—4874米。境内森林覆盖率38.26%，是石羊河流域6条内陆河（金塔河、杂木河、黄羊河、古浪河、大靖河、西营河）和黄河流域2条外流河（大通河、金强河）的重要水源涵养区和水源补给区。

（二十九）张掖市甘州区

0095 张掖市

简　介：张掖市以"张国臂掖，以通西域"得名。地处甘肃省西北部，河西走廊中段。为古"丝绸古路"之重镇，素有"塞上江南""戈壁水乡"和"金张掖"之美称。西汉元鼎六年（前117），汉武帝戡定边患、开拓疆域，设张掖郡，取"张中国之掖，断匈奴右臂，以通西域"之意。从此张掖便成为我国通往西域及欧亚各国的咽喉要道和历史上对外开放最早的地区。

(三十)张掖市山丹县

0096 山丹县

简　介：山丹县位于甘肃省西北部，东靠永昌县，西邻张掖市、民乐县，北过龙首山与内蒙古自治区阿拉善右旗接壤，南以祁连山和青海省祁连县为界。东西宽89公里，南北长136公里，总面积5402平方公里。总人口20万人（2010年）。辖3镇5乡：清泉镇、位奇镇、霍城镇、东乐镇、陈户镇、老军乡、李桥乡、大马营镇。县政府驻清泉镇。地处河西走廊中段，山丹河流域。地势东南高西北低，平均海拔2996.5米。山丹原名删丹，历史悠久。据《山丹县志》载，删丹古城在焉支山谷地近钟山寺处，"以晓日出映，丹碧相间如'删'字"，又名删丹山，而县以此得名。素有"走廊峰腰""甘凉咽喉"之称，是古"丝绸之路"通往西域的必经之地。周代为西戎，秦为月氏，汉初为匈奴地。武帝元鼎六年（公元前111年），建制删丹县。隋初改为山丹卫，清代改置山丹县，属甘州府。

0097 霍城镇

简　介：霍城镇位于山丹县境内西南部，距离县城45公里。东靠大马营镇，南邻军马三场，西与民乐县相邻，北与李桥乡接壤。地处山区，属高寒半湿润地区。霍城原名"黑城"，古为设防要地和贸易集镇，筑于明正德十三年（1494）。1938年撤区设乡后为复兴乡，1949年设为天山区，1953年为纪念汉骠骑将军霍去病改今名，1955年撤区并乡为霍城乡，1961年成立霍城人民公社，1983年改公社为乡建制。1999年6月撤乡建镇时改名为霍城镇。霍城镇作为霍去病将军北击匈奴的点将驻兵之处（霍城镇刘庄村现存有霍去病点将台遗址），其历史文化渊源不言而喻。

0098 大马营镇

简　介：山丹县大马营镇地处山丹县境南部，东依焉支山，东南与永昌县为界，南与山丹马场毗邻，西与李桥乡接壤，北与陈户镇相连，人民政府驻马营村，距县城52公里。大马营镇（乡）先后被市委、市政府命名为文化之乡、体育之乡、科技之乡和卫生之乡。大马营为历代放牧军马的地方，当时有大马营子和二马营子之分，明清时设游击和守备。民国初属东中区（渠），后改为三区。1938年撤区设乡镇保甲，属维新乡。中华人民共和国成立后，废乡设区，属焉山区。1955年撤区并乡时，成立大马营乡。1958年属花寨公社，1962年成立大马营公社。1983年11月改大马营人民公社为大马营乡人民政府。2005年进行行政区划调整时，将原花寨子乡并入大马营乡。2011年末辖马营、前山、双泉、磨湾、窑坡、圈沟、新墩、夹河、楼庄、新泉、城南、花寨、高湖、山湾、上河、中河、下河17个村民委员会，下设114个村民小组。地势南高北低，南部平坦，北部、东西部为丘陵，海拔2200米—2800米之间。最高位于大黄山，海拔2796米，最低位于山湾村，海拔2187米。境内矿产资源丰富，主要为煤、金、银、铜等。原煤、金矿资源得到开采。境内还有国家景区焉支山、窟窿峡、大黄沟、马场大草原等旅游景点。2014年撤乡设镇。

（三十一）张掖市民乐县

0099 民乐县

简　介：民乐县地处祁连山北麓、河西走廊中段，是连接甘青两省的"要冲"，自古就是丝绸之路东段南线之"咽喉"，属祁连山水源涵养区，是黑河水资源可持续利用和永续补给的绿色生态屏障。总面积3687平方公里。辖6镇、4乡、1个城市社区管理委员会，有汉、回、藏、裕固等14个民族，总人口24.6万。民国十八年（1929），定县名为"民乐"，寓"人民安居乐业"之意。全县共有国家级文物保护单位4处、省级文物保护单位7处、县级文物保护单位116处。有西汉古城、魏晋名寺、明清水陆画等众多文物古迹。民俗文化底蕴深厚，有38项非物质文化遗产分别列入省、市、县保护名录，其中顶碗舞、皮影戏列入省级非遗保护名录。自然条件多样独特，属大陆性荒漠草原气候。

0100 永固镇

简　介：民乐永固城，是一座历史悠久的古城，历史上河西发生的许多重大事件都与此处相关。永固城地处祁连山北麓，焉支山西侧，为东西交通要冲。它南控大斗拔谷隘口，是河西走廊南通唐蕃古道的捷径，乃古代丝绸之路重镇，向来为兵家必争之地。据史料记载，永固城旧址最早出现于春秋战国时期，当时居住在河西一带的月氏民族曾在这里建起月氏东城，统辖黑河以东及湟中地区的月氏部落。西汉初期，匈奴赶走月氏，将月氏东城建为单于王城，供老上单于巡幸时居住。东晋永和十年（354），前凉王张祚在此置汉阳县，以守牧地。后随着朝代的更迭，此处又多次改变名称，北凉时叫赤泉，北魏时称赤城戍，西魏则谓之赤城，北周又改为赤泉，隋朝时名为赤乌镇。唐初，在此处建立军事据点，名为赤水守捉城。明末，李自成部将贺锦破甘州，而后经这里进扁都口到青海境内，围攻西宁。到了清代康熙十年（1671），因青海屡有叛乱发生，这里地势更显重要，便大力修筑城池，定名永固，取永远坚固之意。同治回乱，在永固城一带多次发生战斗。青海回、藏民义军也出山攻大马营，与永固协副将扎拉芬会战于高峰寺土山下。从周穆王西巡算起，永固古城已在张掖大地上经历了三千年历史风烟。

0101 南古镇

简　介：南古镇古称"临松郡"，因地处祁连山北麓，曾经松林丰茂，并有"临松听涛"之景而得名。明初，河西走廊孤悬塞外，经常受元朝残余势力的侵袭掠夺，明朝以甘州城为中心，修建了4个卫星小城：南古城、北古城（今临泽板桥乡古城村）、东古城（今碱滩乡古城村）、西古城（今沙井乡古城村），自此以后临松郡更名为南古。地处民乐县最西端，东与新天镇相连，南与肃南县马蹄藏族乡毗邻，西与甘州区安阳乡接壤，北与甘州区和平乡交界。镇政府驻地城东村，距县城30.5公里。辖区东西距离11公里，南北距离38公里，总面积270.22平方公里。有瓦房城、河牛口、苏油口、柳家坝4个灌溉渠系及马蹄河自流灌渠，因具有优越的地域特色，所以农作物物产资源丰富。主要盛产马铃薯、制种玉米、啤酒大麦、中药材、小麦、胡麻、豌豆、花卉制种和各类蔬菜制种。全镇辖25个行政村，155个村民小组，6838户，26274人，有耕地面积9.1万亩，其中水浇地5.94万亩，山旱地3.16万亩，人均3.5亩。镇党委下设28个党支部，有党员1043名。截至2013年底，全镇人均纯收入达到7080元。

0102 新天镇

简　介：共和国成立初期，因区、乡政府设在新添堡而得名。1966年取"敢叫日月换新天"之意，更名新天。地处民乐县西部，东与丰乐乡接壤，南与肃南县接壤，西与南古镇接壤，北与甘州区相连。镇政府驻地韩营村，距民乐县城23公里。清代归山丹县管辖，1929年划归民乐县，属沐化区。1949年10月属沐化区，1952年设新添区，1956年撤区并乡后，设新添乡，1958年山寨乡并入后成立红星人民公社，同年民乐、山丹两县合并后，属丰乐人民公社管辖。1962年民乐、山丹分县后成立新添人民公社，1966年改名为新天人民公社，1979年又与李寨人民公社分设，改为新天人民公社。1983年改为新天乡，2000年撤乡建镇改为新天镇，2004年12月李寨乡并入新天镇。

（三十二）张掖市临泽县

0103 临泽县

简　介：临泽县原名昭武县，因县东有临泽亭，故名。位于甘肃河西走廊中部，东连张掖市甘州区，南与肃南裕固族自治县为邻，西接高台县，北毗内蒙古自治区阿拉善右旗。

（三十三）张掖市高台县

0104 高台县

简　介：高台县因县城西 7.5 公里处有相传为西凉李暠所筑古台基，后人建寺其上，称台子寺，高台因此而得名。地处河西走廊中部，黑河中游下段，为古"丝绸之路"必经之地。东接临泽县，南靠肃南裕固族自治县，西与肃南裕固族自治县及酒泉市肃州区相邻，北与酒泉市金塔县、内蒙古自治区阿拉善右旗接壤。西汉中期属凉州酒泉郡表是县，东汉、三国、魏、西晋属凉州酒泉郡表是县，"五凉"时期属凉州酒泉郡表是县、建康郡，西魏、北周属甘州表是县、建康郡，隋属肃州乐涫镇，唐属肃州福禄县建康军，宋属西夏地，元属甘州路，明属陕西行都司高台所、镇夷所，清属肃州直隶州高台县（雍正三年并高台、镇夷所置），1914 年属安肃道高台县，1936 年属甘肃省七区高台县，1949 年 9 月属张掖分区高台县，1950 年属酒泉专区高台县，1955 年属张掖专区高台县，2002 年至今属张掖市高台县。2011 年末辖南华、宣化、城关 3 个镇，新坝、骆驼城、巷道、合黎、黑泉、罗城 6 个乡，下设 7 个社区，136 个村民委员会，15.92 万人，其中城镇常住人口 41300 人，城镇化率 28.7%。辖区东西最大距离 99.1 公里，南北最大距离 90.9 公里，总面积 4346 平方公里。

0105 罗城乡

简　介：罗城乡得名于原新中国成立初所建四维区的称谓，1955 年境内设乡时取"四维"二字为"罹"（luo），与天城相邻，又取其"城"，故更名为罗城。地处高台县城西北 50 公里，东至桥儿湾村与黑泉乡相接，南与肃南县明花乡毗邻，西邻酒泉市金塔县，北靠合黎山。黑河自东南向西北横穿而过，经正义峡出境。人民政府驻罗城村，东距张掖市区 128 公里。宋时为西夏地。元代属甘州路总管府。明洪武二十九年（1396）在现天城村附近置哨马营，属甘肃卫。明洪武三十年（1397）置镇夷守御千户所，隶属陕西行都司。民国初，罗城称为三区。1939 年设四维乡。新中国成立初，建四维区。1955 年境内设天城、罗城、花墙、河西 4 个乡。1958 年成立罗城人民公社。1961 年罗城公社分为罗城、河西、天城、十坝 4 个公社。

1964年罗城、河西、天城公社合并为罗城公社。1983年，改为罗城乡。2005年合乡并镇，原盐池乡撤销并入罗城乡。

0106 新坝镇

简　介：新坝镇古称镇羌堡，清末因建新坝、开渠改为新坝堡，故而得名。地处高台县城西南49公里，东至榆木山，南至祁连山与肃南裕固族自治县分界，西与酒泉屯升乡隔马营河相望，北至县南华滩。人民政府驻官沟村，电话区号0936，邮政编码734306，东距县城49公里。商、西周时期，境内有羌人活动。春秋战国和秦时，有乌孙人和月氏人逐水草而居。西汉初年，为匈奴占据，属匈奴浑邪王属地。西汉武帝时，纳入汉王朝版图，为汉乐涫地。后为前凉、前秦、后凉、北凉、西凉等割据统治。唐时置祁连戍，为肃州福禄县辖地。宋时为西夏地。元代属甘州路部管府。明朝时属高台千户所辖地。清代时，隶属甘州府。民国初，新坝设五区。1939年后，改称祁连乡，领12保。1953年改为五区，领10乡，1955年新坝东片设河西坝、新坝、暖泉3个乡，西片设红崖子、红沙河、镇边3个乡。1958年并称新坝人民公社。1961年东片设暖泉、元山子、新坝3个公社，西片设红崖子、二坝沟、红沙河3个公社。1964年东片并为新坝人民公社，1983年改为新坝乡；西片并为红崖子人民公社，1983年改为红崖子乡。2005年2月两乡合并称为新坝乡。

（三十四）张掖市肃南裕固族自治县

0107 肃南裕固族自治县

简　介：肃南裕固族自治县位于祖国西北内陆中纬度地区的甘肃省西北部，地处河西走廊南部，祁连山中段北麓，总面积23301平方公里。东西长650公里，南北宽120—200公里。自治县共由3块不连片的地域组成。东部皇城镇为一块，中西部马蹄、康乐、白银、大河、祁丰五乡为一块，北部明花乡为一块。整个县域横跨5市，与甘青两省的15个县（市）接壤。

0108 白银蒙古族乡

简　介：白银，蒙语意义为"富裕"，其居住地原为裕固族十五个马家（大头目家）、东八个马家的辖地。1945年，部分蒙古族牧民进入该地游牧，解放后，建政白银乡，乡政府驻地大肋巴口。境内总地势西南高，东北低。西南山势陡峭，东北比较平缓。平均海拔2600米左右。属干旱草原气候区，无霜期在130天左右。草场均属半荒漠草场，宜饲养山羊。草场质量差、面积小、载畜量较低，但气候温暖，农饲生产较发达，农牧民群众生活水平较好。辖4个行政村。

（三十五）白银市白银区

0109 白银市

简　介：因区内丰富的金、银、铜、铅、锌、锰等矿物，明朝洪武年间官方在距市区10公里处的凤凰山、火焰山、铜厂沟专设办矿机构"白银厂"，白银市因此得名。地处黄河上游甘肃省中部地带。东与宁夏回族自治区中卫市沙坡头区、海原县与固原市西吉县接壤，东南与平凉市静宁县相连，南部及西南部与定西市通渭县、安定区为界，西与兰州市榆中、皋兰、永登县毗邻，西北与武威市天祝、古浪县接壤，北及东北与内蒙古自治区阿拉善盟阿拉善左旗及宁夏回族自治区中卫市沙坡头区连接。1956年6月，白银市正式成立，时为县级市，下辖6个街道办事处。1958年4月升为地级市，辖有6乡，6个街道办事处。1963年10月白银市撤销市建制，成为兰州市白银区。1985年8月恢复建市。

（三十六）白银市平川区

0110 平川区

简　介：白银市平川区因境内有濒临黄河的10万亩旱平川得名。位于白银市中部偏北，楔插于靖远县中部，东北与宁夏回族自治区海原县毗邻，东南与会宁县为界，南、北部均与靖远县接壤，西与景泰县相连。区政府所在地距白银市73公里，距省城兰州145公里。1985年5月14日，国务院批准（国函[1985]66号）恢复白银市（地级）。将靖远县的宝积镇和宝积、水泉、共和、种田、复兴等5个乡划出，设立白银市平川区。辖区有宝积、种田、复兴、黄峤4乡，王家山、水泉、共和3镇，长征、红会路、兴平路、电力路4个街道办事处，下辖28个社区居委会，60个村民委员会，306个村民小组。总人口21.4万人，以汉族为主，达21.37万人，占99.7%；有回、满、蒙、东乡族等13个民族，共3040人；流动少数民族1300余人；超过1000人的有1个民族，回族2790人，占少数民族人口的91.78%；满族95人，占少数民族人口的3.12%；蒙古族81人，占少数民族人口的2.66%；藏族15人，占少数民族人口的0.49%。辖区总面积2106.1平方公里。

0111 红会路街道

简　介：该街道在平川区东北部，所辖区域东至四采区，南至大坝口，西至白土梁火车站，北至红旗山煤矿。距区政府驻地25公里。红会路街道因1936年红一、四方面军在此会师而得名。红会路街道办事处原成立于1993年5月，2002年6月成立红会镇，2005年3月撤镇重新成立了红会路街道办事处。辖红星、红光、红卫、红川、红平5个社区居委会。

（三十七）白银市会宁县

0112 会宁县

简　介：会宁县位于甘肃省中部，白银市南端。东依静宁县和宁夏回族自治区西吉县、海原县，南与通渭县毗邻，西靠安定区和榆中县，北与靖远县、平川区相邻。据《史记》记载，西汉武帝元鼎三年（前114）即有祖厉县建治，属安定郡。北魏太延二年（436）改祖厉县为祖居，迁址平凉境内，后在今靖远县境内置会宁县，为有"会宁"县名之始。清初会宁隶巩昌府。1913年，改属兰山道，1927年废道后直属甘肃省。1936年10月，中国工农红军一、二、四方面军长征会师于会宁，在会宁曾组建苏维埃政权。1944年会宁改属甘肃省第九行政检察专员公署（治所临洮）。1949年8月22日成立会宁县人民政府，属定西专员公署。1985年8月，会宁县改隶白银市至今。现全县共辖6个镇，22个乡，16个社区居委会，284个村民委员会，2039个村民小组。1936年10月，中国工农红军第一、二、四方面军在会宁胜利会师，标志着中国革命重心成功地从南方长江流域胜利转移到西北黄河流域。

（三十八）白银市靖远县

0113 靖远县

简　介：靖远县位于甘肃省中部，东与宁夏海原县毗邻，南与甘肃省会宁县接壤，西南、西北、东北分别与甘肃榆中县、景泰县、宁夏中卫市相连，西与白银市白银区交界，白银市平川区从原县境中部析置，将县域一分为二，形成南北相对的两个独立部分。总人口48万人。辖3个镇，15个乡。自西汉武帝建立县制，清雍正八年改为靖远县。境内有古老的永和遗址，新石器时代的庙洼山遗址，隋唐时期的法泉寺、寺儿湾石窟等古老石窟艺术宝库，春秋时代游牧民族的艺术杰作吴家川岩画，永安堡、三角城等多处古城遗址和钟鼓楼、乌兰山等许多古建筑群体，有红军西征强渡黄河的虎豹口等一批革命遗址和近代名人故居墓葬，被誉为"塞上江南""鱼米之乡""陇上名邑""黄河明珠"。靖远交通便利，通讯便捷。靖远是历史上有名的丝绸之路重镇，素有"秦陇枢机""金城锁钥"和"旱码头"之称。

（三十九）白银市景泰县

0114　景泰县

简　介：地处甘肃腹地北陲，腾格里沙漠南缘，东濒黄河，与靖远县、平川区相望，南与白银区、皋兰县及永登县搭界，西与天祝藏族自治县及古浪县毗邻，北与内蒙古自治区阿拉善左旗及宁夏回族自治区中卫县接壤。1949年9月12日，景泰解放，21日正式成立景泰县人民政府，治所芦阳，属武威专区。1958年4月4日，景泰县撤销，并入皋兰县。同年12月20日，撤销皋兰县，原景泰县所辖7个公社划归甘肃省白银市。1961年11月15日，恢复景泰县建制，治所芦阳，为白银市辖县。1963年10月，白银市撤销，景泰县划归武威专区管辖。1978年5月景泰县治所由芦阳迁现址一条山镇。1985年5月14日，恢复白银市，景泰县仍归白银市管辖至今。现辖一条山镇、芦阳镇、上沙沃镇、喜泉镇、草窝滩镇、红水镇、中泉乡、正路乡、寺滩乡、五佛乡、漫水滩乡等6镇5乡。辖有136个村民委员会，7个社区，总人口24.18万人，其中城镇常住人口9.35万人，城镇化率41.95%。辖区东西最大距离84公里，南北最大距离102公里，总面积5483平方公里。人口密度为每平方公里44.1人。

（四十）平凉市崆峒区

0115 平凉市

简　介：平凉市位于甘肃省东部，陕、甘、宁三省（区）交会处，横跨陇山（关山），东临庆阳、咸阳，南托宝鸡、天水，西接定西、白银，北靠宁夏固原，地理坐标北纬 34°52′40″—35°45′00″，东经 105°20′40″—107°51′30″ 之间。区域总面积 11169.7 平方公里。全市辖泾川、灵台、崇信、华亭、庄浪、静宁 6 县和崆峒 1 区。平凉历史悠久，是中华民族的重要发祥地之一，是古"丝绸之路"必经重镇，素有"陇上旱码头"之称，历来是兵家必争之地，建制变革较大。前秦永兴二年（358），符坚讨伐前凉胜利，始置平凉郡，取平定凉国之意，平凉之名始见于史册。

0116 索罗乡

简　介：索罗原为"桫椤"。据传，当地曾有此树，故得名。1966 年，因"桫椤"二字生僻，改为"索罗"至今。索罗乡位于崆峒区北部干旱塬区东端，与泾川、镇原接壤，全乡辖 10 个行政村：王岭村、西李村、汝林村、东白村、董洼村、张树村、胡洼村、庙后村、姚王村、涧边村，50 个生产合作社，3020 户，12465 人，总土地面积 85700 亩，其中耕地面积 33003 亩，人均耕地 26 亩。

（四十一）平凉市泾川县

0117 泾川县

简　介：泾川县位于甘肃省东部，东与宁县及陕西省长武县交界，西接崇信县、崆峒区，南邻灵台县，北靠镇原县。东西长57公里，南北宽36公里，全县辖14个乡镇，1个经济开发区，215个行政村，1466个村民小组，3个社区，全县总面积1409.3平方公里，总人口35.36万人。总耕地面积67.4万亩，人均耕地2.1亩。泾河流经县政府驻地，因泾水而得名，金朝改保定县为泾川县。从此，泾川县始见于史册。泾川地处陇东黄土高原沟壑区，沟壑纵横，梁峁起伏，形成山、川、塬三个割裂的自然地理区域。泾川县历史文化悠久，境内文物古迹较多，区位优势独特，居丝绸古道要冲，为华夏文明腹地，自古以来是西出长安通往西域的第一重镇。自然条件优越，是国家农业部划定的全国优质苹果最佳适生区。苹果产量居全省第二位，是省级重要的苹果生产基地。矿产资源丰富，全县可利用的矿种主要有石油、煤炭、地热水、矿泉水、粘土、砂石等。

0118 党原乡

简　介：党原古称当原，在六盘山道路未开以前，此地为"丝绸之路"的要冲。北魏时期，此地建有当原城，城址在现在城刘、西联两大队中部以西及高寨大队的一部分，规模较大。党原地处泾川县城西北部，东与玉都镇相邻，南与王村镇相接，西与庆阳市镇原县中原乡毗邻，北与庆阳市镇原县南川乡接壤。清朝时设六盘里。解放前先为百泉乡，后设党原镇。1949年解放后，设党原区。1958年将镇原县中原区党张乡并入。公社化后隶属玉都公社。1961年由玉都公社分出，成立党原公社。1963年与合道公社合并，仍为党原公社。1980年分出合道公社。1983年11月，政社合一，恢复乡（镇）建制，为党原乡。2003年12月，撤销合道乡，并入党原乡至今。党原乡总面积133.32平方公里，人均土地资源面积5.62亩，塬大坳平，地势西高东低，平均海拔1380米，属典型的黄土高原地貌，泾镇、后党公路横穿全境，乡村道路纵横交织，交通便利，自然条件相对优越。下辖完颜洼、高崖、徐家、合道、坷老、永丰、陈坳、高丰、柳寨、李家、小徐、戴家、丁寨、东联、西联、城刘、高寨、湾口、赵家、唐家、樊家、陈袁、吊沟23个村民委员会。境内文化资源丰富，传统簸箕编织享有盛名，是全县的畜牧、果品大乡，文化强乡。

0119 太平乡

简　介：太平乡以太平关得名。太平关，又名圪塔关，地势险要，为泾川南大门，古有"二水分流安定驿，一城高枕太平关"的诗句。从唐朝以来，历来都派兵驻守，并有客店栈铺。明朝设巡检司。解放前设清平乡。解放后设太平区。1958年划口家塬乡的大部属张老寺农场，同年撤区设太平。以后成立太平公社，1983年改为太平乡沿用至今。现辖管崖窑、口家、四郎殿、寨子洼、何家、周家、三星、红崖湾、七千关、荒场、盘口、焦村、朱家沟、里口、阴坡15个村。

（四十二）平凉市灵台县

0120 灵台县

简　介： 灵台县位于甘肃省东部，陇东黄土高原南缘，东邻陕西省长武、彬县，南接陕西省麟游、千阳、陇县，北靠泾川县，西与崇信县毗连。属黄土高原沟壑区，泾河与渭河之间，总流域面积 2038 平方公里，县人民政府驻中台镇。辖 5 镇，8 乡，184 个村民委员会，1429 个村民小组，6 个居民委员会，共 73989 户，229752 人，其中农业 205049 人，非农业 24703 人。是陇东传统的农业区，主种植作物小麦、玉米。小杂粮有谷子、糜子、豆类、荞麦等，油料作物包括胡麻、荏籽、油菜籽等，素有"粮仓"之称。灵台县历史悠久，文化积淀深厚，有丰富的古商周遗存，原始先民居住遗址、古墓葬 430 多处，古城址 6 处，古生物化石点 18 处，博物馆文物藏量 7629 件，其中国家一级品 44 件，二级品 441 件，三级文物 1166 件，一般文物 5618 件，珍贵文物藏品数量之多之精居甘肃省基层博物馆之首。是中华民族发祥地的重要组成部分，古丝绸之路的支道之一。世界针灸医学鼻祖、晋代医学家皇甫谧就出生在这里。县境内人文景观 12 处，丰厚的旅游文化资源构建起了灵台县商周历史文化和皇甫谧文化遗产旅游框架。

0121 星火乡

简　介： 星火乡位于灵台县中部，地处达溪河与涧河的分水岭地带，地势自西向东倾斜，东西长 21 公里，南北宽 9 公里，流域总面积 100 平方公里，为全县几何中心位置。东南与百里乡相接，西面与朝那镇相邻，南与百里接壤，北隔涧河与什字镇、上良乡相望。乡人民政府驻地星火村。全乡辖 11 个村民委员会，89 个村民小组，3501 户，11662 人。因原公社驻地有火星庙，庙前有大涝池。旧俗逢天旱乡民即淘涝池以恳求"火星"，举行祈雨仪式，传说灵验，因此旧时地名称"火星庙"。文革中因附会毛泽东名著《星星之火，可以燎原》演变而来。解放前分归百里、新集乡。解放后分归百里、新集两区。1956 年归新集区。1957 年撤区并乡时设三联乡。1958 年分属百里、新集两公社。1961 年成立星火人民公社。1983 年社改乡。粮食作物以冬小麦、玉米为主，经济作物主要有果树、油料、瓜菜等，传统养殖业以牛、羊、猪为主。全乡现有小学10所，中学1所，幼儿园2所。现有乡卫生院1所，村级卫生所11处。

0122 朝那镇

简　介：朝那镇以驻地朝那而得名。因方言称"东株老""东朝那"而取名"朝那"。地处什字塬西部，距灵台县城45公里，是灵台县西部商流、物流和人流中心。西魏大统元年（535）置朝那县，治今甘肃灵台西北，俗称"东朝那"。明代曾设东朝那镇，解放前为朝那乡，解放后分属龙门、梁原二区。1954年设朝那区，1955年撤朝那区仍属龙门、梁原二区。1957年撤区并乡时复设朝那乡，1958年9月设立朝那公社，同年与龙门、上良公社合并为朝那公社。1984年2月与龙门、上良公社分开改为朝那乡。1985年9月撤乡设镇。现可考证和保存的遗迹遗址有皇甫湾、朝那古城、朝那湫等，旅游景点有乾坤楼、皇甫谧雕像、古朝那牌坊门等11处。

0123 蒲窝乡

简　介：蒲窝乡位于灵台县中南部，东北与本县中台镇毗邻，南与陕西麟游县接壤，西连本县百里乡，坐落于通气三塬。全乡辖10个行政村，100个村民小组，3557户，11173人，其中农业人口10753人，非农业人口420人。解放前蒲窝乡为镇，解放后设蒲窝区；1956年撤蒲窝区归坷台区；1957年撤区并乡时分属城关、蒲窝乡；1958年公社化时分属中台、百里公社管辖；1961年归灵台公社，同年12月设公社时，沿用合作化时五星农业合作社名称，取名五星公社（驻四郎殿）。1982年更名为蒲窝公社，1984年更名为蒲窝乡。蒲窝因其位于蒲谷尾而得名，相传汉刘秀避难藏土中，用麦秆通气，故又称蒲窝为通气三塬。因与陕西麟游县接壤，故有"蒲窝三足鼎三秦"之说。

0124 梁原乡

简　介：梁原乡地处灵台县西北部，东与泾川县太平乡接壤，南与朝那镇为邻，西邻本县的龙门乡，北连崇信县木林乡。全境东西长25公里，南北宽约12公里，流域面积142平方公里。乡人民政府驻东门村，东距灵台县城70公里。全乡下辖13个行政村，100个村民小组，总户数4916户，总人口17516人，总耕地面积81483.4亩。梁原古有良原、溥原之称。隋代设立良原县，地名因之延续至今。唐德宗贞元二年（786），吐蕃占领良原城，第二年，李元谅出任陇右节度使，收复了良原，重筑良原城，在此镇守抵御吐蕃，元世祖十一年（1273）良原县被撤，改名梁原。解放前为梁原乡，解放后设梁原区，1957年撤区为梁原、横渠两个乡，1958年成立梁原人民公社，1983年社改乡。梁原乡位于灵台县西北边陲黑河川区，境区地势西北高，东南低，山川塬兼有，由三川（黑河川、寺峪川、南沟川）、三塬（王家沟安冯塬、新庄塬、张家塬）构成，朝水公路穿境而过。主种植作物小麦、玉米。

0125 龙门乡

简　介：龙门乡属灵台县西部，地处达溪河上游的河谷山区，地势西高东低，平均海拔1450米。因靠近陕西，地处龙山南缘陇县境内的道教圣地，有"第二华山"之称。因全真派创始人王重阳的高徒——元代真人丘处机修成正果之处的龙门洞（古名灵仙岩，又名景福山）而得名。解放前归龙门乡，解放后设龙门区，1957年撤区并乡时设龙门、喂马两个乡，1958年设龙门公社，同年10月撤公社并入朝那公社，1961年又恢复龙门公社，1983年社改乡。年平均气温8℃，四季分明，降水量较丰富，年平均降水量640毫米，年日照总时数2400小时，无霜期148天。流域面积142.8平方公里，全乡辖9个村民委员会，57个村民小组1486户，4634人，其中农业4412人，非农业222人。有耕地面积30467.5亩，其中川地3614亩，旱塬地3786亩，山地23067.5亩，人均耕地6.5亩，粮食作物以小麦、玉米为主。

（四十三）平凉市崇信县

0126 崇信县

简　介：崇信建县于北宋建隆四年（963），全县现辖2镇4乡，79个行政村，410个合作社。总土地面积850平方公里，有耕地37万亩。泾河的主要支流汭河、黑河自西向东贯穿全境，年径流量近2亿立方米。煤炭资源相对富集，已探明储量18.2亿吨。有国家4A级旅游景区龙泉寺，省级风景名胜区五龙山，省级森林公园唐帽山，国家级文物保护单位武康王庙，有仰韶、齐家等文化遗址多处。

0127 黄寨乡

简　介：相传唐末农民起义首领黄巢屯兵于老爷山，后有人居住于此，姓黄者居多，多为黄巢一族后裔，故又得名黄寨。位于崇信县西北部塬区，东接柏树乡，南邻锦屏镇，西连崆峒区大寨乡，北依崆峒区白水乡，距县城西北15公里。1962年设黄寨人民公社，1983年设黄寨乡。2011年末辖屈家洼、白新庄、黄土、张明洼、北沟、黄寨、茜洼、甘庄、马寨、水泉洼、大麦沟11个行政村，56个村民小组。

0128 柏树乡

简　介：柏树旧有柏林寺，有古柏2株，先有柏后有寨，故名"柏树寨"。位于崇信县北部塬区，东邻泾川县，距国道312线6公里，西距县城25公里，南依锦屏镇，北靠崆峒区花所乡。1961年设柏树乡人民公社，1983年设柏树乡。2004年撤高庄乡并入柏树乡。2011年末辖陶坡、张湾、闫湾、马新庄、吴家湾、木家坡、柏树、三星、党洼、东风、申家庄、信家庄12个村民委员会，59个村民小组。

0129 锦屏镇

简　介：因城南面山繁花似锦，绚烂如屏而得名。位于崇信县中部，东接泾川县汭丰乡，南临木林、黄花两乡及新窑镇。西连华亭县安口镇，北靠黄寨乡、柏树乡和崆峒区大寨回族乡。为县人民政府所在地，是全县最大的农业乡镇，距平凉市52公里。1958年设立锦屏公社，1984年设锦屏镇。2005年撤销铜城、九功两乡，将原铜城乡9个行政村，44个合作社和原九功乡8个行政村，35个合作社整体合并到锦屏镇。2011年末辖东庄、马沟、魏家沟、杜家沟、铜城、杜家原、庙台、赵湾、关河、关村、东街、西街、梁坡、枣林、刘家沟、薛家湾、平头沟、姚家洼、李家沟、新集、野雀、长兴、冉李、九功、文家咀、于家湾26个村民委员会132个村民小组和一个街道办事处。

0130 新窑镇

简　介：原名毛家堡，明代以前，就有人在此地创办煤窑、陶瓷窑，因建窑时间在安口窑之后，故名"新窑"。位于崇信县西南山区，东依黄花乡，西连华亭县安口镇，北依锦屏镇，南与陕西省陇县接壤，镇政府驻地赤城村街道，总面积201.03平方公里。距县城24公里，1961年设新窑公社，1986年设新窑镇。2003年12月，撤销原赤城乡，将高年、水磨2村并入黄花乡，赤城、周寨、黄庄、西刘、杨安、宰相6村并入新窑镇。2011年末，辖西刘、宰相、杨安、赤城、周寨、黄庄、新窑、柏家沟、大兴、戚家川、青泥沟、寨子、后庄13个村，65个合作社。

（四十四）平凉市华亭县

0131 华亭县

简　介：华亭位于甘肃省东部、关山东麓，东临崇信县，西连庄浪县和宁夏回族自治区泾源县，南接张家川回族自治县和陕西省陇县，地处陕甘宁三省（区）交汇处。华亭历史悠久，北魏普泰二年立华亭镇，因皇甫麓有华尖山亭而得名。隋大业元年（605）置华亭县。中华人民共和国成立后仍置华亭县。1958年12月撤县并入平凉市。1962年恢复华亭县至今。现辖5镇、5乡、1个街道办事处、1个省级工业园区，101个行政村，26个社区。

（四十五）平凉市静宁县

0132 静宁县

简　介：静宁位于甘肃省东部，平凉市西部。地处黄土高原中部，黄河支流渭河上游的葫芦河流域，六盘山之西，华家岭之东，东毗宁夏隆德县，南临天水市秦安县，西连定西市通渭县，北靠宁夏西吉县，西北与白银市会宁县接壤，东南与庄浪县相依。静宁历史悠久。西汉以来，境内先后有过成纪县、阿阳县、陇干县、德顺军、德顺州的建置。元大德八年（1304）改德顺州为静宁州，静宁二字始见史册。历明、清二代，至辛亥革命后废州，改为静宁县，沿用至今。现辖城关、威戎、界石铺、李店、八里5个镇，城川、司桥、曹务、古城、双岘、雷大、余湾、仁大、贾河、深沟、治平、新店、甘沟、红寺、四河、细巷、三合、原安、灵芝19个乡，共24个乡级政区；有6个居民委员会、333个村民委员会，下设13个居民小组、2310个村民小组。

（四十六）庆阳市西峰区

0133 庆阳市

简　介：庆阳位于甘肃东部，鄂尔多斯盆地东南部，地势状如簸箕，故有"陇东盆地"之称。地形山、川、原相间，以山地为主。主要山脉东部有子午岭，北部有羊圈山。东接陕西省宜君、黄陵、富县、甘泉、志丹，西南部与平凉市崆峒区、泾川县及陕西长武、彬县、旬邑县交界，西连宁夏彭阳、同心县，北邻陕西吴起、定边及宁夏盐池县。辖区东西最大距离208公里，南北最大距离207公里，总面积27119平方公里，距省会兰州市区500公里。截至2013年底，全市现辖西峰、庆城、镇原、宁县、正宁、合水、华池、环县8县区，下辖3个街道，40个镇，76个乡，59个居民委员会，1261个村民委员会，9107个村民小组。境内石油、天然气和煤炭藏量最为富集。境内有林地821.39万亩，森林覆盖率25.3%。植物有1113种，特稀树种有杜仲、椴树、漆树、银杏、文冠果。粮食作物以小麦、玉米、小杂粮为主。主要经济作物有油菜、胡麻、紫苏（荏籽）、黄花菜、白瓜籽、蔬菜、瓜类、烟叶等。畜牧业以饲养牛、驴及猪、羊为主。名优特农产品有苹果、白瓜籽、黄花菜、荞麦、杂豆、什社小米、早胜黄牛、环县滩羊、陇东黑山羊、宁县曹杏、九龙金大枣、镇原红杏、正宁大葱等。地方特色民间艺术有陇剧、陇东道情皮影、庆阳民歌、荷花舞、徒手秧歌、民间唢呐、香包刺绣、剪纸、皮影雕刻及泥塑和民俗文化。

（四十七）庆阳市正宁县

0134 正宁县

简　介：正宁县隶属于甘肃省庆阳市，位于甘肃省庆阳市东南部，子午岭西麓，东与陕西省黄陵县以子午岭为界，南与陕西省旬邑县，西南与陕西省彬县相邻，西与陕西省长武县以泾河为界，北与甘肃省宁县相接，全县幅员面积1330.9648平方公里。正宁县辖4镇，6乡（2011年末），共7个社区，94个村，677个村民小组，总人口24万人。

（四十八）庆阳市华池县

0135 华池县

简　介：地处甘肃庆阳市东北部，东北与陕西省志丹县接壤，东南与合水、庆城县相连，西与环县毗邻，北与陕西省定边、吴起县接境。因原古县城（今林镇乡东华池故城）北山腰一泓清泉，内生荷花名"花池"而得名，雅称"华池"。古为禹贡雍州之域。秦属北地郡义渠县。民国西北部为庆阳县元城（第四）区，东南部为合水县太白区，先后属陇东道和泾原行政区。1934年2月至11月，陕甘边区革命委员会陕甘边区苏维埃政府先后在南梁先后成立，同时置华池县，驻地在南梁何沟门，下辖白马、山庄、南梁、林镇4个区12个乡。1934年12月县西部置庆北县，下辖柔远、田河、城壕、定汉4个区12个乡。1937年9月庆北、赤庆县并入华池县，驻地悦乐镇，下辖10个区。先后属陕甘省、陕甘宁省、陕甘宁边区庆环、陇东分区。1949年辖9个区42个乡。新中国成立后，属庆阳专区。白豹、吴旗划归吴旗县。1955年2月属平凉专区，1958年3月撤区设乡，全县辖11个乡。4月，华池县并入庆阳县。1962年1月，恢复华池县，属庆阳专区，下辖19个公社，下设116个大队。1965年末辖14个公社，下设97个大队。1980年5月，增设为19个公社（同1962年）。1983年11月，公社改称乡，辖19个乡114个村。2006年9月撤并李良子、温台、定汉、庙巷4乡，全县辖15个乡镇。

0136 上里塬乡

简　介：上里塬乡位于华池县西南部，距县城64公里。地处庆城县、环县、华池县三县交界处，与本县五蛟乡、王咀子乡，庆城县三十里铺镇、马岭镇及环县曲子镇相邻。因地处残塬，故属阜城里，民间称南川为下里，北塬为上里，故名"上里塬"。全乡辖6个行政村，37个村民小组，农业人口1418户，6220人。上里塬为黄土高原沟壑残塬区，属子午岭林缘区，气候温润，平均海拔1430米，年平均降雨量512.3毫米，年平均气温8.9℃，全年无霜期170天。总土地面积98平方公里，其中耕地23000亩、牧草地14000亩、林地17000亩、宜农宜林地11000亩。境内盛产的冬小麦、黄花菜、核桃、花椒久负盛名。

0137 南梁镇

简 介：南梁位于庆阳市东北部华池县的东端，东北与陕西的吴起县、志丹县接壤，处在陕甘交界的桥山山脉北段的子午岭天然森林区。南梁因南梁堡而得名，南梁堡是清末民众为御匪而筑的土堡子。第二次国内革命战争时期，刘志丹、谢子长、习仲勋等同志开展游击活动并在此建立了陕甘边区苏维埃政府。20世纪30年代，刘志丹、谢子长、习仲勋等老一辈无产阶级革命家创建了以南梁为中心的陕甘边革命根据地，1934年11月7日在甘肃南梁荔园堡成立了中国西北第一个工农民主政权——陕甘边区苏维埃政府。1935年，陕甘边革命根据地与陕北根据地连成一片，形成辖区达3万平方公里，人口90万的西北革命根据地，成为第二次国内革命战争后期我党"硕果仅存"的革命根据地。南梁革命纪念馆1987年11月7日正式落成，胡耀邦、陈云、习仲勋以及在陕甘边革命根据地工作过的老同志亲笔题词。1994年12月被中共甘肃省委确定为全省爱国主义教育基地，2000年5月被甘肃省国防教育委员会确定为全省国防教育基地，2001年6月被中共中央宣传部确定为全国爱国主义教育示范基地，2004年被列入全国首批百个红色旅游经典景区，2009年被列入全国国防教育基地，并被评为国家AAA级旅游景区。

0138 悦乐镇

简 介：悦乐，古称业乐。据《华池县志》记载，宋时蕃部内附，范仲淹筑此城纳入，起名业乐，即安居乐业之意，后人将业乐俗传为"悦乐"。悦乐镇位于华池县南部，打庆公路穿境而过，交通相对便利。地处陇东黄土高原区，属典型的黄土高原沟壑地貌，总面积312平方公里，耕地约6.05万亩，平均海拔1250米。属内陆季风气候，年平均气温12℃，无霜期145—160天，年降雨量320—510毫米，年均日照时间2501.2小时，柔远河与元城河穿境而过。全镇森林总面积为16万亩，森林覆盖率34.2%。悦乐镇现辖悦乐社区、温台社区两个社区和悦乐、新堡、上堡子、店坪、樊庄、乔崾岘、田掌塬、高河、杜河、张桥、温台、肖掌、鸭洼等14个行政村，83个村民组。

（四十九）庆阳市合水县

0139 合水县

简　介：合水县是华夏民族的发祥地之一，秦直道穿境而过，唐薛王李隆业的封地，陕甘宁边区的一部分，"黄河古象"化石的出土地，新兴石油煤炭基地，中国优质苹果红富士、黄花菜、薄皮核桃的产地。东与陕西省富县接壤，南与宁县相邻，西与庆城县毗连，北接华池县和陕西省志丹县。县城驻西华池镇，距庆阳市区55公里。2013年末辖西华池、老城、太白、板桥4个镇，吉岘、肖咀、段家集、固城、太莪、店子、何家畔、蒿咀铺8个乡，永宁路、文化路、乐蟠路、老城、太白5个城市社区，80个村民委员会、498个村民小组。辖区东西最大距离138公里，南北最大距离80公里，总面积2942平方公里，人口密度为每平方公里58.6人。

0140 太莪乡

简　介：古时置过"大"字号仓廒，故称太廒，后演变为太莪。太莪乡东接太白，南连固城，西邻店子，北邻蒿咀铺，乡政府驻太莪村，距县城27公里。清属合水县东华池里七甲，中华民国属合水县四区，陕甘宁边区时属合水县店子区，民国三十六年（1947）4月国民党占领后称店子乡，民国三十八年（1949）7月，人民解放军收复合水后改称三区。1958年10月并入店子乡，随即改称红旗人民公社，年底撤销合水县，归属宁县，1961年12月复属合水县店子人民公社，1980年分设太莪人民公社，1983年4月改称太莪乡。2011年末辖北掌村、关良村、太莪村、黑木村、罗塬村、邢坪村6个村民委员会，29个村民小组。

0141 老城镇

简　介：原称城关，亦称老合水城，以古县治而得名。1985年3月由城关乡改现名。老城镇东连蒿咀铺乡，南与板桥乡接壤，西靠华池县城壕、庆城县南庄两乡，北接华池县林镇、定汉寺两乡。清属合水县东华池里一甲，中华民国属合水县一区，陕甘宁边区时属合水县城关区，民国三十六年（1947）4月国民党占领后称城关镇，民国三十八年（1949）7月，解放后改称城关区。1957年3月改称城关乡，1958年10月改称东风人民公社，年底属庆阳县，1961年12月复属合水县，称城关公社，1983年4月改称城关乡，1985年3月改称老城镇。2003年5月，撤销定祥、柳沟、杨坪三乡建制，将杨坪乡、柳沟乡小塬子村纳入老城镇辖区。2011年末辖东关、水沟、牧家沟、庙庄、赵塬、寺塬、小塬子、杨坪8个村民委员会、46个村民小组，1个城市社区。

0142 太白镇

简　介：因古时在此建有太白庙而得名。东邻陕西省富县、北靠华池县和陕西志丹县，是庆阳市的东大门。距县城92公里。清属合水县东华池里九甲，中华民国属合水县一区，陕甘宁边区时称合水县太白，民国三十六年（1947）4月国民党占领后称太白绥靖区，民国三十八年（1949）7月，人民解放军收复合水后改称太白区。1955年10月称太白乡。1958年10月改称超英人民公社，1958年底属庆阳县，1961年1月属子午岭农垦局，1961年12月复属合水县，称太白人民公社，1983年4月改称太白乡，1985年3月改称太白镇。2011年末辖连家砭、牛车坡、太白、安子坪、莲花寺、葫芦河共6个村民委员会、24个村民小组，1个社区，3个国营林场。

0143 段家集乡

简　介：因当地以段姓居多且有集市，故名段家集。段家集乡东接宁县盘克乡，西邻肖咀、吉岘两乡，背靠固城乡，距县城20公里。清属宁州，中华民国时属宁县肖咀乡，民国二十九年（1940）2月划归合水县，陕甘宁边区时属合水五区，民国三十七年（1948）国民党占领后属宁县肖咀乡，民国三十八年（1949）7月，人民解放军收复合水后属合水县肖咀区。1956年2月撤肖咀区，设段家集乡。1958年10月属肖咀乡，随即改称红星人民公社，年底归属宁县，1961年7月设段家集人民公社，1961年12月复属合水县，称段家集人民公社，1983年4月改称段家集乡至今。2011年末辖段家集、化沟、北头、王庄、枣洼、宜州6个村民委员会，35个村民小组。

0144 蒿咀铺乡

简　介：地处山咀，蒿草丛生，古称蒿土峪铺。是行人经子午岭时必宿之地，后称蒿咀铺。蒿咀铺乡北接华池县，东临太白镇，南与太莪乡接壤，西与老城镇相邻。清属合水县东华池里一甲，中华民国属合水县一区，陕甘宁边区时属合水县城关区，1947年4月国民党占领后属城关镇，1949年7月，解放后属合水县城关区。1957年3月将蒿咀铺、李家渠和城关并为城关乡，1958年10月改称东风人民公社，年底撤销合水县，归属庆阳县，1961年7月从城关人民公社分设蒿咀铺人民公社，1961年12月恢复属合水县建置，称蒿咀铺人民公社，1983年4月改称蒿咀铺乡。2011年末辖蒿咀铺、陈家河、九站、张举塬共4个村民委员会，24个村民小组。

0145 西华池镇

简　介：古时县城南沟掌有一湫，荷花盛开，称为"花池"，雅称华池，又因地处县城西部，故称。西华池镇地处合水县城，东接固城乡，南邻吉岘乡，西与何家畔乡接壤，北靠板桥乡。清属合水县西华池里一甲，中华民国属合水县三区，陕甘宁边区时属合水县西华池区，民国三十六年（1947）4月国民党占领后属西华池镇，民国三十八年（1949）7月，解放后改称西华池区。1955年10月撤西华池区，设三里店、华市、师家庄3个乡。1958年10月将三里店、华市、师家庄三乡并为西华池乡，随即改称卫星人民公社，1958年12月并入宁县，1961年12月复属合水县，称西华池公社，1983年4月改称西华池乡，1985年3月改称西华池镇。2011年末辖孙家寨沟、杨沟崂、三里店、唐旗、华市、黎家庄、师家庄、严沟圈8个村民委员会，70个村民小组，乐蟠路、文化路、永宁路3个居民委员会。

（五十）庆阳市宁县

0146 宁县

简　介：宁县位于甘肃省东部，是甘肃省东南边境县份之一。海拔在1000到1200米之间，其中县城所在地新宁镇海拔1000米。东依子午岭，南接陕西，北靠宁夏，西临泾、蒲二河，距黄陵160公里，西安200公里，兰州510公里。扼甘、陕、宁三省之要冲，是三省结合部人流、物流、信息流、资金流的窗口，具有显著的区位优势。1949年8月新宁县人民政府改称宁县人民政府，1955年2月改宁县人民政府为宁县人民常委会，1980年12月撤销宁县革命委员会，成立宁县人民政府。

0147 南义乡

简　介：周朝时，周赧王建都于庆城县，相传周先祖在此地掘得一井，用之不竭，解决了行军之艰，被王赞之为"义井"，又因其地处庆城之南，故名南义井，后人简称南义。明朝由宁州知州马彦卿主持修筑南义城。解放前南义为镇公所，解放后设南义区政府。1958年公社化时，合并进城关公社，1959年与城关分设，成立南义公社。1983年南义公社改名为南义乡政府。地处宁县北部，东临春荣乡、湘乐镇，西接瓦斜乡，北与合水县接壤，南和新宁镇为邻。距县城16公里，距庆阳市52公里。下辖11个自然村，下设64个村民小组，全乡22560人，以林果、农牧业为主，属温带半干旱半湿润大陆性气候，国道211线穿境而过，境内全长12.2公里，马莲河流经南义乡，著名历史人物有元附马征西大元帅刘昺。

0148 平子镇

简　介：平子镇位于宁长二级路南边，全镇共辖18个行政村，全镇共8396户，37705人，58375亩耕地面积，街区面积1.5公里，2013年人均纯收入为4988元，街区面积1.5公里，共有人口4414人，其中农业人口为3189人。

（五十一）庆阳市镇原县

0149 镇原县
简 介：镇原县位于甘肃省庆阳市西南部，东临庆城县、西峰区，西接宁夏回族自治区彭阳县，南界平凉市泾川县、崆峒区，北靠环县。平均海拔 1450 米；南北长 91.24 公里，东西宽 78.3 公里；总土地面积 3500 平方公里，折合 524.97 万亩。

0150 马渠乡
简 介：过去称马渠原，以姓氏和地形取名。马渠乡位于镇原西北部，辖马渠、唐塬、四坪、红光、赵渠、甘川、三合、汪庄、景塬、梁寨、花岔 11 个村民委员会，81 个村民小组。1983 年 12 月改为马渠乡。

0151 临泾乡
简 介：西汉设临泾县，元初改为镇原县，留名沿用。临泾乡位于镇原县城东北部，距县城 15 公里，东接太平镇，南界城关镇、屯字镇，西邻开边镇，北毗孟坝镇，素有"文化之乡"的美称。境内半山半塬，属黄土高塬沟壑区，地势自西向东倾斜，东西长约 22 公里，南北宽约 7.5 公里。全乡总土地面积 28.01 万亩，耕地面积 9.46 万亩。平均海拔 1302.9 米，年平均气温 9.9℃，无霜期 150 天，年降雨量 400 至 500 毫米。全乡共辖 14 个村委会，114 个村民小组。民国十七年，镇原县分为五区，临泾为第一区。解放初，设临泾区，1956 年撤区改为基点乡，1958 年 3 月改为临泾乡，9 月成立超英人民公社，12 月改称临泾人民公社，1961 年分为临泾、什字两个人民公社，1965 年合并为临泾人民公社，1983 年复称临泾乡。

0152 太平镇
简 介：北魏太延二年（436），太平置高平郡，后改太平郡，故名。太平镇位于庆阳市西部，镇原县东部。东临蒲水与西峰区后宫寨毗邻，南邻上肖，西靠临泾，北与孟坝接壤。总面积 233 平方公里，耕地面积 9.8 万亩。距西峰、县城均 29 公里。地势西北高东南低，交口河、蒲河横穿镇域东西两边，形成北至孟坝、南至北魏万佛寺的一个斜长塬面，山、川、塬兼有，以黄土、沙土为主，黄土高原残塬沟壑地形，平均海拔 1210 米。属半湿润性大陆温带季风气候，年日照率 55%，平均气温 7.6—9.5℃，平均降雨量 400—500 毫米，无霜期 152 天。全镇共辖柴庄村、大塬村、丁岘村、何湾村、俭边村、兰庙村、老庄村、南庄村、上城村、柳咀村、席兰村、枣林村、慕坪村 13 个行政村，172 个自然村。解放初设太平区，1956 年 4 月撤区改为基点乡，1958 年 3 月改为太平乡，同年 9 月撤销乡，成立太平人民公社，1983 年

12月复称太平乡，2002年7月改为太平镇。2004年撤乡并镇时，原彭阳乡何湾村、上城村、柳咀村、彭阳村并入太平镇。

0153 新集乡

简　介：明初在现新集乡驻地西北20里处的柳家新集，设立集市，贸易活跃，故由此得名。新集乡地处镇原县东北部，东临西峰区，西接方山乡，南界孟坝、太平两镇，北连庆城县。全乡共辖12个行政村，96个自然村，总土地面积215.6平方公里。明属镇原县西壕里。清先后属广积里、舒长里孟坝寺镇。民国属孟坝镇、第五区。1949年8月设新集区。1958年春分设王寨乡，同年10月与王寨合并成立新集人民公社。1961年6月分设王寨公社。1965年3月王寨公社又并入。1980年复分新集、王寨公社。1983年12月改称乡。2004年12月王寨乡并入。

0154 新城乡

简　介：宋代原州在此修筑城堡防御，故称新城。新城乡位于镇原西南部，南临平凉，西濒宁夏固原，平均海拔1400米，年均降雨量400—500毫米，平均气温9.7℃，全年无霜期140—170天。全乡共辖14个行政村，139个村民小组，总面积34.08万亩，耕地面积14.2万亩，山、川、塬兼有。新城乡历史悠久，物华天宝，人杰地灵，沃土平畴。眉肖公路穿境而过，是庆平两市经济文化发展交流的融汇之地。宋代属原州，元朝属镇原州。1958年3月改为新城乡。1958年10月成立人民公社。1978年撤销人民公社，恢复乡建制。2003年将小岘乡整体并入。

0155 开边镇

简　介：相传唐时敬德在此开鞭兴业而得名，后写为开边。中华人民共和国成立后为开边区。1958年3月改为开边乡，同年9月撤乡成立五星人民公社，12月改称开边人民公社。1983年12月复称开边乡。2002年10月撤乡建镇。开边镇东接城关镇，西邻武沟乡，南靠郭原乡，北毗庙渠乡。

0156 殷家城乡

简　介：元时因殷天龙、殷天虎、殷天豹兄弟三人在此修建城堡防御匈奴侵犯，故得名殷家城。殷家城乡地处镇原县最北部，距县城101公里，东邻环县演武乡，南依三岔镇，西接宁夏彭阳县冯庄乡，北连环县车道乡。1984年1月更名为殷家城乡。

0157 上肖乡

简　介：自古以泾川县荔堡为基准。下8里有荔堡镇的下肖村，上8里有镇原县的上肖村，故得名。上肖乡位于镇原县东南部，地处两市（庆阳、平凉）三县区（西峰、泾川、镇原）六乡镇（肖金、荔堡、洪河、屯字、太平、上肖）结合部，是省农科院镇原旱地农业实验站所在地。全乡共辖11个行政村，103个自然村，总面积168.2平方公里，耕地面积75641亩。其中塬地44500亩，占58.8%；山地30476亩，占40.3%；人均占有耕地2.1亩。解放初设上肖区，1956年撤区改为基点乡，1958年3月改为上肖乡，同年8月人民公社化后隶属屯字人民公社，1961年6月成立上肖人民公社，1983年12月复称上肖乡。2004年撤乡并镇时，将原彭阳乡石崖村并入。

0158 屯字镇

简　介：相传古时市镇布局颇似"屯"字形，故名。屯字镇位于镇原县东南部，距县城25公里。镇域东接上肖乡，西连城关镇，南界泾川县，北与太平镇、临泾乡毗邻，东西长

14公里,南北宽约17公里。现辖20个行政村,163个自然村,总土地面积237.3平方公里,耕地面积14.5万亩,其中,山地73595亩,川地10424亩,塬地38447亩,人均占有耕地2.48亩。平均海拔1300米,年平均降雨量450毫米,年平均气温10℃,全年无霜期180天。屯字自古为华夏故土,历史悠久,明万历年前称为大丰里,之后改称屯字,民国十七年(1928)设立镇原第二区,解放后划区管乡,几经变迁,几易其名,至1980年改称屯字人民公社,1984年1月改称屯字乡(人民政府),1985年7月撤乡建镇,2004年12月撤乡并镇,将原曙光乡和彭阳乡的闫沟、建华并入屯字镇,成为镇原人口最多的乡镇。

0159 庙渠乡

简 介：称石佛原,又称庙宇群,旁居苟姓,以其姓氏、地形及建筑物取名苟家庙渠,今简称庙渠。庙渠乡地处镇原县西北部,东临孟坝镇,西靠马渠乡,南界开边镇,北接三岔镇、方山乡。属黄土高原梁峁沟壑区,境内山塬兼有,沟壑纵横。辖区总面积220平方公里,耕地面积8.64万亩,人均4.5亩,其中,塬地19850亩,山地63574亩,川地2976亩。平均海拔1450米,年平均降水量450毫米左右,无霜期160—180天。全乡共辖9个村民委员会,88个村民小组。解放初为庙渠乡。1956年4月隶属三岔区。1958年3月撤区建乡,9月撤销。1959年9月为庙渠大队,隶属马渠人民公社。1961年6月成立庙渠人民公社,1965年1月撤销,交归马渠人民公社。1966年5月由马渠分出,成立人民公社,1983年12月改称乡。

0160 孟坝镇

简 介：相传孟坝有一姓孟的人生意兴隆,集市贸易被他一家独霸,人称孟霸而得名,后写成孟坝。孟坝镇位于镇原县城北部,东接太平镇,南邻临泾乡,西靠庙渠乡,北连新集乡。总土地面积35.25万亩,耕地面积12.4万亩,其中,塬地66800亩,山地54000亩,川地3200亩。全镇地势西北高,东南低；平均海拔1495米,年平均降雨量460—585毫米,年平均气温7.3—9.0℃,全年无霜期168天。全镇共辖14个行政村,149个自然村,1个社区,总耕地面积12.4亩,其中,山地6.68万亩,塬地5.4万亩,川地3200亩。镇域面积235平方公里。1940年5月中共镇原县委、县抗日民主政府驻孟坝,1958年3月撤区设乡,同年9月成立孟坝人民公社,1983年12月复称孟坝乡,1985年7月撤乡建镇。

0161 平泉镇

简 介：古时当地平地出一水泉,故名平泉。平泉镇位于镇原县西南部,省道318线穿境而过,距离县城32公里,距宝中铁路平凉站60公里。全镇共辖16个行政村,1个社区,159个自然村。东邻南川乡、泾川县党原乡,南接中原乡,西连新城乡,北毗城关镇、郭原乡。镇域面积227平方公里,耕地面积13.07万亩,其中,山地62347亩,川地5982亩,塬地62378亩。平均海拔1450米,年降雨量400—450毫米。境内交通便捷,信息灵通,商贸活跃,经济繁荣,教育发达,是镇原县南部重要的交通、物流、文化、商贸中心。1996年被省列为农村小城镇建设示范镇,1999年被省列为小城镇综合改革试点镇。新中国建立初为平泉区,1950年3月并入新城区。1953年恢复平泉区。1956年改为基点乡。1958年撤基点乡为乡,同年

10月改为人民公社。1961年6月分设为平泉、洪河两个人民公社。1965年3月洪河人民公社并入平泉人民公社。1979年3月成立湫池人民公社。1983年12月人民公社改称乡。1985年7月撤乡建镇。2004年12月湫池乡整体并入。

（五十二）庆阳市环县

0162 环县

简　介：环县是陕甘宁边区革命根据地的重要组成部分，甘肃陇剧的发祥地，中国"道情皮影之乡"和"小杂粮之乡"。隋开皇十九年（599）置环州（治在今宁夏中宁县鸣沙镇），以大河环曲为名。后晋置威州，治所在通远（今环城）。五代周广顺二年（952），为避太祖郭威讳，移用隋称，改为环州，县名因之。地处甘肃省东部、庆阳市西北部，东与华池县相邻，南与庆城县、镇原县接壤，西与宁夏回族自治区固原市原州区、彭阳县相连，北与宁夏盐池县邻接。

0163 环城镇

简　介：因环江环流城厢而得名。地处环县腹地，东临樊家川乡，南与木钵镇毗邻，西与虎洞乡、合道乡接壤，北接洪德乡。唐景龙元年（707）为方渠县治所。贞元十三年（797），邠宁节度使杨朝晟筑方渠城。五代初降为方渠镇。1936年6月设立环城区。1936年10月分设马坊塬区，1938年10月撤销，分别划归环城、虎洞区。1950年6月改为第一区。1955年11月设立城关直属乡。1979年10月分设西川人民公社，1983年12月改为乡，同时环城人民公社改为环城乡。1985年3月改为环城镇。2003年8月西川乡撤销，划归环城镇。1938年5月后为县政府驻地。2011年末辖有南关、北关2个社区居民委员会，红星、五里屯、十五沟、北郭塬、赵小掌、宁老庄、漫塬、城东塬、冉旗寨、陈汤塬、十八里、鸳鸯沟、张淌、白草塬、张滩滩、西川、肖川、马坊塬、周塬、龚淌、唐塬、高龚塬、杨庙掌、耿家沟24个村民委员会。

0164 虎洞乡

简　介：虎洞以取虎家湾的"虎"与胡家洞子的"洞"而得名。虎洞乡踞环县中腹地段，扼县西北之咽喉，环固公路之要冲，古之战略要塞，今之商贸重镇。东与环城镇交界，南同合道乡毗邻，西和车道、小南沟乡接壤，北与洪德乡紧靠，距县城35公里，环县"五大川之一"的马坊川越境而过。人民政府驻贾驿村，电话区号0934，邮政编码745715，距县城35公里。1936年环县解放后设虎洞区，1958年成立虎洞人民公社，1984年改称虎洞乡，境内山脉纵横、岭梁交错、沟台四布、残塬栉毗，海拔1500—1700米。虎洞乡位于环县中部，属于温带大陆气候，冬季寒冷干燥，夏季炎热干旱，昼夜温差大，降水稀少。年均气温6.7—9.2℃，无霜期120—150天，年降水量350—400毫米。降雨集中在每年5月至10月，7、8月最多。

全乡有耕地面积14.7万亩，人均11亩，全部为旱地，以种植小麦、玉米、黄豆为主。农作物以小麦、荞麦、玉米、糜谷、豌豆、洋芋等为主，经济作物主要有胡麻、葵花、黄花、中药材等。

（五十三）定西市安定区

0165 安定区

简　介：因2003年定西地区撤地建市，定西县改称安定区。地处甘肃省中部偏南。东面和东北面与会宁县接壤，东南面和通渭县邻接，南面与渭源、陇西二县相连，西南面和临洮县交界，西面和北面与榆中县毗邻，是定西市委、市政府所在地，全市政治、经济、文化中心。秦属陇西郡。西汉元鼎三年（前114）析置天水郡，分属天水郡豲道、勇士二县。东汉中平五年（188），分置南安郡，地属南安郡豲道、勇士县。十六国时期，为前秦、西秦、后秦南安郡属地。唐代为陇右道渭州地。唐广德元年（763）后属吐蕃。宋元丰四年（1081）隶属兰州，后改属通远军。金皇统二年（1142），置定西县，为定西建县之始。金贞祐四年（1216）设定西州，辖定西、安西（今巉口镇安西古城）、通西及盐川镇。元至正十二年（1352），改定西州为"安定州"。明洪武十年（1377），置安定县，明、清两代，均属巩昌府管辖。中华民国三年（1914），改置定西县，属兰山道。1928年直辖于省。1944年7月属甘肃省第九行政督察区专员公署。1949年8月14日定西解放，8月16日成立定西县人民政府。2003年9月改设安定区，由定西市直辖。

0166 鲁家沟镇

简　介：因镇政府驻地原名"努扎谷"音译得名。地处定西市安定区北部，东与葛家岔镇、石峡湾乡相邻，南与巉口镇相连，西与榆中县韦营乡接壤，北与白碌乡毗邻。1941年12月设平西乡。1949年12月改称鲁家沟乡。1951年9月设区（第九区），辖4乡。1958年10月设鲁家沟人民公社。1983年7月改为乡。2001年10月撤乡设镇。2004年11月原御风乡并入鲁家沟镇。2011年末辖太平、小岔口、南川、将台、东风、紫云、花岔、御风、吊沟、山林、三湾、大岔、罗川、张沟、大湾15个村民委员会，下设112个村民小组。位于距定西城区42.5公里的安定区鲁家沟镇境内的平西古城系宋代城堡遗址，为省级文物保护单位。该城堡为夯土版筑，呈正方形，边长250米，南、北各有一瓮城，四角筑有方形墩台，城垣四边各有马面 5 个。残垣高 8.5—10 米，下宽 5 米、上宽 2 米，地表暴露宋代砖、瓦及瓷器、陶器残片等遗物。

0167 巉口镇

简　介：因北宋称"巉口关"而得名。地处定西市安定区北部，东与葛家岔镇相连，南接凤翔镇，西与榆中县甘草店乡接壤，北与鲁家沟镇毗邻。民国初年设巉口堡，后改为保，属平西乡。1949 年 8 月设巉口乡。1951 年 9 月设巉口区（第三区），辖 7 乡。1958 年 10 月设巉口人民公社。1983 年 7 月改为乡。2000 年 10 月撤乡设镇。2004 年 11 月景泉乡并入巉口镇。2011 年末辖巉口、康家庄、赵家铺、卅里铺、大柏林、小柏林、盐沟、胜利、松川、常川、官兴、联星、龙滩、学房、新坪、冯家岔、石家岔、上岘 18 个村民委员会，下设 122 个村民小组。位于安定区巉口镇东南面的巉口汉墓群，为省级文物保护单位。1958 年文物普查时有墓葬 20 座，其中 14 座位于铁路东侧，6 座位于铁路西侧。1976 年收集到釉陶灶、井各 1 件，陶釜 1 件。1981 年 7 月对 2 座残墓清理时，出土了绿釉陶钟、扁壶等文物。据出土文物等资料考证，为东汉墓群。1925 年出土于安定区巉口镇北面铁路和公路交叉附近东侧河沿处的新莽权衡，为王莽新朝制造的计量器。新莽权衡共计 8 件（权 5 件、衡 1 件、钩 1 件、丈 1 件），为目前全国所仅有。其中 3 件（权 2 件、衡 1 件）现陈列于中国历史博物馆，其余 5 件（权 3 件、钩 1 件、丈 1 件）现藏于台湾故宫博物院。

0168 西巩驿镇

简　介：因元代西巩设驿站而得名。地处定西市安定区东部，东邻会宁县柴门乡，南与石泉乡相连，西接青岚乡，北与新集、葛家岔两乡镇毗邻。民国时期设西巩堡，后改为保，属青西乡。1949 年 12 月设西巩驿乡。1951 年 9 月设区（第五区），辖 14 乡。1958 年 10 月设西巩驿人民公社。1983 年 7 月改为乡，2000 年 10 月撤乡建镇。2011 年末辖安乐、肖川、新寺、铧尖、寺坪、南河、中驿、花沟、新街、营坊、河畔、栗川、罗川、百页、涝池、小溪 16 个村民委员会，下设 112 个村民小组。

0169 团结镇

简　介：因回、汉民族混居，为体现民族团结而得名。地处定西市安定区南部，东邻李家堡镇，南与陇西县马河镇接壤，西连香泉镇，北接凤翔镇。民国初年设唐家堡，后改为保，属通安乡。1949 年 10 月设唐家堡乡，属通安驿区（第七区）。1958 年 10 月设团结人民公社。1983 年 7 月改为乡。2000 年 10 月撤乡建镇。2011 年末辖联庄、唐家堡、高泉、中化、小山、寒树、金花、庙川、好地掌、寒水 10 个村民委员会，下设 92 个村民小组。

0170 石泉乡

简 介：原名石坪，1953年取当地石桥、暖泉两地名首尾字而得名。地处定西市安定区东部，东邻白银市会宁县丁沟乡，南与宁远镇相连，西接李家堡镇，北与西巩驿镇毗邻。民国时期设石坪保，属青西乡。1949年8月改为石坪乡。1953年12月改为石泉乡。1958年10月改为石泉大队，属西巩人民公社。1961年10月设立石泉人民公社。1983年7月改为石泉乡。2011年末辖石泉、中寺、山庄、合营、竹林、吕坪、大坪、下坪、上川、中坪、岳曲（qù）、中山、石元、湾曲、赵河、扈峡16个村民委员会，下设108个村民小组。

0171 称钩驿镇

简 介：因元代在称钩设驿站而得名。地处定西市安定区西北部，东与巉口镇接壤，南与符川镇相连，西与榆中县高崖毗邻，北与榆中县龙泉乡接壤。民国初年设称钩驿堡。1941年12月改为乡。1961年10月设称钩驿人民公社。1983年7月改为乡。2000年10月撤乡设镇。2012年末辖新民、杨家河、白杨、梁家坪、称钩驿、周家河、新胜、好麦、阳坡、双乐、金川、川坪、平安、花园14个村民委员会，下设153个村民小组。

0172 凤翔镇

简 介：因镇政府驻地古称凤凰城得名。地处定西市安定区城郊，东接青岚山乡，南邻团结、李家堡镇，西连内官、香泉镇，北与巉口镇毗邻。1941年12月设南安镇。1949年8月改为城关乡。1951年9月设城关区（第一区），辖16乡。1955年10月改为城关镇。1958年10月设城关人民公社。1965年3月城区分出设城关镇。1983年7月改为乡。2000年4月改名凤翔镇。2011年末辖石坪、景家店、景家口、口下庄、张家庄、南甘铺、小西岔、丰禾、花坪、吴家川、西甘铺、北甘铺、柏林、福台、上台、响河、中川、李家咀、义安、永安、中岔、李家岔、安家坡、榆河、友谊、永定、东河27个村民委员会，下设164个村民小组。

0173 青岚山乡

简 介：因山间青烟缭绕，多生岚气而得名。地处定西市安定区东部，东邻西巩驿，南与李家堡镇接壤，西与凤翔镇相连，北与葛家岔镇毗邻。民国初年设青岚堡，后改为保，属青西乡。1949年8月设青岚山乡，属西巩区。1958年10月改称青岚人民公社。1983年5月改为青岚山乡。2011年末辖青岚、青湾、郑沟、付家、原坪、赵家岔、花岔、车门川、大坪、郭川、榆林、打鹿、青义、贾川、下湾、庙坪、王湾、任川、红庄、上坪20个村民委员会，下设127个村民小组。

0174 杏园乡

简 介：因乡政府驻地原有一处杏树园而得名。地处定西市安定区东南部，东南与通渭县马营镇接壤，西南与陇西县宏伟乡相接，北与宁远镇相邻。民国时期设杏园保，属宁远乡（镇）。1949年8月设杏园乡，属宁远区。1958年10月改为大队，属宁远人民公社。1964年6月成立杏园人民公社。1983年5月改为乡。2011年末辖李家河、康家庄、牛营、南家川、朱家湾、郑家川、白虎、刘家湾、张家山9个村民委员会，下设76个村民小组。

（五十四）定西市通渭县

0175 通渭县

简　介：通渭县为"中国书画艺术之乡""中国民间文化艺术之乡""全国体育先进县""全国粮食生产先进县"，中国工农红军一方面军"榜罗镇会议"遗址被列入"全国100个红色旅游经典景区"。北宋熙宁元年（1068），秦凤路副总管杨文广于擦珠谷（今什川乡古城沟）筑一土堡，赐名通渭堡，熙宁五年（1072）升通渭堡为通渭寨，属秦凤路通远军（治今陇西）辖。宋崇宁五年（1106），升通渭寨为通渭县，辖于巩州，此为"通渭县"得名之始。

0176 鸡川镇

简　介：因宋以前为吐蕃部族的居住地"青鸡川"，金设鸡川县而得名。地处通渭县东部，东与新景乡相连，南与秦安县魏店镇接壤，西与碧玉乡相邻，北与陇山乡毗连。中华人民共和国成立前设鸡川镇。1950年3月设鸡川区。1961年7月设鸡川区工委，辖5个公社。1964年5月设鸡川人民公社。1983年9月改人民公社为鸡川乡。2001年11月为鸡川镇。2011年末辖许家堡、司川、上店、金城、水连、荀家堡、牛家坡、荀家岔、永和、太平、丁家店、杨家川、上马家、四合、川道15个村民委员会，1个社区居委会，下设148个村民小组。

0177 马营镇

简　介：清康熙十四年（1675），改安定监为马营监，马营由此而得名。地处通渭县西北部，东与北城铺乡、平襄镇毗连，南与第三铺乡、什川乡相接，西与安定区宁远镇、杏远乡接壤，北与华家岭乡相邻。中华人民共和国成立前设马营镇。1949年11月设马营区。1958年8月为马营公社，1983年9月为马营乡，1997年4月为马营镇。2004年6月撤乡并镇，锦屏、黑燕山2乡整建制并入马营镇。2011年末辖东关、马营、西堡、涧滩、吕杨、华川、油房、双合、长川、花林、三元、营滩、龙头掌、邵家滩等35个村民委员会。

0178 碧玉乡

简　介：因境内牛谷河中游峡谷——碧玉关而得名。地处通渭县城东南部，东邻鸡川镇和秦安县，南邻襄南乡，西接平襄镇，北依陇阳乡和陇山乡。中华人民共和国成立后属鸡川区辖。

（五十五）定西市陇西县

0179 陇西县

简　介: 因地处陇山之西曾设陇西郡而得名。地处甘肃省东南部，定西市中部，渭河上游。东连通渭县，南邻武山、漳县，西接渭源县，北靠安定区。中华人民共和国成立伊始，隶属岷县分区。1950年5月，归天水专区和定西专区。2003年4月为定西市属县。现辖巩昌、文峰、首阳、菜子、福星、马河、碧岩、通安驿、云田9个镇，永吉、和平、渭阳、权家湾、宏伟、德兴、双泉、柯寨8个乡，共17个乡级政区，辖11个居民委员会，215个村民委员会，下设1287个村民小组。陇西历史悠久，为历代郡、州、府所在地的西陲要镇。是"中国黄芪之乡""中国药都""中国腊肉之乡"；是天下李氏族人祭祖之地。

0180 云田镇

简　介: 云田，据清乾隆《陇西县志》载："陇西有耕夫村，其田曰：云下田，谓地泽而美也"，地称"云下田"，故得名云田。地处陇西县城北部，东与渭阳乡接壤，南与文峰镇、巩昌镇相邻，西连福星镇，北靠通安驿镇。明朝时，现陇西县境内分为6厢3坊23里，云田是其中一里（官卓里）。1935年设云田乡。1950年5月设居龙、正兴、安居乡。1959年5月成立云田公社。1983年7月改为云田乡。2000年4月改为云田镇。政区划分现辖三湾、北站、杜家门、李家门、咀头、石家门、北三十里铺、北二十里铺、上大道、安家咀、张家岔、回岔、神家川13个村民委员会，下设52个村民小组。

0181 文峰镇

简　介: 以镇东南山坪上的清代古建筑文峰塔而得名。地处陇西县东南部。东与和平、永吉乡接壤，南与武山、漳县相邻，西靠巩昌镇，北连云田镇。1935年设文峰镇。1949年11月将紫来乡、翠屏乡、文峰镇合建为东山区。1955年10月设文峰镇。1958年9月为文峰公社文峰管理区。1961年4月，成立文峰、东铺公社。1964年5月，东铺和文峰公社合并为文峰公社。1965年5月设文峰镇。1970年8月，文峰镇并入文峰公社。1980年8月，镇社分设。1983年7月文峰公社改为文峰乡，1988年10月并入文峰镇。

2004年6月，三台镇、宝风乡整体并入文峰镇。政区划分现辖尉家店、孙家坪、迎春堡、安家门、东三十里铺、东四十里铺、苟家山、曲家山、小湾、鄂窑沟、蒲兴、火焰、三台、戴家坪、三坪、八盘、乔家门、张家磨、仙家门、中山、桦林、东梁、马家渠、荣丰、汪家坡、彭家山、黄家门27个村民委员会和铁路、开发、交通、站北、东铺5个居民委员会。

0182 双泉乡

简　介：因境内胡家门村祁家湾有两眼泉而得名。地处陇西县北部，东与柯寨、德兴乡相连，南与首阳镇隔河相望，西与渭源县路园镇接壤，北与渭源县北寨镇毗邻。解放前为首阳镇所辖，1950年5月设望月乡、众益乡，1953年3月设双泉、望月、众益3乡，1955年10月合并为双泉、众益乡，1956年3月合并为众益乡，1958年9月归属首阳公社管辖，为双泉、众益管理区，1961年4月成立双泉公社，1983年7月改为双泉乡。政区划分现辖乱羊口、胡家门、牛家门、何家沟、高家湾、西岔湾、王家岔、林家山8个村民委员会，下设54个村民小组。

0183 通安驿镇

简　介：因史上曾设通安驿驿站而得名。地处陇西县北部，东邻权家湾乡、宏伟乡，南连云田镇，西与福星镇、马河镇毗邻，北与安定区接壤。元至元十九年（1282）设立通安驿。1958年2月前为定西县管辖，之后划归陇西县。1959年5月成立通安公社。1983年2月更名为通安驿公社。1983年7月设通安驿乡。2000年4月改为通安驿镇。政区划分现辖古城、东峪、黑家岔、通安驿、马头川、高阳、栾家川、何世岔、冯家河、西岔10个村民委员会。

0184 巩昌镇

简　介：因史上先后设巩昌路便宜都总帅府、巩昌布政使司、巩昌府而得名。地处陇西县城区，东与文峰镇为邻，南与漳县接壤，西连首阳镇，北靠云田镇。金正大六年（1229），为巩昌府治。元中统二年（1261），为巩昌路便宜都总帅府治。康熙六年（1667），为巩昌布政使司治。1949年8月13日始为陇西县人民政府驻地。1949年11月设城关区，1959年5月成立城关公社，1965年5月分设为城关镇和城关公社，1970年8月镇并入社，1980年8月镇、社分设，1983年7月城关公社改为城关乡，1985年4月将城关镇改为巩昌镇，城关乡改为南安乡（后改为南安镇），2004年6月撤乡并镇，将南安镇、昌谷乡9村及渭河镇1村并入巩昌镇。政区划分现辖李家沟门、苟家门、张家塄、汪家门、昌谷等25个村民委员会和东郊、西城、东城、南城、北城、西郊6个居民委员会。

0185 首阳镇

简　介：因处首阳旧县而得名。地处陇西县西部，东与巩昌镇接壤，南与碧岩镇毗邻，西邻渭源县，北接柯寨乡、双泉乡。首阳，古代属"雍州"地，为西戎部族所居，汉高祖二年（前204），陇西郡领县十一，首阳为十一县之一。《甘肃新通志舆地志》记载，首阳故城在陇西县西25公里处。西魏大统十七年（551），改为渭源县，治移今城。唐高宗上元二年（675）又置首阳县，后并入渭源县。宋神宗熙宁元年（1068），判永兴军兼陕西路经略安抚使韩琦推荐侯可修筑熟羊寨（即今镇旧堡子），俗称熟羊城。1935年始称首阳镇。1936年8月，中国工农红军第四方面军长征途经陇西，将苏维埃县政府设在首阳镇菜子坪村。1950年5月设首阳乡，1961年4月成立首阳公社，1983年7月改为首阳乡，1994年8月改为首阳镇，2004年6月将渭河镇（不含十里铺村）并入首阳镇。政区划分现辖首阳、南门、樵家河、董家堡、菜子坪、王家磨、石家磨、禄家门、蒲家山、罗家山、西三十里铺、梁家营、水月坪、西二十里铺、李家营、新华16个村民委员会，下设95个村民小组。

0186 永吉乡

简　介：永吉乡沿用解放初名称。位于陇西县东南部，东与通渭县毗邻，南与武山县接壤，西连文峰镇，北靠和平乡。解放前属翠屏乡，1949年属太平乡，1950年5月设永吉乡，1953年4月增设南屏乡，1956年6月合为永吉乡，1958年9月公社化时属文峰公社何家门管理区，1961年12月成立永吉公社，1983年7月改为永吉乡。政区划分现辖河口、何家门、直沟、今农、永兴、姚家沟、草滩、许家湾、尖山9个村民委员会，下设42个村民小组。

0187 渭阳乡

简　介：地处渭河之北，解放初乡政府驻阳坡寨子，故名渭阳。东邻通渭县，南连和平乡，西接云田镇，北靠权家湾。1935年为阳坡乡。1950年5月设文昌、渭阳、四嘴乡。1955年10月合为四卫、水泉2乡。1958年9月归属云田公社管辖，为水泉乡、三川乡管辖区。1961年4月成立渭阳公社。1983年7月改为渭阳乡。现辖渭阳、林家坪、三门、崔家湾、文昌、三川、本驮、水泉、小千川、锦屏10个村民委员会，下设58个村民小组。

0188 福星镇

简　介：福星原名复兴，以解放前设复兴乡命名。地处陇西县西北部，东连马河、通安驿及云田镇，南接首阳镇，西邻德兴、柯寨乡，北靠安定区香泉镇。1950年5月设复兴、鹿鹤乡，1953年4月增设酒店、新坪乡；1955年10月合并为复兴、鹿鹤、新坪乡；1956年3月合并为复兴、鹿鹤乡；1959年5月成立福星公社，1983年7月改为福星乡，2001年3月改为福星镇，2004年6月种和乡、高塄镇整体并入福星镇。政区划分现辖福星、庞家岔、鹿鹤、红岘、新坪、大湾、李家湾、高塄、裴家湾、圆头坪、蒋家山、牛蹄湾、马营湾、种和、原家岔、井沟、川儿、杨寨、新民19个村民委员会，下设118个村民小组。

0189 碧岩镇

简　介：以境内碧岩寺而得名。地处陇西县西部，东北与首阳镇接壤，南连菜子镇，西接渭源县。1950年5月设碧岩、科羊2乡，1953年4月增设龙川、龙泉乡，1955年10月合并为碧岩、龙川2乡。1958年9月归属菜子公社管辖，为碧岩、龙川管理区。1961年12月两个管理区合并成碧岩公社。1983年7月改为碧岩乡。2001年11月改为碧岩镇。2004年6月雪山乡黄鹂沟、塄岸村并入碧岩镇。政区划分现辖碧岩、万家沟、珠帘、郑家坪、庞家坪、塄岸、黄鹂沟、龙川、王家庄、万家山、科羊11个村民委员会，下设59个村民小组。

（五十六）定西市漳县

0190 漳县

简　介：东汉章帝初置鄣县，西晋永嘉南渡后县废。南北朝魏宣武帝复置为"彰"县。后周，县又废，此为第二次废县。隋文帝开皇元年，第三次置为"障"县。唐代宗广德元年，陷于吐蕃，县废，此为第三次废县。元世祖至元十七年，复置鄣县，此为第四次建县。明太祖洪武元年，更名为漳县，沿用至今。

0191 武当乡

简　介：地处县境东部，东接武山县，南邻新寺，西连马泉，北靠武阳。早为岷县红门寨十八庄之地，民国二十一年（1932）划归漳县成麻里，民国三十年（1941）属朝阳乡所辖。1949年属朝阳区管辖，1952年设武当乡，1955年为武当乡人民委员会，1958年为新寺人民公社武当管区，1961年组建武当人民公社，1984年改为武当乡。2014年辖邹家门、文家门、李家河、锁占、邓家、远门、当中岭、张坪、高家沟、田家山10个农村基层群众自治组织，下设48个村民小组。辖区东西最大距离10公里，南北最大距离14.2公里，总面积89.9平方公里。人口密度为每平方公里117人。

0192 石川乡

简　介：地处县城南面，东接草滩，西南与岷县接壤，北靠四族。民国三十年（1941）属贵清乡。1949年属贵清区。1955年设石川乡人民委员会，1958年为盐井人民公社石川管区，1961年为石川乡，1966年组建石川人民公社。1984年改为石川乡。2014年末辖菜子川、小石门、占卜里、赵家庄、三条沟、虎龙口、社占里、三眼泉、路地沟9个农村基层群众自治组织，下设49个村民小组。辖区东西最大距离22公里，南北最大距离16.6公里，总面积173平方公里。人口密度为每平方公里84人。

0193 三岔镇

简 介：三岔镇位于漳县城西15公里，总面积123平方公里，地处陇西黄土高原区，地势南北高，中间低，海拔1940—2933公里，属大陆性季风气候，光能充足，日照时间长，年平均气温在7℃左右，文殪公路横穿而过，是漳、陇、岷三县的交易和交通枢纽。全镇共有12个村，66个社，5251户，24591人。全镇有耕地面积43036亩，人均占地1.75亩，农业种植以秋播作物为主，农作物以药材、蚕豆、洋芋为主，当归、党参、黄（红）芪等中药材种植面积在1.2万亩以上，2014年全镇农民人均纯收3750元。

（五十七）定西市渭源县

0194 渭源县

简　介：渭源是古丝绸南路段上的一个重镇，"中国马铃薯良种之乡"和"中国党参之乡"，境内融汇了仰韶、马家窑、齐家三大古代文化，是黄河上游古文化发祥地之一。因渭河发源地而得名。地处甘肃省中部，定西市西南部，东连陇西县，南接漳县、卓尼县，西南与康乐县、临潭县隔洮河相望，西北和临洮县毗邻，东北与安定区接壤。2012年末辖清源、会川、莲峰、五竹、路园、北寨、新寨、麻家集8个镇和锹峪、大安、秦祁、庆坪、祁家庙、上湾、峡城、田家河8个乡，共16个乡级政区，辖有3个居民委员会，217个村民委员会，下设1581个村（居）民小组。

（五十八）定西市岷县

0195 岷县

简　介：岷县因岷山而得名，地处甘肃省西南部，定西市南部，东靠武山，东南与礼县接壤，南接宕昌，西南与迭部相连，西北与卓尼、临潭县接壤，北依漳县。西魏大统十年（544）初设岷州，后来虽有过短暂变更，岷州之称却一直延续下来。元朝置岷州，属巩昌府。1913年改置岷县。中华民国初期，岷县归兰山道和临洮专员公署管辖。1938年，甘肃省第一行政督察区专员公署驻岷县。1949年7月，设置县分区；1950年5月，岷县划归武都专区；1958年4月，并入天水专区，同年10月，划归定西专区；1962年1月，划归临洮专区；1963年10月，又划归武都专区；1985年5月，再次划归定西地区；2003年4月以来，为定西市专属县。辖岷阳、十里、西寨、茶埠、梅川、西江、中寨、蒲麻、闾井9个镇，清水、秦许、寺沟、麻子川、维新、禾驮、申都、锁龙、马坞9个乡，共18个乡级政区，辖13个城市居民委员会、359个村民委员会，下设2062个村（居）民小组。辖区总人口48.4万人。全县总面积3578平方公里，其中耕地面积64.5万亩，林地面积72万亩，牧草地面积217万亩。

0196 辛店镇

简　介：辛店镇因有辛家人早先开店而得名。地处临洮县城北部30公里处，东邻马啣山，南接新添镇，西濒洮河，北壤太石镇，南北长约11公里，东西宽约20.5公里，总面积256.2平方公里。民国时设立辛甸乡。1956年为辛甸镇。1958年为辛店人民公社，1983年改为辛店乡。1993年撤乡建镇。现辖辛店、康家崖、石郭家、裴家湾、上杜家、下杜家、刘宋家、杨柳庙、白李袁、雷赵钱、桑南家、下寨子、杜家沟、前川、泉湾、祁家沟、宋家湾、刘家台子、朱家川、欧黄家、墩子、朱家沟、石家坡、里头沟、苟家山、大麦沟、大营、小营、红土沟、上滩、白杨31个村民委员会。

0197 新添镇

简　介：因清乾隆时，新添了许多集市铺面而得名。位于临洮县中北部，东靠上营乡，西濒洮河，南接八里铺镇，北与辛店镇接壤。北距省会兰州60公里。1939年设立青天镇。1949年设立新添区政府。1955年为新添镇，1958年并入辛甸人民公社。1961年设立新添人民公社。1983年更名为新添铺乡。1993年撤乡建镇。

0198 窑店镇

简　介：窑店镇曾是古丝绸之路的重要驿站，因早先四方客商在此居住旅舍以窑为主而得名。地处临洮县东部，东峪沟中游。东临渭源县，西接龙门镇，南毗康家集乡，北壤连儿湾乡。民国时为窑店。1956年为尧甸乡。1958年设立红霞人民公社。1969年后历为窑店、尧甸公社、窑店人民公社。1983年改为窑店乡。2001年撤乡建镇。现辖长城、黄家川、徐家铺、瓦家寺、窑店、杨家山、武家、阳坡、大坊、马家坪、四十里铺、中间、北大坪、滩汪、黑石湾、翻山、平线岭17个村民委员会。

0199 红旗乡

简　介：该乡镇因明代建有宏济桥，易字音演变为"红旗"而得名。地处临洮县北部，西隔洮河与东乡县达板镇、唐汪乡相望，东邻中铺镇，南接太石镇，北与永靖县相连。民国时属洮沙县中铺区。1950年洮沙县并入临洮县，设立红旗乡。1961年设立红旗人民公社。1983年改为红旗乡。现辖牟家、后庄、富业寺、出不拉、红嘴、红旗、何家湾、上堡子、扎马圈、石家窑、漫坪11个村民委员会。辖区总人口1.48万人，其中城镇常住人口500人。

（五十九）陇南市武都区

0200 武都区

简 介：战国时，秦国设陇西郡的武都县，羌道分辖今武都区一带。汉元鼎六年（前111年），由武都郡（治所在武都道，今西和洛峪）的武都县、平乐道及陇西郡的羌道管辖今武都区地域。三国时期，武都为魏、蜀拉锯地区。隋代的武都郡（治将利）共辖7个县，在今武都区等地辖将利、覆津、建威、盘堤4县。唐代武州更名为阶州，州治移兰皋镇（今康县大南峪），辖将利、福津（覆津更名，治所迁到今黄坪乡）。民国二年（1913）改阶州为武都县，民国三十一年在武都设第八行政督察区，武都县改属第八专区。1949年12月9日武都解放，武都县属武都分区管辖，分区、县治所同在今城关镇。1985年5月武都地区改称陇南地区，2004年6月撤销陇南地区设立陇南市，撤销武都县设立武都区，市、区政府驻地在武都城关镇。2004年6月撤销草河乡并入三仓乡，撤销渭河乡并入枫相乡，撤销西支乡、盘底乡并入洛塘镇，撤销透防乡并入外纳乡，撤销锦屏乡并入两水镇，撤销金厂乡并入马营乡，撤销熊池乡并入佛崖乡。2014年5月，外纳、马营、柏林改乡设镇，至此武都区辖15个镇，21个乡。

0201 城关镇

简 介：地处武都区西北部，是陇南市、武都区两级政府所在地，东与东江镇相邻，南邻白龙江，西、北均与马街镇、汉林乡相连。清末为阶州十铺。民国时期属龙江、西关镇。1949年12月设城关区，辖龙江镇、西关镇、旧城山乡。1950年7月龙江、西关镇改建为龙江联合乡。1951年3月又改为城关联合街。1955年10月为城关镇。1958年3月姚寨乡并入，10月组建白龙红旗人民公社。1961年3月分为城关、姚寨两个公社。1963年3月增设五凤公社，同时改公社为镇。2002年6月，城郊乡的15个村划入。辖钟楼滩、梁园、清水沟、旧城山、西关、人民街、清真巷、中山街、北山、文明巷、建设巷、南桥路、商贸东街、城关新村、教场15个居民委员会，阳山、黑坝、店沟、石家庄、王家庄、庙塄、孟家山、水子山、腰道、灰崖子、下黄、上黄、吉石坝 13 个村民委员会，下设 15 个居民小组，30 个村民小组。2013 年末，辖区总人口 6.1 万人，其中城镇常住人口 5.3 万人，城镇化率 87.1%。

0202 月照乡

简　介：因境内月照山得名。地处武都区东南部，东与琵琶乡相接，南与洛塘镇、三仓乡、五库乡相连，西与外纳镇接壤，北与透防乡、外纳镇、三河镇相接。人民乡政府驻马塄，距武都城区 36.34 公里。清末属外纳里和迭石里。1913 年属后外纳里和后迭石里。1933 年属外纳乡、后迭石里乡。1941 年属五库、外纳、琵琶乡。1950 年 7 月设改石乡，属第八区公署。1958 年 3 月改为月照乡。1958 年 10 月改为月照公社。1958 年 11 月并入五库公社。1961 年 6 月为月照公社。1983 年 12 月改公社为乡。2013 年末，辖区总人口 4783 人，另有流动人口 66 人。

0203 裕河镇

简　介：因地处裕河流域得名。地处武都区东南部，东与康县阳坝镇接壤，南与枫相乡、陕西宁强县毗邻，西与枫相乡、洛塘镇为邻，北与五马乡相连。人民政府驻赵钱坝村，距武都城区 69.1 公里。1949 年 12 月前为木马、太平乡的一部分。1950 年为榆河、梨树、赵钱乡，属八九联合区。1952 年 8 月增设榆河、水磨乡。1953 年 1 月为榆河、梨树、阳坝、赵钱乡，属五马区。1955 年 7 月赵钱乡改为青木冈乡。1957 年 10 月榆河乡的柯家河等 6 个村划归康县；同时撤销阳坝乡，所辖村划归西支、青木冈乡管辖；撤消梨树乡，所辖村划归青木冈、榆河乡。1958 年 3 月为青木冈、裕河公社，11 月青木冈公社并入裕河公社。1983 年 12 月改公社为乡。2002 年 10 月，观音崖、瞿家庵村分别并入庙家坝、余家河村。2013 年末，辖区总人口 5074 人。全乡属省级裕河金丝猴保护区，境内植被覆盖良好，森林面积达 21.37 万亩。境内有植物约 2000 多种，其中国家一级保护植物 7 种，国家二级保护植物 17 种。有金丝猴约 1500 多只，其数量在全国最大，区域分布最集中，种群密度最高。2016 年 9 月撤乡设镇。

0204 安化镇

简　介：因在北宋真宗大中祥符三年（1010），北峪河曾经一日内连续发生三次洪水，造成严重的损失。洪水过后，人们祈望安宁太平，便将洪化坝改为安化坝，故名。地处武都区北部，东与鱼龙镇、甘泉镇相连，南与龙凤乡毗邻，西与柏林乡接壤，北与马营乡和礼县三峪乡为邻。西魏置洪化县（驻今曾家街村）。北周属建威县。隋代先后属武都县、将利县。唐、宋属福津县。明代属阶县。清属阶州宋川里。1913 年为宋川里。1924 年改为第五区。1938 年改为第三区公所。1941 年改为安化乡。1949 年 12 月设安化区公署。1950 年 3 月改为第三区公署。1952 年 7 月改为第四区公署。1953 年

1月改为第五区公所。1955年10月改为安化区公所。1958年3月改为安化乡，11月又改乡为社。1966年10月改为前进公社。1970年5月复名为安化公社。1983年12月改社为乡。1986年10月改为镇。2002年10月大鹿院、中庄等13村合并为6个村。辖安化街、曾家街、石大坪、斜山子、马家沟、马家山等47个村民委员会，下设147个村民小组。

0205 五库乡

简　介：因境内河谷两岸群山起伏，峰回水转形成五处如水库的河滩坝，故称五库河而得名。地处武都区南部，东与三仓乡、月照乡接壤，南与文县口头坝乡相邻，西与文县尖山乡毗邻，北与外纳镇接壤。民国二十四年（1935）为第三区公署，属后外纳乡。民国三十年（1941）为五库乡。1949年12月属透防区公署。1950年7月改为佛殿乡，增设闹院乡。1952年7月佛殿、闹院乡划归坪头区。1953年增设中院乡，一并划归坪头区。1956年6月佛殿、中院乡并为五库乡。1958年3月，闹院乡并入五库乡，10月组建五库公社，11月月照公社并入。1961年6月分为月照、五库公社。1983年改为五库乡。2002年10月，中院村、杨家坡村并入靳家山、安家坝村。2011年末辖王坝、年家沟、张坝、土地沟、上坝、下坝、袁坝、蒋家山、魏家坝、草山、佛殿坝、沙坝、靳家山、党家里、塄坎背后、安家坝16个村民委员会，下设76个村民小组。

0206 三仓乡

简　介：因境内三仓河两岸群山环抱，峰回路转，形成三个像粮仓的河滩坝得名。地处武区都东南部，东与洛塘镇接壤，南与文县玉垒乡相连，西与五库乡毗邻，北与月照乡相连。人民政府驻楚家坝，距武都城区45.7公里。清末属外纳里。1913年属后外纳里。1933年属后外纳乡。1941年属盘底乡。1949年12月解放。1950年1月为坪头、成坝、何家乡，属八九联合区。1953年4月属坪头区。1955年7月合并为坪头、成坝乡。1956年10月成坝乡并入坪头乡，12月改为三仓乡。1958年3月草河乡并入，10月组建三仓公社，11月盘底公社并入。1961年6月分为三仓、草河、盘底公社。1983年4月改社为乡。2002年10月，郭家山村并入代洛村。2004年4月，草河乡并入。

0207 磨坝藏族乡

简　介：因古时境内河坝多有水磨得名。地处武都区东南部，东与外纳镇相连，南与外纳镇和文县舍书乡接壤，西与舍书乡为邻，北与城郊、桔柑乡毗邻。人民政府驻磨坝里村，距武都城区17.3公里。清属旧城里。民国二年（1913）划归后旧城。民国二十四年（1935）为终南乡。1950年7月为磨坝、改石乡，属透防区。1952年增设东村乡。1955年10月东村乡并入改石乡。1958年3月改石、磨坝乡合并为桔柑乡，10月组建为桔柑公社。同年11月并入透防公社。1961年6月从透防、三河公社划出部分大队成立桔柑公社。1983年12月属桔柑乡。1986年6月设磨坝藏族乡。2002年10月庄科梁村并入东岳山村。

0208 柏林镇

简　介：因驻地柏树成荫，建有柏林寺得名。地处武都区东北部，东与安化镇相连，南与龙凤乡毗邻，西与马街镇相邻，北与马营乡接壤。人民政府驻下渠道村，距武都城区13.8公里。清属宋川里。民国元年（1912）属前宋川。民国二十四年（1935）属安化乡。1950年7月为柏林、石桥乡，属安化区。1953年5月增设垭头、五角乡。1956年6月石桥、五角乡并入。1961年12月从安化公社分出部分大队，成立柏林公社。1966年1月又并入安化公社。1972年3月恢复原柏林公社。1983年12月改公社为乡。2002年10月，楼儿下村并入石桥子村、大湾沟村并入李家山村、滩坝村并入大社科村、坪头山村并入指甲山村。2014年8月改乡设镇。

0209 蒲池乡

简　介：因驻地山坡上有池且长满蒲公英草而得名。地处武都区西北部，东与汉林、马营乡为邻，南与两水镇相连，西与石门乡、角弓镇接壤，北与池坝乡和宕昌县新寨乡毗邻。人民政府驻高家村，距武都城区18.6公里。清末属两水里。1931年设后两水里。1933年改为后两水乡。1941年改为蒲池乡。1950年7月建蒲池、板桥、石板乡，属两水区。1953年1月蒲池、蜂园、板桥、石板乡并为蒲池乡，属两水区。1958年10月改为蒲池公社，11月并入两水公社。1961年6月高家村、坪儿上管理区并为蒲池公社。1983年12月改社为乡。2004年10月捞里村并入麻湾村、社窠村并入黑松坪村。辖有高家村、下坝、咀台上、王家坪、坪儿上、汪家坝、上巩家、下巩家、沟底、小荞、杜捞、杨家砭、尚家山、黑松坪、陈家山、土桥、麻湾、湾里、杨沟、乱鞍子、马家垭、木竹垭、珍咀、张庄、石塄岗25个村民委员会，下设85个村民小组。2013年末，辖区总人口17320人。

0210 三河镇

简　介：因地处郭河、福津河、花椒沟三条河交汇处得名。地处武都区中部，东与玉皇、琵琶乡为邻，南与外纳镇毗邻，西与桔柑乡相连，北与郭河乡接壤。人民政府驻汉坪村，距武都城区25.4公里。清属阶州迭石里。1912年属前迭石里。1935年为福津乡。1950年7月福津乡由汉王区划入并改称三河乡。1955年10月大安、北山乡并入。1958年3月花椒乡并入。1958年10月组建三河公社，11月郭河、玉皇公社并入。1961年6月分出郭河、玉皇公社，仍设三河公社。1983年12月改公社为乡。2002年10月瓦舍沟村并入宣河村。2003年1月改乡为镇。

0211 外纳镇

简　介：因北魏时氐人盘踞于此称磑纳，音转为外纳而得名。地处武都区东南部，东与月照乡相连，南与五库乡为邻，西与文县临江镇、舍书乡相邻，北与桔柑乡毗邻。人民政府驻外纳街，距武都城区36公里。北魏建武都国。西魏置茄芦县。清末为外纳里。民国二年（1913）为前外纳里。民国二十二年（1933）为前外纳乡。民国三十年（1941）为外纳乡。1950年7月建稻畦、外纳、官房乡，属透防区。1955年7月合并为稻畦、外纳乡。1956年6月合并为外纳乡。1958年10月改为外纳公社，11月并入透防公社。1961年6月建外纳公社。2002年10月，杨家坪村并入桃树坪村、九院村并入艾下村、聂半山村并入张河坝村。2004年4月透防乡并入。2014年8月，撤乡设镇。

0212 黄坪乡

简　介：因乡人民政府原驻黄家坪自然村而

得名。地处武都区东部，东与康县碾坝乡、长坝镇接壤，南与琵琶镇相邻，西南与玉皇乡相连，西与郭河乡毗邻，西北与甘泉镇为邻，北与佛崖乡相接。人民政府驻赵坝村，距武都城区 76 公里。北魏设赤万县。西魏属武州万郡。北周时万郡并入武州，赤万并入福津。元代入阶州。清末属八旗里。1913 年属下四区旗里。1949 年 12 月前属甘泉、福津乡的一部分。1950 年 6 月为黄坪乡，属第六区公署。1952 年 11 月属第七区公署。1953 年 1 月并入甘泉区。1955 年 4 月并入三河区。1956 年 7 月将康县碾坝乡的老蒿川村并入黄坪乡。同年 6 月并入甘泉区。1958 年 10 月改为黄坪公社，同年 11 月将康县陈家庄、钟家湾、杨雾沟、李家峡等 5 个村并入。1961 年 5 月将青冈、元坛子、冉儿沟、韩家 4 个村并入熊池公社。1983 年 12 月改社为乡。2002 年 10 月石塄村并入成坝村，照村并入苟山村。2013 年末，辖区总人口 9250 人。

0213 角弓镇

简　介：因镇政府驻地的江北山头似角，江南山湾如弓，江水像弦，称为角弓而得名。地处武都区西北部，东与石门乡为邻，南与坪垭乡相邻，西与宕昌县沙湾镇毗邻，北与宕昌县新寨乡相接。北魏置东平县（驻今东坪村）。西魏属安育县。隋属将利县。唐属福津县。元代设阶州（驻今柳树城）。清属石门里。民国二年属前石门里。1950 年 2 月为角弓、白草、柳城、陈家乡，属两水区。1953 年 1 月为角弓区。1955 年 10 月角弓区并入两水区，白草乡并入陈家乡。1956 年 6 月柳城乡改为东坪乡，陈家乡并入。同年 11 月东坪乡划归宕昌县。1958 年 10 月角弓乡并入石门乡，改为石门公社，11 月并入两水公社。1961 年 6 月从两水公社划出部分大队，成立角弓公社。1962 年 6 月宕昌县沙湾公社的柳城、东坪、西坪、年家村、深沟、硝坝子 6 个大队划入。1983 年 12 月改公社为乡。2002 年 10 月角弓山村并入高坪村，角弓街村，深沟村并入柳城村。2003 年 1 月改乡建镇。辖角弓街、柳树城、百草坝、白草山、年家村、青江坝、东坪、西坪、下塝子、半山、鹿坝、构林坪、陈家坝、干谷墩、高坪、白鹤桥、白草沟、硝坝子 18 个村民委员会，下设 73 个村民小组。

0214 汉林镇

简　介：因取汉坪里和林家河首字得名。地处武都区北部，东、南、北均与马街镇接壤，西南与城关、两水镇相连，西与蒲池乡毗邻，西北与马营乡为邻。人民政府驻汉坪里村，距武都城区 9.1 公里。1949 年 12 月，属蒲池乡、柳林乡。1950 年 7 月建汉林乡，属安化区。1953 年 1 月增设红土乡。1956 年 6 月红土乡和两水区的唐坪乡并入。1958 年 3 月为汉林公社，11 月并入安化公社，设唐坪、红土管理区。1961 年 6 月唐坪、红土管理区并为汉林公社。1966 年 1 月并入马街公社。1979 年 8 月恢复汉林公社。1983 年 12 月改公社为乡。2002 年 10 月，上李并入杜家湾村、花石崖并入红土村。2013 年末，辖区总人口 11737 人。2016 年 9 月，撤乡设镇。

0215 两水镇

简　介：因境内有白龙江、沟坝河两条河流而得名。地处武都区西北部，东与城关镇、城郊乡相连，南与舟曲县铁坝乡为邻，西与石门、坪垭乡毗邻，北与蒲池乡接壤。人民政府驻后村，距武都城区 12 公里。清属两水里。1912 年为前两水里。1933 年改为前两水乡。1941 年改为两水乡。1950 年 7 月为两水乡、月石乡，属两水区。1956 年 6 月并为两水乡。1958 年 10 月组建两水公社，

11月蒲池、锦屏、石门公社并入。1961年6月为石门、蒲池、角弓、锦屏、两水公社。1983年12月改社为乡。1985年7月改乡为镇。2002年10月锦屏乡庙垭族村合并到黄栌坝村，后村分为后村和两水2个村。2004年4月锦屏乡并入。辖前村、后村、后坝3个居民委员会，杜家沟、前村、后村、两水、后坝、寨子、谢家坡、庙坪、三墩沟、黄栌坝、烟墩沟、土门垭、清水坪、龙王山、段河坝、马尾巴、朱家山、马入崖18个村民委员会，下设3个居民小组，72个村民小组。2013年末，辖区总人口29281万人，其中城镇常住人口1.6万人，城镇化率54.6%。另有流动人口626人。杜家沟村有丰富的石灰岩矿。境内水资源丰富，国营黄栌坝水电厂和已立项的白龙江拱坝河口电站及锦屏坝电站就在境内。

0216 隆兴乡

简　介：因纪念宋代爱国名将宗泽，在状若卧龙的小山岗上建龙兴寺，其地也称龙兴，后为表示兴隆之意改为隆兴。地处武都区东北部，东与龙坝乡相接，南与鱼龙镇相连，西与安化镇为邻，北与西和县太石河乡接壤。人民政府驻叶家坝村，距城区53公里。清为宋川里。1912年为后宋里。1948年为后宋乡。1950年7月建政为包峪、龙兴、蛇崖乡，属杨坝区。1953年7月增设集昌乡、秦河乡。1955年6月设叶坝区，龙兴乡改为叶坝乡，撤销集昌乡并入叶坝、包峪乡。1957年7月将包峪、叶坝和蛇崖乡的部分并入龙兴乡，属杨坝区。1958年7月秦河乡并入龙兴乡，10月组建龙兴公社，11月改为隆兴公社，并将龙坝公社并入。1961年6月分为隆兴、龙坝公社。1966年10月为先锋公社。1973年6月复名隆兴公社。1983年12月改公社为乡。2002年10月，白露窑、牛家庄、黑崖山村分别并入杨沟村、苣蕾替（tán）、集昌坝村。2013年末，辖区总人口10412人。

0217 龙凤乡

简　介：因境内山脉形似长龙，西部小山头像展翅的凤凰，取名龙凤山，曾建有龙凤寺而得名。地处武都区东北部，东与甘泉镇、郭河乡相连，南与汉王、东江镇为邻，西与马街镇相邻，北与柏林乡、安化镇接壤。人民政府驻艾蒿坪，距武都城区12公里。1949年12月前属庆霖乡。1950年7月建龙凤、佛堂乡，属汉王区。1953年1月增设侯家乡。1956年6月又合为龙凤、佛堂乡。1958年9月合并为龙凤乡后并入汉王乡。1961年6月从汉王公社划出部分大队成立龙凤公社。1966年10月改为光明公社。1980年12月恢复为龙凤公社。1983年12月公社改为乡。

0218 洛塘镇

简　介：因境内有一小潭，流水注入时，发出的声音像锣鸣，故称锣潭，音转为洛塘而得名。地处武都区南部，东与五马、裕河乡毗邻，南与枫相乡接壤，西与三仓乡相连，北与月照乡、琵琶镇为邻。人民政府驻王坝村，距武都城区86公里。清末属迭石里，民国二年（1913）属后迭石里，民国二十二年属后迭石乡。民国三十年分设洛塘乡。1950年8月为洛塘、三才乡。1953年6月增设八方、豆家、新华、石沟乡，属洛塘区。1956年8月，6乡并为洛塘、爱好、三才乡。1958年3月并为洛塘乡，10月组建洛塘公社，11月渭河、琵琶公社并入。1961年6月分设为洛塘、琵琶、渭河公社。1983年12月改公社为乡。1986年10月改乡设镇。2002年10月，双白杨与青崖沟、山林关与架子石、三才沟与郭家坡、高家山与杨家场、杨寺沟与沟底下合并。2004年4月，盘底、西支两乡并入。辖王坝、沟底下、石沟、兴华、楼房、豆家庄、青崖沟、麻地沟、褚家山、八房、苹果、郭家坡、椒园、北雀沟、马家沟、架子石、和平、杨家庄、杨家场、庙山、石家坪、香树坝、塄头坪、西沟、李家山、李家沟、楼房山、钟山、聂家沟、水磨、厂里、陈家庄、宁杏沟34个村民委员会，下设161个村民小组。

0219 龙坝乡

简　介：因境内龙家坝自然村而得名。地处武都区东北部，东与成县苏元乡和康县太石乡、平洛镇相接，南与鱼龙、隆兴乡接壤，西与隆兴乡、西和县太石河乡相接，北与西和县大桥、西高山乡相接，人民政府驻秦家河，距武都城区43.5公里。北魏先后置白水县、白水郡。西魏置绥戎县。清为八旗里。1912年为下四旗。1913年为后宋川里。1936年为后宋川乡。1950年7月建政为蛇崖乡，属杨坝区。1953年1月增设秦家河乡。1956年8月将康县龙坝、麻礳（tán）乡划归武都杨坝区。1958年3月麻礳乡并入龙坝乡，秦河乡并入隆兴乡。1958年10月成立龙坝公社，11月并麻礳公社，设秦河、麻礳管理区。1961年6月为龙坝公社。1966年10月为跃进公社。1980年12月恢复龙坝公社。1983年12月改社为乡。2002年10月，马河、阳坡、李沟、河口、礳子、下寨村分别并入庄窠、龙坝、鱼关、田河、红石、白果6村。

0220 马街镇

简　介：因镇政府驻马家街得名。地处武都区西北部，东与柏林、龙凤乡接壤，南与东江、城关镇为邻，西与汉林乡相连，北与马营乡相邻。清为柳林里。1913年为前柳林里。1933年为前柳林乡。1941年，前、后柳林乡并为柳林乡。1950年7月，改为宣阳、马街联合乡。1951年10月，又分为宣阳乡和马街乡。1953年1月宣阳乡并入马街乡，增设梨坪乡。1958年3月，青崖、梨坪乡并入。1958年10月改为马街公社，11月并入安化公社。1966年1月汉林公社并入马街公社。1966年10月为红光公社。1970年5月复名为马街公社。1983年12月改社为乡。2003年6月改乡设镇。2008年11月，蒿坪村改名为感恩村。2011年末辖上板桥、石坪、高桥、樊家山、姜家山、梨坪、杨湾、马槽沟、泉家湾、赵坪、何上面、郭塄坎、张阴山、刘家山、柳家坡、卯鞍子、感恩、尹家湾、牙里、小庄头、青崖、寺背、官化、小洞沟、沙坪、石楞坎、糜子坝、半山、阳河、垭头、路家那、珍山、大板、菜阳沟、王山、艾头山、安坪、马街、官堆、大李40个村民委员会，下设127个村民小组。

0221 马营镇

简　介：因民国九年（1920），国民党某骑兵部队曾在这里饲养战马而得名。地处武都区北部，东与安化镇相连，南与蒲池乡为邻，西与池坝乡相邻，北与礼县三峪乡接壤。人民政府驻马营村，距武都城区21.9公里。清末属两水里。民国二年（1913）属后两水里。民国二十二年属后两水乡。1949年12月解放。1950年为碑翠联合乡，属两水区。1952年7月分设为碑山、翠峰乡。1955年7月碑山乡、翠峰乡改为龙沟乡和庞磨乡。1955年10月龙沟乡并入庞磨乡。1958年3月碑山乡并入池坝乡，11月并入金厂公社，设庞磨、龙沟管理区。1961年6月设立庞磨公社。1966年10月改为胜利公社。1971年恢复为庞磨公社。1983年12月改公社为乡。1984年1月改名为马营乡。2002年10月黄坪、后沟、谢老、蝉儿村分别并入阳坡、梁唠坎、碌坪、龙沟村。2004年7月金厂乡并入。2014年5月改乡设镇。2013年末辖区总人口19450人，城镇常住人口1575人，城镇化率8.1%。

0222 池坝乡

简　介：因驻地荒草坝有沼泽水池而得名。地处武都区北部，东与马营乡相连，南与蒲池乡为邻，西连宕昌县新寨乡，北与礼县草坪乡相邻。人民政府驻地池坝村。距离武都城区30.4公里。1949年12月解放。1950年3月为池坝乡，属安化区。1958年3月并入翠峰乡，10月组建翠峰公社，同年11月并入金厂公社。1961年6月为池坝公社，1983年12月改公社为乡。2002年10月范家岭、暖水坝并入新庄村。2011年末，辖区总人口5897人，城镇常住人口56人，城镇化率0.1%。

0223 五马镇

简　介：因境内有伸向河谷的五个山头，形如五匹马得名。地处武都区东南部，东与康县店子乡、阳坝镇相连，南与裕河乡毗邻，西与洛塘镇为邻，北与琵琶镇和康县店子乡接壤。人民政府驻五马街，距武都城区110.7公里。1949年12月前属洛塘区木马乡。1950年4月为木马、市场乡，属八九联合区。1953年4月增设构杨、河口乡，属木马区。1955年3月改木马为五马。1956年8月并为五马、市场、构杨乡。1958年3月并为五马乡，10月为五马公社，11月西支公社并入。1961年8月分出西支公社。1983年12月改社为乡。2002年10月刘家河村、闹院子村并为金口坝村。2013年末，辖区总人口为6742人。

0224 枫相乡

简　介：因驻地枫相院自然村盛长枫相树而得名。地处武都区东南部，东与裕河乡和四川省青川县姚渡镇为邻，南与文县中庙、肖家乡、碧口镇接壤，西与三仓毗邻，北与洛塘镇相邻。人民政府驻枫相院村，距武都城区66公里。清末属迭石里。民国二年（1913）属后迭石里。民国二十二年属后迭石乡。民国三十年属洛塘、盘底乡的一部分。1950年7月为麻柳乡，属八九联合区。1953年1月增设枫相、白杨乡。1958年10月为白杨、麻柳公社，11月组建枫相乡公社。1983年12月改公社为乡。2002年10月老庄里、打鹿寨分别并入大水沟、东沟村。2004年4月，渭河乡并入枫相乡。2013年末，辖区总人口9529人。

0225 佛崖镇

简　介：因相传佛陀显像后入崖，后人在佛入崖处雕佛像，称佛入崖而得名。地处武都区东北部，东与康县望关乡和长坝镇接壤，南与黄坪乡毗邻，西与甘泉镇相连，北与鱼龙镇为邻。清为八旗里。1912年为上四旗。1924年属甘泉乡。1950年7月建佛崖乡，属杨坝区。1958年9月并入甘泉乡。1961年6月由甘泉公社分出，成立佛崖公社。1966年10月改名红卫公社。1980年12月复名佛崖公社。1983年12月改公社为乡。2004年4月熊池乡并入。2016年9月，撤乡设镇。

0226 东江镇

简　介：因境内东江水自然村得名。地处武都区西北部，东与汉王镇接壤，南临白龙江，西与城关镇为邻，北与龙凤乡、马街镇相连。人民政府驻胡家坪村，距武都城区2.5公里。清属干间里。1912年属上干间里。1924年属第一区。1932年属甘霖乡。1942年划归龙江镇。1950年7月建东江乡，属城关区。1955年7月划归汉王区。1958年10月为白龙红旗公社东江管理区。1961年6月划归姚寨公社。1962年2月由姚寨公社划出部分大队成立东江公社，1983年12月改公社为乡。1986年10月改乡为镇。2002年10月上郭家村与下郭家村并为郭家坪村。2008年12月成立东江镇王石坝社区居委会。

0227 鱼龙镇

简　介：因境内香潭地梁形似鱼，王家沟似龙门，在"鱼跃龙门"处建有鱼龙寺得名。地处武都区北部，东与康县平洛、望关镇相连，南与佛崖镇、甘泉镇为邻，西与安化镇毗邻，北与隆兴、龙坝乡接壤。人民政府驻卯家村，距武都城区48公里。北魏设孔堤县。西魏置孔堤郡。民国属孔堤乡。1950年7月建杨坝、仓河、草坝、云雾乡，属杨坝区。1953年2月增设刘家、柏家、米仓乡。1955年7月并为观音、杨坝、刘家、秋林、米仓乡，属杨坝区。1957年并为鱼龙、草坝、米仓乡。1958年3月并为鱼龙乡，并将大坪、石大坪、小峪寺、李家庙、大鹿院、铺底下、上阴坡等10个高级社划归安化乡。1958年10月改名为公社。1966年10月改名为上游公社。1980年10月恢复为鱼龙公社。1983年12月改公社为乡。1993年10月甘沟门并入王家沟村。2002年10月石家湾村并入阴湾里村、苟家坝村并入孟家山村、王家坪村并入卯家庄村、赵家湾村并入下尹家村、小碾村并入瓦房村、康宁沟村并入鞍子里村、杨家村并入马坝里村。2003年1月改乡为镇。2011年末辖刘家湾、小庄头、麻家湾、阴湾里、许家湾、嵩（xué）沟等33个村民委员会，下设113个村民小组。

0228 玉皇乡

简　介：因境内曾建有玉皇庙得名。地处武都区东部，东与黄坪乡为邻，东南与琵琶镇相连，南、西均与三河镇相邻，北与郭河乡接壤。人民政府驻玉皇坪，距武都城区31.4公里。1949年12月前属福津乡。1950年7月设小石、罗家、玉皇乡。1958年10月组建玉皇公社，11月并入三河公社。1961年6月以小石、罗家、玉皇管理区重建玉皇公社。1966 年 10 月改名为红星公社。1980 年 12 月恢复为玉皇公社。1983 年 10 月改社为乡。2002 年 10 月，杏儿村并入槐树山村、艾山村并入院子湾村、董家坪并入安棗里村。2013 年末，辖区总人口 8789 人。

0229 郭河乡

简　介：因境内郭家河得名。地处武都区东部，东与黄坪、玉皇乡接壤，南与三河、桔柑乡相连，西与汉王镇、龙凤乡为邻，北与甘泉乡毗邻。人民政府驻郭河村，距武都城区 22.03 公里。清属迭石里。1912 年属迭石。1935 年设郭河乡。1941 年并入福津乡。1949 年 12 月前属福津乡。1950 年 7 月设郭河、赤洛、八海乡，属三河区。1956 年 6 月合并为八海、郭河乡。1958 年 3 月合并为郭河乡，10 月建郭河公社，11 月并入三河公社。1961 年 6 月恢复郭河公社。1966 年 10 月改名为永红公社。1970 年 5 月恢复郭河公社。1983 年 12 月改公社为乡。2013 年末，辖区总人口 13678 人，其中城镇常住人口 120 人，城镇化率 0.88%。

0230 汉王镇

简　介：因境内古建筑汉王寺得名。地处武都区西部，东与郭河乡为邻，南与桔柑乡毗邻，西与城郊乡东江镇接壤，北与龙凤乡相接。人民政府驻汉王街，距武都城区 9 公里。1949 年 12 月前属庆霖乡和终南乡的一部分。1950 年 7 月为汉王、月池乡，属汉王区。1953 年 1 月增设汉坪、万象、仓院、土桥、庆龙乡。1955 年 7 月并为万象、汉王、罗寨、土桥、麻池乡。1956 年 6 月并为庆龙、万象、汉王乡。1958 年 3 月并为汉王乡，并将龙凤乡并入，10 月组建汉王公社。1961 年 6 月分为汉王、龙凤、马坝公社。1966 年 8 月马坝公社并入，10 月改名为曙光公社。1970 年 5 月恢复汉王公社。1983 年 10 月改名汉王乡。1986 年 10 月改乡为镇。2011 年末辖杨家坝、仓园、甘家沟、汉王街、罗寨、陈家坡、甘家山、马坝、马半山、土桥、成家山、卢能、固水子、麻池、月阳坝、陈李家、宗家堡、大坪山、杨庞、朱能、黎营、白崖、问子山、汉坪、绸子坝、贾半山、陈龙、马仓、包家坝 29 个村民委员会，下设 105 个村民小组。

0231 琵琶镇

简　介：因境内有三国时期姜维拨军费修建的琵琶寺得名。地处武都区东南部，东与五马乡和康县豆坝乡相连，南与洛塘镇为邻，西与月照、三河乡相连，北与黄坪乡毗邻。人民政府驻琵琶街，距武都城区 45.2 公里。清末属迭石里。民国二年（1913）属后迭石里。民国二十二年属后迭石乡。民国三十年从后迭石乡分设琵琶乡。1949 年 12 月解放。1952 年 3 月属八九联合区的琵琶、两河、解板、水磨、麻崖乡。1953 年 1 月设琵琶区，增设毛坡乡。1955 年 7 月合并为琵琶、毛坡、两河乡。1958 年 3 月，毛坡、两河乡并入琵琶乡，10 月改为琵琶公社。同年 11 月又并入洛塘公社，设两河、琵琶、毛坡管理区。1961 年 6 月为琵琶公社。1966 年 10 月改名为向阳公社。1970 年 5 月恢复琵琶公社。1983 年 12 月改公社为乡。2002 年 10 月，赵坪、大坪、刘家、李家沟 4 村分别并入玄湾、谈坝、水磨、瓦房等4村。2003年1月撤乡设镇。2011年末辖麻崖、楼底、毛坡、王家上沟、小川坝、胡家沟、唐坝、麻付沟、瓦房坝、鸡公眼、秋嘴、马家沟、高家坝、琵琶街、小河、龙潭、王家山、琵琶街、下高家、武家山、张坝、谈坝、水磨、勿驮、玄湾、宁强、毛家沟26个村民委员会，下设100个村民小组。

0232 坪垭藏族乡

简　介：因村落地处高山豁垭的小山坪得名。地处武都区西部，东与两水镇相接，南与舟曲县拱坝、曲瓦乡接壤，西与舟曲县八楞乡、宕昌县沙湾镇相连，北与角弓镇、石门乡、两水镇毗邻。清康熙五十二年（1713），为宕昌马土司属地。民国二十三年（1934）并入西固县沙湾乡。民国二十七年并入第一行政督察区，民国三十三年并入第八行政督察区。1950年7月为坪垭乡，属武都县两水区。1954年4月并入舟曲县八楞区。1958年3月与八楞乡并为八楞公社。1961年10月从八楞公社划出一部分大队成立舟曲县坪垭公社。1963年6月并入武都县。1981年3月为坪垭藏族人民公社。1983年12月改公社为民族乡。2013年末，辖区总人口5675人。境内有乡文化站1处，建筑面积40平方米。坪垭藏族乡全民信仰藏传佛教，辖区现有藏传佛教寺院7所，总建筑面积8200平方米，有大小雕塑佛像86尊，各类经卷1350部（卷），现有藏传佛教僧人（喇嘛）158人。辖区各寺院均有民间法舞（俗称牛头马面），每逢正月十五和重大宗教节会期间表演，是藏民族宗教传统文化的重要组成部分。民间有藏戏（藏语称郎木弹尔）《松赞干布迎亲记》，以讲述藏王松赞干布迎娶唐文成公主的历史故事为背景，生动地讲述了藏汉在唐王朝时期团结和睦的友邻关系，当地藏族群众在春节期间与锅庄舞结合起来表演。

0233 石门镇

简　介：因旧街上曾有一石门坎得名。地处武都区西部，东与两水镇相接，南与坪垭乡相邻，西与角弓镇相连，北与蒲池乡毗邻。人民政府驻水地坝，距武都城区21公里。北魏设石门县，属仇池镇。西魏置安育县。北周置将利县。清为阶州石门里。民国二年（1913）为前石门里。1949年12月前属边寨、石门、两水乡。1950年7月为石门、边寨乡，属两水区。1954年4月又并为石门乡。1958年3月角弓乡并入。1958年10月建石门公社，11月并入两水公社。1961年5月从两水公社划出，成立石门公社。1983年12月改乡为乡。2002年10月，萱麻村分为萱麻、乌仓湾村。辖有石门街、庙上、旱地、枣川、草坝子、木竹沟、徐家堡、王家山、下白杨、上白杨、水地坝、上沟村、下坪、萱麻、小山坪、乌仓湾16个村民委员会，下设47个村民小组。2013年末，辖区总人口11485人。2016年9月，撤乡设镇。

0234 桔柑乡

简　介：因境内盛产桔、柑得名。地处武都区东南部，东与三河镇接壤，南与外纳镇相连，西与汉王镇毗邻，北与郭河乡为邻。北魏设武阶郡玩当县（驻今大岸庙村）。西魏置覆津县。清属旧城里。民国二年（1913）属后旧城里，民国二十四年属终南乡。1950年6月建磨坝乡，属透防区。1952年7月增设东村乡。1953年1月增设马塄乡。1955年11月东村乡并入改石乡。1958年3月马塄乡改为桔柑乡，6月磨坝乡并入，10月组建桔柑公社，11月并入透防公社。1961年6月从透防、三河公社划出部分大队成立桔柑公社。1983年12月改公社为乡。2013年末，辖区总人口7163人。

0235 姚寨镇

简　介：因地处武都城郊区得名。地处武都区中部，东与汉王相邻，南接文县，西邻两水镇，北与城关镇隔江相望。人民政府驻地桥头村，距武都城区1公里。1949年12月前属龙江镇、西关镇、旧城乡。1950年7月建旧城、五凤、黄峪、柳沟乡，属城关区。1955年10月柳沟乡并入旧城乡，黄峪乡并入五凤乡，属汉王区。1958年3月并为姚寨乡，6月又并入城关镇，10月组建为白龙红旗公社。1961年1月分为城关、姚寨两个公社。1963年10月从城关公社分出部分大队成立五凤公社。1966年1月五凤、姚寨并为城郊公社。1966年10月葛条坪、柏水沟大队合并为葛条坪大队，李咀、张咀大队合并为张李咀大队。1980年6月葛条坪、张李咀分设恢复原状，桥头大队分为桥头里、崔家梁村。1983年3月撤销人民公社建制，改城郊乡人民政府。2002年6月，城郊乡白龙江以北15个村划归城关镇。辖有渭子沟、大堡里、桑家湾等22个村民委员会，下设72个村民小组。2013年末，辖区总人口18121人，其中城镇常住人口2473人，城镇化率13.6%。2014年8月，撤销城郊乡，设立姚寨镇。

（六十）陇南市成县

0236 成县

简　介：古称下辨，西魏时置同谷县，544年始设成州，隋改为汉阳郡，唐初置西康州，后改为成州，天宝初改为同谷郡，乾元初复为成州，治所同谷县，宝应初没于吐蕃，咸通中复置成州，徙治同谷县（今成县），五代梁改为汶州，明太祖时改为成州，后改州为县，始称成县，直隶巩昌府，清雍正七年（1729）改属阶州直隶州。民国元年（1912），属巩秦阶道，民国二年属渭川道，三十三年（1944）属第八行政督察区，专员公署驻武都县。1949年，中华人民共和国成立后，属武都专区，1958年改属天水专区，1962年仍属武都专区。1985年5月，经国务院66号文件决定，改武都专区为陇南地区，成县为地区行署所在地，2004年撤地建市，改为陇南市，成县隶属陇南市。成县位于甘肃省南部，陇南市东北部。全县辖12镇5乡，245个村民委员会，15个社区居民委员会，全县总面积为1701平方公里，以汉族为主，回族等少数民族约占总人口的2%。

0237 索池乡

简　介：索池明清时代属府城里，民国属西康乡，新中国初属第二区，1955年改属小川区，1958年属小川人民公社，1961年建索池人民公社，1983年改为索池乡。境内山大沟深，气候温和湿润，境内所产柿饼个大、肉厚无籽，香甜酸软，堪称地方特产，黑木耳朵大、胎薄，富含多种对人体有益的微量元素。是过去茶马古道上一处繁华之地，是犀牛江上的一重要渡口，现在仍为成康两县群众进行商品贸易的重要市场。

0238 陈院镇

简　介：陈院取境内陈家院和陈家大庄两村各一字而命名。土改时属第四区辖。公社化时与观音、白马两乡合并为陈院落佛祖地，1968年成立革委会时曾更名为"卫东"公社，一年后又恢复为陈院公社，沿用至今。是全县粮食主产区之一，素有"北大仓"之誉。交通便利。

0239 城关镇

简　介：因县直机关驻地而得名。城关公社作为县城，最早载于史籍是在宋代（约13世纪前后）。1949年前曾称为紫金镇，新中国成立后，建城关区政府，辖城北、城南、北关、西关4乡。1955年改为城关镇，1958年至1961年徽、成两县合并，城关与支旗、抛沙、陈院合并为成川公社。1962年初分县，四社仍恢复建制，成立城关公社、城关镇，沿用至今。城关镇自然条件优越，基础设施建设全面，处于全县政治、经济、文化、教育、卫生、交通、信息的中心地带，县内主要以农业、商贸服务业务以及房地产开发为主，是全县主要的粮、油和蔬菜产区，也是城镇化建设的重点区域。是县内人文和自然景观比较集中的地方。

0240 宋坪乡

简　介：宋坪取宋家册和史家坪两村村名首尾字而得，以此相沿。明代属城南里，清朝属南里，民国时其境北部属宜阳乡，南部属镡河组长新中国初属第三区，1955年改甸川区，1958年属南康人民公社，1983年改宋坪乡，2004年南康乡并入宋坪乡。

0241 黄渚镇

简　介：黄渚镇，因地貌而得名，相沿已久。明、清两代设黄渚关巡检司，民国属黑峪乡，新中国初属第七区，1955年属王磨区，1958年归江洛人民公社，1961年建黄渚人民公社，1983年改为黄渚乡，1986年改为黄渚镇。黄渚镇是铅锌矿富集之地，民国时就已采掘。

0242 店村镇

简　介：店村镇因在店村村而得名。1958年划归成县泥阳公社，1961年泥阳公社又建为泥阳、大寨、店村三个公社，1966年，大寨与店村并成为现在规模的店村公社，后改为店村镇。是全县重要的粮食和蔬菜产区。农作物主要有小麦、玉米、豆类、荞麦等，尤其是建立了以"三蒜"为主的蔬菜批发市场，吸引了大批客商，在周边地区产生了较大影响。

0243 鸡峰镇

简　介：以境内鸡峰山而得名。明代属城南里，清朝属南里，民国时属崛洛乡，新中国实属第六区，1955年属化垭区，1958年东西两部分分别建大坪和两河人民公社，1980年两河公社改化垭公社，1983年大坪、化垭均改为乡，2002年化垭乡改为镇，2004年化垭镇与大坪乡合并为鸡峰镇。

0244 王磨镇

简　介：王磨因其地早时的王姓水磨而得名。明代属城北里，清朝属北里，民国时北部属黑峪乡，南部属龙门乡，新中国初均属第七区，1955年属王磨区，1958年建水泉人民公社，1961年建王磨人民公社，1968年王磨公社改称东方红公社，水泉公社改称红旗公社，1972年均恢复原称，1983年分别改为王磨乡和水泉乡，2002年王磨乡改为镇，2004年水泉并入王磨乡，改称王磨镇。镇内植被良好，林木覆盖面达65%以上，耕地大都在河谷和缓坡地带，种植业以粮食为主，境内矿产资源比较丰富，有铅、锌、铁矿和零星铜矿，北部还有质地较好的大理石矿带。

0245 黄陈镇

简　介：黄陈，取相邻的黄塄坎和陈家底下两村村名首字为名，以此相沿。民国时属西康乡，为康县所辖，1958年划归成县。1961年建黄陈人民公社，1968年改称立新公社。1980年再改为黄陈公社，1983年改黄陈乡，2002年改为黄陈镇。

0246 镡河乡

简　介：镡河以最早居其地犀牛江边的居民姓氏为名，相沿已久。明代属城南里，清朝属南里，民国时置镡河乡，新中国初属第五区，1955年改为镡河欧，1958年属两河人民公社，1961年建镡河、镡坝2个人民公社，1983年分别改为镡河、镡坝两乡，2004年合并为镡河乡。境内崇山峻岭，沟壑纵横，植被良好，风光秀丽，气候温和湿润。野生动植物种类较多，有熊、麂、野猪、野山羊等，有天麻、杜仲等数十种中药材；有一条藏量较大的锰铁矿带，还有沙金、汞等矿。

0247 纸坊镇

简　介：纸坊镇过去有造纸手工作坊，故得其名。清世宗雍正九年（1731），纸坊自礼县析出归辖成县，时转置府城里。民国时为府城乡，后划归西和县。至1955年又从西和县划入成县，与府城乡合并后为纸坊区。1958年属小川人民公社，1961年建纸坊人民公社，1983年改纸坊乡，1986年改纸坊镇。

0248 抛沙镇

简　介：因境内有条抛沙河而得名。1955年建4个初级社，1956年撤销区级建制，并为抛沙乡，1962年成立抛沙公社，后改名为抛沙镇。该镇为全县粮食及蔬菜的主要产区之一，交通便利。

0249 红川镇

简　介：红川，旧称横川，因地形得名。明代属城西里，清属西里，民国时为小川镇。新中国初属第三区，1955年改为小川区，1958年改为小川镇。相沿已久。境内区域性小气候差别较大，是全县重要的粮食和油料作物产区，有传统的集贸市场，是成县西部地区较大的农产品和生产、生活资料的集散地，为繁荣经济、搞活流通，镇政府先后划出数十亩土地，兴建综合农贸市场和农产品专业批发市场。小川陈醋、苇席和麻绳闻名全国。

0250 二郎乡

简　介：二郎乡因驻地原有的二郎庙而得名。明代属城北里，清属北里，民国时属黑峪乡，新中国初属第七区，1955年属王磨区，1958年建功立业二郎公社，1969年改称红卫公社、1978年恢复二郎公社原称，1983年改为二郎乡。二郎乡地下资源丰富，铅、锌、铜、金矿已被开发利用，主要作物有小麦、玉米、豆类及洋芋、胡麻等药材。

0251 沙坝镇

简 介：沙坝以地貌特征得名。明代属城西里，清属西里，民国时置小川镇。新中国初属第四区，1955年属抛沙区，1958年属小川人民公社，1961年建沙坝人民公社，1983年改为沙坝乡，2002年又改为沙坝镇。沙坝镇是我县苇席的主要产区之一，有丰富的陶土资源，有传统的烧陶作坊和较多的民间烧陶艺人，所产民间日常器物质地坚硬、耐高温、不渗漏，行销周围地区。

0252 小川镇

简 介：小川因为当地的地貌而得名。明代属城东里，清朝属东里，民国时置甸川镇，新中国初属第三区，1955年属甸川区，1958年建功立业立红川人民公社，1983年改为红川乡，1986年改红川镇，沿用至今。境内土地肥沃，农耕条件十分优越，是本县粮食和经济作物的主产区之一，也是县内东部重要的商品集散地。境内水质极佳，最宜酿造地方特产"横川烧酒"，现改名为"成州"系列酒。

（六十一）陇南市徽县

0253 徽县

简　介：徽县位于甘肃东南部，地处秦巴山地中的徽成盆地，北接天水，西连成县，南通四川，东邻陕西，全县总面积2772平方公里，辖15个乡镇，249个行政村，总人口22万人。徽县古名河池，西汉置县，北宋升为州，清代降为县。历史悠久，著名诗人李白、杜甫都曾在此逗留，并留下了名垂千古的不朽诗篇；南宋抗金名将吴玠、吴璘在此英勇杀敌，英雄事迹至今广为流传；中国工农红军长征时在这里发动了两康徽成战役，陇南地下党在这里点燃了陇南人民革命的熊熊烈火。徽县气候温和，雨量充沛，是陇南市工农业比较发达的县。县内有大小河流600多条，水质优良。交通便捷，宝成铁路穿境而过，316国道、江武公路纵贯全县。徽县还是甘肃省森林资源最丰富的县之一，全县森林覆盖率达45.8%，木材蕴积量275.4万立方米。野生动物种类繁多，已发现的257种野生动物中不少为国家重点保护的珍贵动物。县内土特产品丰富，有各种野生中药材430多种，药用"金银花""七里香"名扬大江南北，银杏、猕猴桃、黑木耳、板栗、狼牙密享誉全国。矿产资源丰富，已探明的矿藏有铅、锌、铁和金等4大类22种。徽县素有"陇上小江南"美誉。境内以三滩风光、吴玠墓碑、栗亭古塔、文池秋色、青泥古道、千年银杏、嘉陵江漂流、月亮峡、仙人湖为主的旅游景点以其独特的魅力吸引了众多的省内外游客。

（六十二）陇南市礼县

0254 盐官镇

简　介：盐官并非盐关，而是因设置管理井盐业生产的盐官而得名。中国秦汉时主管盐政的官署。战国时期，秦国于商鞅变法后设置盐官，管理食盐专营一事。汉初，开山泽之禁，允许私人经营盐业。汉武帝时期，外开边疆，频繁用兵，财用不足，于元狩年间（前122—前115）将盐业收归官营，在中央归大司农属下的斡官经营，纳入国家财政。在产区和主要中转地设隶属于大司农的盐官，盐官没有长丞，亦可由郡守提名任命。盐官主管盐的生产、分配和大规模的转运。西汉末年和王莽时期，设置盐官的郡国和县共37处，分布于27个郡国。东汉初期，汉光武帝废除食盐专卖，但仍在产盐地区设置盐官，主管征收盐税。后汉章帝元和年间一度恢复官营办法，汉和帝永元元年（88）即废止。此后，盐业民营，盐官仍主税课，直至东汉末。汉武帝元狩四年（前119），以东郭咸阳、孔仅为大农丞，领盐铁事，专卖盐铁，禁止私营。于河东、太原、渤海、会稽、蜀、南海等28郡置盐官。元帝时罢，旋复置。东汉时隶郡县，主收盐税。

0255 祁山镇

简　介：祁山镇东起盐官，西至大堡子山，横卧西汉水北侧，绵延25公里，地扼蜀陇之咽喉，势控攻守之要冲，以其独特的地理位置而闻名，为三国时祁山古战场的天然屏障，因诸葛亮"六出祁山"而闻名。位于祁山古战场中部的祁山堡为当年诸葛亮挥师北上、六出祁山、讨伐曹魏的前沿指挥部。堡上武侯祠始建于两晋，后经明清重建，现保存下来的武侯祠为全国五大武侯祠之一。祁山武侯祠建有展室和土地祠，展室陈列有名人书画及国内外知名人士视察武侯祠留影。有陇上书法泰斗顾子惠题写的"武侯祠"匾额悬挂于大门之上，前后《出师表》碑文镶嵌在大门两边。院内有始建于两晋，重建于明清的孔明殿、关羽殿、起佛殿一进三院，塑于道光年间的诸葛亮像手执羽扇，栩栩如生。前院两边建有兵出祁山时的文武将长廊，古祠碑林，有匾额 30 余面，楹联 5 幅，碑刻 20 余幅。以武侯祠为中心，四周有点将台、藏兵湾、九寨、上马石、小祁山、卤城盐井、木门道、铁笼山等十余处古遗址。祁山武侯祠以其丰厚的文化底蕴和优美的自然景观吸引着众多的国内外游客，是礼县主要旅游景点。

（六十三）陇南市康县

0256 康县

简　介：康县素有中国核桃之乡、中国有机茶之乡、中国黑木耳之乡称誉，是中国绿色名县，中国西北蚕桑重点基地县，全国经济林建设先进县，全国食用菌行业先进县。4000年前，康县境内已有人类繁衍生息。西汉武帝元鼎六年（前111）开西南夷，设武都郡平乐道。1929年始建县，初为"永康"，因与浙江"永康"重名，遂删"永"字定名为康县。康县位于甘肃省东南部，毗邻陕南川北。东南与陕西省略阳县、宁强县为邻，西与陇南市武都区接壤，北依西汉水与成县隔河相望。新中国建立后，1957年4月并入武都县，1961年12月恢复康县建制。因康县咀台子控扼交通要道，县政府迁至现驻地。2011年末辖有岸门口、长坝、城关、大堡、两河、平洛、云台、阳坝等8个镇和白杨、店子、豆坝、豆坪、大南峪、迷坝、碾坝、三河坝、寺台、太石、铜钱、王坝、望关13个乡，3个居民委员会，350个村民委员会，辖区总人口19.7万人，全县人口以汉族为主，达19.51万人，占99.6%；其余回、满、瑶、藏、苗、彝、黎、蒙古、土家、维吾尔、哈萨克族等11个少数民族共749人，占总人口0.4%。辖区东起两河镇刘山村，西至豆坝乡李家庄村，最大距离64.2公里；南起阳坝镇店子村，北至寺台乡田坪村，南北最大距离84.9公里，总面积2958.46平方公里。2015年1月，豆坪乡、望关乡、王坝乡、大南峪乡、碾坝乡、豆坝乡6个乡撤乡改镇，同时将豆坪乡改为周家坝镇。

0257 长坝镇

简　介：长坝镇以川坝地较长而得名，因势象形，故名长坝。地处康县西北部，东连城关镇、大堡镇，南接碾坝乡，西与望关乡、武都区黄坪乡、佛崖镇接壤，北与豆坪乡为邻。地势起伏较大，三面环山，东南高，西北低。其新中国成立前属平洛镇和云台镇管辖。1949年12月设长坝乡。1958年11月成立长坝公社。1983年12月由公社改乡。1985年9月改为长坝镇至今。2011年末辖有山根、傅家坝、吴家坝、段家庄、李庄里、大山、长坝、花桥、赵沟、范家寺、老庄里、田家坝、高石、王马、杨山、白杨树坝、大沟里、刘沟，共18个村民委员会，114个村民小组。辖区总人口13102人。总面积153平方公里，辖区东西最大距离11.4公里，南北最大距离13.5公里，人口密度为每平方公里85.6人。

0258 太石乡

简　介：太石乡境内有一大山高峻巍峨，地势险要，名为太石山，曾为古代军旅要道，以山著名，故得名太石乡。地处康县西北隅。距康县县城85公里。东北临西汉水与成县相望，南接平洛镇和豆坪乡，西部与武都区龙坝乡毗连。新中国成立前属平洛镇管辖。建国初设刘河、太石两乡，1955年4月合并，仍为太石乡，1958年11月划归平洛公社，1961年6月分设太石公社。1983年10月改公社为乡至今。2011年末辖有董家湾、何家湾、李家山、巩家山、阳山、寺沟里、水口坝、雍坝、金厂、柑柏树、河口坝11个村民委员会。

0259 碾坝镇

简　介：相传乡政府驻地附近有一古老碾盘，故名碾子坝，简称碾坝。地处康县城以西，距县城15公里。东依城关镇，南邻豆坝乡，西北与武都县毗连，北与长坝镇隔山相望。距县城13公里。解放前为静安乡所辖，1949年12月新政权建立后，属纪常区（现岸门口）所辖，设崔安乡和碾坝乡。1953年7月设碾坝区，1958年11月归康宁公社管辖，1961年12月分设碾坝公社，1983年12月改为碾坝乡。2011年末辖大庄、梁上、蹇后沟、青岗坝、李家湾、小河、田坝、袁家沟、马家沟、袁家坝、肖家山、寺底下、崔家湾、安家坝14个村民委员会。2015年1月，由乡改镇。

0260 三河坝乡

简　介：三河坝乡因境内有秧田河与三河坝河在乡政府附近交汇，形成较宽阔的"Y"形坝子，故名三河坝乡。东邻铜钱乡、白杨乡，南靠阳坝镇，西与武都区西支乡、五马乡接壤，北连店子乡、岸门口镇。1949年12月解放前属罗坪乡，1951年土改时属阳坝区罗坪乡。1953年至1954年分为罗坪和席坝两个乡，1955年4月合作化时并为罗坪乡。1957年8月乡政府迁至三河坝，改为三河乡。1958年7月属铜钱公社三河坝管理区。1961年12月改称三河坝公社。1983年10月改社为乡。2005年6月撤乡并镇，将原秧田乡整体并入，仍称三河坝乡。2011年末，全乡辖小村沟、小垭、三河坝、大湾、席坝、垭合、斜坡、水草坝、马家山、瓦子坝、母家河、公家湾、秧田坝、石碑岭、大湾里、小河坝、牛头山17个村民委员会，73个村民小组。2011年末，全乡共有1643户，5803人。城镇常住人口112人，城镇化率1.9%。辖区东西最大距离27公里，南北最大距离16公里，总面积221.2平方公里，人口密度为26人/平方公里。

0261 两河镇

简　介：两河镇因镇驻地位于清河与麻柳河

交汇处，被称为两河口而得名。地处康县东南部，西与白杨乡、铜钱乡相连，南与阳坝镇接壤，东北两面均与陕西省略阳县乐素河镇、宁强县苍社镇毗邻，特别是两河镇廖坝、丁山两村与苍社镇红石河村插花居住，为陇南、陕南地域特别毗邻区。1949年12月解放后设两河乡，1958年11月成立两河人民公社，1983年12月由公社改乡。1985年9月由乡改镇至今。现辖两河、廖家坝、赵家坝、瓦场、巩坝、刘山、中坝、丁家山、中营、马家坝、后营、吴家营12个村民委员会，58个村民小组。2011年末，辖区总户数1488户，总人口5057人，城镇常住人口1048人，城镇化率20%。总面积165.5平方公里，辖区东西最大距离19.7公里，南北最大距离25公里，人口密度为每平方公里29.5人。

0262 平洛镇

简　介：原为平乐道，后从历史沿袭得名平洛。地处康县西北部，东南与豆坪乡、望关乡接壤，西部与武都区相邻，北依太石乡。镇政府驻平洛镇平洛村，距县城49公里。西汉置平乐（洛）道，属益州刺史部武都郡。汉顺帝永和五年（140）废平乐道。魏太和四年（480）置平洛县，归属梁州修城郡。北周武帝建德元年（572），又属武州。此后一直为武都郡（或阶州）之域。明时置平洛驿。清嘉庆二十五年（1820）置平洛铺。1929年康县初建置平洛乡，1934年1月设平洛区，1940年改平洛镇。1949年12月康县解放后，设立平洛区，在区驻地复设平洛乡。1958年11月废区、乡，建立平洛人民公社。1961年12月又在公社驻地复设平洛区。1968年6月撤区留社，1983年12月改社为乡，1985年9月又撤乡设镇。2011年末辖黄龙山、田家山、瓦舍、张家坪、中寨、平洛、南山、剪子坪、龙坝、团庄、贯沟、刘河、药铺沟、孙家坝、梁山15个村民委员会，90个村民小组。2011年末，辖区总人口11081人，其中城镇常住人口465人，城镇化率4.2%。全镇总面积118.09平方公里，辖区东西最大距离13公里，南北最大距离3.7公里，人口密度为每平方公里94人。

0263 铜钱乡

简　介：铜钱乡因明代正德五年（1511），在铜钱坝村开山采铜铸造铜钱，故名。地处康县城东南部，东与两河镇相连，南与阳坝镇毗邻，西与三河坝乡接壤，北与白杨乡为邻。乡政府驻铜钱坝村，电话区号0939，邮政编码746510。北距康县县城59公里。建国以前属阳坝镇管辖。新中国成立后设铜钱乡。1958年11月设立铜钱公社，1983年10月改社为乡至今。2011年末辖天池、白杨坪、王家湾、双河、铜钱坝、张朋沟、八仙位、罗家坪、郝家坪、环路、亮垭、茶味沟、麻园13个村民委员会，46个村民小组。2011年末，辖区总人口4317人，其中城镇常住人口179人，城镇化率4.1%。辖区东西最大直线距离7.2公里，南北13公里。总面积94平方公里，其中陆地93.83平方公里，占99.8%；水域0.17平方公里，占0.2%。人口密度为每平方公里46人。

0264 王坝镇

简　介：传说北魏时曾在此设和树县，故称县坝。新中国建立后因乡政府驻地在王家坝村，又简称王坝。东邻陕西省略阳县郭镇，南接岸门口镇，西与城关镇相连，北邻云台镇。解放前属王坝乡，驻王家坝。解放初为云台区王坝乡，1952年7月改属第四区（三官区）王坝乡。1958年3月并入三官乡，4月改为康宁公社王坝管理区。1961年12月建王坝公社，1983年12月改王坝公社为王坝乡，下辖何家庄、王家坝、苟家庄、大水沟、李家庄、廖家院、安家山、鸡山坝、青林沟9个村委会。2005年6月撤乡并镇，县政府将原属三官乡的十二湾、左家庄、陈家坝、金家山、金家垭等五村并入王坝乡。2011年末辖左家庄、陈家坝、金家垭、金家山、何家庄、十二湾、大水沟、安家山、王家坝、李家庄、鸡山坝、苟家庄、廖家院、青林沟共14个村民委员会。2015年1月，撤乡设镇。

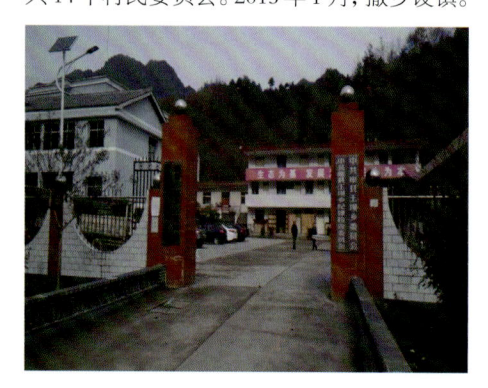

0265 望关镇

简　介：西晋元康六年（296）十二月，杨茂搜始建仇池国，扩地陇南，曾派大将征剿吐蕃。有黑胡子杨大人帅兵西行，途中儿子掉队，至此隘口回望儿子，故名望子关。又说由原"望贼关"讹名而来。地处甘肃省东南部，东靠长坝镇和豆坪乡，西南部与武都区毗邻，北靠平洛镇，镇政府驻地叶湾村（望子关）。于1953年设望关乡，1958年11月归入长坝公社，1961年12月分设望关公社，1983年12月改为望关乡。2011年末共辖有叶湾、贯上、寨子、塄上、沈家湾、李家坝、乱石山、徐罗、坪架梁、中庄、鹞子湾11个村民委员会。2015年1月，由乡改镇。

0266 寺台乡

简　介：清末明初，寺台邱家坝有一寺院，修建在自然形成的土台上，故名寺台，沿用至今。地处康县北部，东邻云台镇，南接大堡镇，西北与豆坪乡毗连，北临西汉水与成县隔江相望，乡人民政府驻杨湾村，邮政编码746504，南距县城47公里。解放初为大堡区朝圣乡，1953年更名寺台乡，1958年2月为大堡公社寺台管理区，1968年6月建立寺台公社，1983年12月改为寺台乡至今。2005年6月将原李山乡苟山、罗湾两村并入寺台乡。2011年末辖罗湾、苟山、田家坪、河口、剪子河坝、寺台、巩家沟、甘林寺、杨湾、马莲、成家湾、黄庄、袁家山13个村民委员会，67个村民小组。2011年末，辖区总人口6235人，另有流动人口340人。城镇常住人口320人，城镇化率5%。辖区东西最大距离30公里，南北最大距离23公里，总面积50.55平方公里。人口密度为123/平方公里。

0267 大南峪镇

简　介：大南峪古称兰皋镇，清康熙六年（1677）改设大兰驿。驿、峪谐音，现"大南峪"之名即从通假借用而来。地处康县北部38公里，东南与陕西省略阳县郭镇为邻，西依云台镇，北连迷坝乡。1949年12月康县解放，大南峪境内设立郑湾、新院等乡，属云台区管辖。1957年8月始设大南峪乡，并将大南沟、李通沟、万家山、贺家沟、李家庄、联欢村（今新庄村）从陕西省略阳县划归康县大南峪乡管辖。1958年11月划归云台公社管辖，1961年6月分设为大南峪公社，1983年12月由社改乡。2011年末，辖有贺家沟、后沟、窑坪、李家河、郑湾、赵家沟、里沟、花庙、万家山、新庄、大南峪、大南沟、李通沟、李湾、新院、宋家河坝、潘家山、焦家沟、安房、李庄、寺沟等21个村民委员会，98个村民小组。2011年末，全乡总人口10644，城镇常住人口510人，城镇化率5%。东西最大距离15公里，南北最大距离25公里，总面积121平方公里，人口密度每平方公里88人。2015年1月，撤乡设镇。

0268 阳坝镇

简　介：梅园河流经镇区，两岸分为阴坝、阳坝，街道及镇区建筑多在阳坝，镇政府即以此命名。地处康县南部，东连两河镇，南部毗邻陕西省宁强县燕子砭镇、安乐河乡，西南与武都区五马、裕河乡接壤，北靠铜钱、三河坝两乡。距县城82公里，1949年12月康县新政权建立，置阳坝区。1953年，阳坝改为第三区，辖阳坝、乱山、龙潭、梅园4乡。1955年合并为阳坝乡、龙潭乡。1958年，康武合县期间，为康宁片阳坝公社，之后一直沿用至1983年12月由社改乡。1985年9月由乡改为镇。2005年6月撤销托河乡、太平乡，两乡整体并入，仍称阳坝镇。2011年末辖有街道社区和大庄子、李家沟、焦家坡、康家坡、托河、叶家坪、傅家湾、蒋家坝、花岩沟、叶子坝、小沟、新寨、五颗石、老庄、阳坝、上坝、郑家河、土垭、老江坝、油房坝、庄窠里、刘家坝、干江坝、阴坝、大沟、前山、龙潭、宋家沟、田坝里、二坪、阴坝子、杜坝、柯家河、耒子沟等34个村民委员会。

0269 迷坝乡

简　介：据传乡政府驻地附近石头密布，以"密"讹"迷"，故名迷坝。东邻陕西省略阳县，南连大南峪乡，西依云台镇，北隔西汉水与成县相望。距县城75公里。据《武阶备志》载："宋为同谷县"，即宋时同谷县治置于境内。解放初迷坝属成县所辖，1958年以西汉水为界划入康县，属云台公社迷坝管理区。1961年12月设迷坝公社，"文化大革命"中改名"永红"公社，1972年7月恢复原名，1983年12月改为迷坝乡至今。全乡共辖马莲、四方庄、姚有山、刘家河、迷坝、王家大山、八罗、腰镡、张台、孟家坝、十字、老沟等12个村民委员会，46个村民小组。

0270 大堡镇

简 介：大堡镇位于康县北部大堡河（修水河）畔，距县城 37 公里。东与云台镇、寺台乡相连，南隔万家大梁与城关镇相邻、北接豆坪乡、西连长坝镇。大堡河横贯全境，寺长公路从西入境在镇区折转向南，纵贯尹家沟五村，河大公路过境，交通便利。全镇辖 17 个行政村。有耕地 17385 亩，辖区内土壤肥沃、光照充足，是康县主要产粮区之一。大堡子，古称宋家坝，清嘉庆前称"大铺子"。嘉庆后，因修筑一城堡，而改名大堡子。1949 年解放后，大堡子分别设立区公署和乡人民政府。1968 年撤区留社，1983 年改社为乡，1985 年 9 月去乡设镇。大堡人杰地灵，人才辈出，历史上先后出现了曹洪有、侯肇彬等历史名人。大堡历史悠久，文化底蕴深厚。大堡是西北"茶马古道"的一条重要支线，庄子村李家山尚保留全县唯一的"传统手工造纸"技术，至今已有近 300 年的历史了，李家山手工造纸被列为省级非物质文化遗产。水洞寺、东岳山、栖凤山（原名龙凤山）、铁佛寺（原名雷响寺、元通寺）是著名的旅游点。

0271 店子乡

简 介：解放前，乡政府驻店子村。解放后，迁至王家河村，仍沿用店子名称。地处县城西南部。东南与三河乡接壤，东北与岸门口镇相邻，西依武都县，北通豆坝乡。解放前为静安乡（今碾坝）所辖，新中国建立初期，地域隶属依旧。1955 年 7 月设店子乡，王家河以上地域原属武都区，1956 年 11 月划归康县。1958 年 11 月店子乡与豆坝乡合并后称豆坝公社，设店子、中坝、解板三个管理区。1961 年 12 月恢复康县建制，设店子公社，隶属嘴台区。1983 年 10 月，改为店子乡至今。全乡辖店子、寺坝、中坝子、王家河、蹇家沟、松树坝、吴家山、陈家庄、马家庄、董家河、九远沟、谢家坝、安子河、莫家沟、张家沟、孙家庄 16 个村民委员会，50 个村民小组。

0272 云台镇

简 介：云台镇因镇南有云台山而得名，云台镇古称白马关，石筑城垣，依山面水，为康县历史悠久的古城之一。其名来自一座寺庙，1925 年云台山寺庙建成开光后，朝山者常年络绎不绝，香火旺盛，远近闻名，因而改白马关为云台。地处康县北部，东连迷坝乡、大南峪乡，南依万家大梁和城关镇、王坝乡接壤，西与寺台乡、大堡镇相接，北至西汉水与成县镡河乡隔河相望，镇政府驻云台村，电话区号 0939，邮政编码 746505，距县城 20 公里。清雍正七年（1729），阶州直隶州在此设置白马关州判；乾隆元年（1736），又改设阶州直隶州白马关分州；民国二年（1913）再度改设白马关警察所；民国十八年（1929）分置康县后，县治设白马关。1983 年 10 月改云台公社为云台镇至今。云台镇共辖大院、中院、陈家峡、陈沟、云台、杜家坝、山岔、罗家湾、杨家湾、蕙家庄、冯院、梧桐坝、上磨、上店、泉坝、唐房坝、铺坝、关场、下磨 19 个村民委员会，129 个村民小组。2011 年末辖区总人口 11402 人，常住人口 10904 人，另有流动人口 498 人。其中城镇常住人口 563 人，城镇化率 4.9%。全镇总面积 116 平方公里。辖区东西最大距离 10 公里，南北最大距离 30 公里，人口密度为每平方公里 98 人。

0273 豆坝镇

简　介: 豆坝，亦称豆家坝。地处康县西南部，东与岸门口镇相畔，南接店子乡，西与武都县琵琶、黄坪两乡接壤，北连碾坝镇。解放前豆家坝为静安乡（今碾坝）所辖，解放后豆家坝为鱼跃乡，属纪常区（岸门口）辖境，1952 年 7 月改属碾坝区。1955 年 9 月鱼跃乡改为豆坝乡，1958 年 12 月将店子、豆坝两乡并为豆坝公社，1961 年 6 月划出店子片，仍为豆坝公社，1983 年 10 月改豆坝公社为豆坝乡。2011 年末辖元丰、栗子坪、豆坝、未石沟、林口里、安河、安山、大河、长沟、捷垭、冯芦、周家沟、刘坝、李坝里、杨李等 15 个村民委员会。2015 年 1 月，撤乡设镇。

（六十四）陇南市文县

0274 文县

简 介：文县，历史悠久。早在原始氏族公社时期已有人类活动。秦王朝时期文县属蜀地巴郡，西汉初，刘邦分巴郡置广汉郡，武帝元鼎六年开西南夷，置阴平道，为广汉北部都尉治阴平。公元九年，王莽称帝，建立新朝又改阴平道为"摧虏"。东汉，安帝永初二年，广汉塞外的参狼羌族人归降于汉，改广汉北部尉为广汉属国，领阴平、甸氐、刚氐三道。三国，魏置阴平郡。西晋初，晋武帝秦始五年复置阴平郡，属秦州。东晋，简文帝咸安元年，以仇池置南秦州，领武都、阴平二郡。南北朝，宋鼎明元年，建阴平国。唐高祖武德元年复置文州，属陇右道。宋太祖乾德乙丑年置文州领曲水县隶属西川路。元世祖至元九年置文州。明太祖洪武四年，改文州为文县。清初因之。康熙元年（1667）陕西与甘肃分治，设甘肃行省，文县从属于甘肃。民国八年（1919）县改为行政公署。民国十五年（1926）改行政公署为县政府。1951年6月，文县属武都专区辖，全县有6区，48乡，138个行政村，726个自然村。1958年4月，撤销武都专员公署，文县属天水专区辖。1961年11月恢复武都专区，文县又划归武都专区辖。1983年11月设置为2镇（城关、碧口），24乡，1984全县设2镇，23个乡。2004年4月，设3镇17乡。2011年12月，撤销中寨乡，建立中寨镇，文县现辖4镇，16乡。

0275 口头坝乡

简 介：有两种关于地名来历的说法，一是因长坪沟口曾挖出一"狗头金"得名"狗头坝"；二是因口头坝村背后山头驻地形似狗头。当地人"狗""口"发音相似，故得名"口头坝"。1949年前属临江区临江乡所辖，1949年12月仍属临江区所辖，设长北、长南两乡，1953年5月属临江区所辖，设长北、长南、杜家3乡，1955年6月将3乡合并为长南乡，1958年4月改为口头坝人民公社，1983年11月改为口头坝乡。2011年末辖口头坝、下西山、上西山、阳山、苍元山、长丰、寺坝、坪上、成家山、柏林、高家山、豆家湾、畦茨坝、柳家、冯坪15个村，下设65个村民小组。2011年末，辖区总人口7028人，其中城镇常住人口151人，城镇化率1.422‰。辖区东西最大距离35公里，南北最大距离45公里，总面积27平方公里，人口密度57.14人/平方公里。

0276 范坝乡

简　介：民国时称梧桐乡（辖范坝、店坝乡境），解放后属玉垒区，设五乡，即河口、范坝、冯家、柏元、店坝。1955年6月文县县委决定合并区乡机构，柏元、冯家二乡并入范坝乡，河口并入玉垒乡，由碧口区管辖。1958年4月，撤乡改社，范坝乡、店坝乡并入碧口公社。1960年8月，公社划小，建范坝、店坝公社由碧口区管辖。范坝公社管委会驻老范坝街，今银厂村八社；店坝公社管委会驻店坝村店子坝社。1970年10月，因修碧口水电站，范坝公社驻地被淹没，范坝公社迁至严家村田家湾。1983年11月，撤社改乡，范坝公社改为范坝乡，店坝公社改为店坝乡。2004年4月，合并乡镇，范坝、店坝2乡合并为1个乡，称范坝乡至今，乡人民政府驻地严家村田家湾社。2011年末辖河口、衡家坝、关子沟、渭沟、陈家坝、银厂、董家河、严家河、王家坝、枣树坪、草坝、竹元、白皂、店坝、高桥、红林、交流、前山、柏元、对树、正沟、半山共22个行政村。

0277 中寨镇

简　介：明、清时曾在中寨境内设过马营乡、武胜乡、中寨乡、镇羌寨乡等基层政权。民国初，沿用清朝乡制，在中寨镇境内曾设武胜乡、马营乡、梨树乡、中寨乡、桑园乡、大海乡、镇羌乡、哈西乡、通屯乡等；民国二十四年设第四区署于中寨，辖关岷（今石鸡坝境）、中寨、镇羌3个联保；民国二十九年区署裁撤，设中路乡。1949年12月8日中寨解放，设中寨区，辖8个乡；1958年12月后，设中寨公社；1961年8月公社划小，境内设马营、中寨、新寨3个公社；1983年11月改设中寨乡，2004年4月撤乡并镇撤销马营乡，将马营村以上的4个村划归中寨乡，2011年12月改设中寨镇，辖20个行政村。2011年末辖有武上、武下、马营、梨树坝、阳志山、花庄坝、中一、中二、中三、兴隆、墩尚、新寨、通屯沟、黄土地、麦架沟、桑元、大海、松坪、峡沟、哈西沟共20个村，下设76个村民小组。

0278 碧口镇

简　介：碧口早年称碧峪口，因碧山沟水而得名。发源于大道岭一带山中的溪水，碧清见底，流经碧山沟，在镇区中心注入白龙江。清朝及民国初期，这里称碧峪乡，曾建立贸易场所，取名"复兴场"。清朝康熙八年（1669），陕甘分治，碧口始归甘肃省阶州辖。民国初年，碧口归渭川道辖。民国二十二年（1933），丁德隆独立旅驻防碧口时碧口首设区公所。民国后期，碧口归第四行政专员公署辖。解放后，碧口归武都地区专员公署文县辖。1958年4月，碧口归天水地区专员公署辖。1962年12月，天水、武都两地区分治，碧口仍归武都地区专员公署文县辖至今。民国时期，碧口政府称乡。1958年4月，碧口政府改称碧口人民公社，后又改称碧口镇人民公社。1966年,"文革"开始后,碧口政府改称碧口镇人民公社革命委员会。1983年11月,碧口政府改称碧口镇人民政府至今。2004年4月,乡镇规模调整,将原肖家乡石龙沟流域的马家山、水蒿坪、磨河坝、窦家坝4个行政村划归碧口镇辖。2011年末辖碧峰、响浪、何家湾、石土地、井地、曲水、白果、李子坝、窦家坝、磨河坝、水蒿坪、马家山12个村,共12个村民委员会,下设上街、中街、新村3个社区,共3个居民委员会,16个居民小组和82个村民小组。2011年末,辖区总人口16849人。

（六十五）陇南市宕昌县

0279 宕昌县

简　介：宕昌县位于甘肃陇南地区西北部，境内高寒阴湿，气候温和，光照充足，冬无严寒，夏无酷暑，属大陆温带季风气候区。全县辖25个乡镇，334个行政村，总人口28.6万人。农业是宕昌的基础产业，农业产值占全县国民总产值的80%以上。农产品资源十分丰富，盛产小麦、玉米、洋芋、大豆等粮食作物和花椒、核桃、苹果等各类经济林果。境内有野生中药材636种，特别是当归、党参、大黄、红芪四大药材种植面积大，产量高，质量优。荣获国家经贸部《荣誉证书》，畅销国内外。全县有森林面积127万亩，草地面积126万亩，具有良好的特种养殖环境。农副产品种类繁多，矿产资源储量大，水能资源十分丰富。旅游资源种类齐全，富集度高，自然景观和人文景观交相辉映。有古老的"宕昌国遗址""古三国栈道"，被列为爱国主义教育基地的哈达铺长征纪念馆，有天设地造的八力大草原、狮子间歇泉，有惊险神秘的韩院牛头寺和假日休闲地高庙山公园。特别是素有"小九寨沟"之称的官鹅沟自然景区和大河坝森林自然景区，是天然的旅游胜地。

（六十六）临夏回族自治州临夏市

0280 临夏回族自治州

简　介：临夏回族自治州因州政府驻地临近大夏河而得名，简称临夏。古称河州，因黄河而得名。地处甘肃省西南部，位于中国大陆版图的几何中心。东濒洮河与定西市相望，南屏太子山与甘南藏族自治州为邻，西倚积石山与青海省毗邻，北临黄河、湟水与兰州市、青海省民和县接壤。自治州首府临夏市，距省会兰州市69公里。甘肃省临夏回族自治州成立于1956年11月，是全国两个回族自治州和全省两个少数民族自治州之一。全州国土总面积8169平方公里，总人口216万人，辖1市7县，即临夏市、临夏县、永靖县、和政县、广河县、康乐县、东乡族自治县、积石山保安族东乡族撒拉族自治县，124个乡镇，6个街道办，1150个行政村。临夏历史积淀深厚，文化多元灿烂。自秦汉以来就设县、置州、建郡，古称枹罕，后改称河州，曾是古丝绸之路南道要冲、唐蕃古道重镇。马家窑文化、半山文化、齐家文化等文化遗址星罗棋布，是我国新石器文化最集中、考古发掘最多的地区之一，被誉为"中国彩陶之乡"。和政县被誉为中国古动物化石的"伊甸园"。是世界非物质文化遗产——民歌"花儿"的发源地，被中国民间艺术家协会命名为"中国花儿之乡"。临夏砖雕、河州贤孝、保安腰刀煅制技艺、莲花山花儿会、松鸣岩花儿会5项民间艺术被列入国家级非物质文化遗产保护名录。

（六十七）临夏回族自治州临夏县

0281 临夏县

简　介：临夏县位于甘肃省中部，东接东乡族自治县、临夏市，东南毗连和政县，南邻甘南藏族自治州夏河县，西界青海省循化撒拉族自治县，北至积石山保安族东乡族撒拉族自治县，东北一隅隔刘家峡水库与永靖县相望。全县总面积1212.4平方公里，版图呈蝴蝶形。全县辖25个乡镇，219个村委会，2个居民委员会，2104个村民小组，77503户，372761人。总耕地面积376627亩，人均耕地1.05亩。有回、汉、东乡、保安、撒拉、土、藏、蒙古、哈萨克等9个民族，人口密度为每平方公里325人，是个多民族共居的纯农业县。自然资源比较丰富，景色独特，人文历史悠久。在五千年的历史长河中，创造了马家窑、半山、马厂三种类型的文化，文化遗址有房屋、室穴、灰坑及墓地等；出土的文物有陶器、石斧、石刀、石纺轮等。营滩乡龙卧村曾有大量的古生物化石出土。民族风情浓郁，国内具有影响的兰州—临夏—拉卜楞—九寨沟、黄龙和兰州—临夏—青海湖、塔尔寺两条旅游热线从县境穿过。

(六十八)临夏回族自治州康乐县

0282 康乐县
简　介：地处甘肃省中南部，临夏回族自治州东南端，洮河下游西侧。东邻临洮、渭源县，西接和政县，南与临潭、卓尼县接壤，北界广河县。人民政府驻地附城镇。北距省会兰州市区77.5公里，西距州府驻地临夏市区49.6公里。历史悠久，自古以来就是回、汉、藏"茶马互市"之地，是古丝绸之路经广河通河州的要塞和西北地区各族人民经济交流的门户。全县辖5镇10乡。

0283 五户乡
简　介：明嘉靖年间，因有骆、张、汪等五姓群众自京、津、晋移民聚居在此而得名。地处康乐县东南部，东接定西市临洮县，南连景古镇，西邻太子山紫沟林区，北靠草滩乡。政府驻地五户村。距县城25.2公里。古代时吐蕃属地，清代用明朝制度统辖，隶属景古里。民国二十一年（1932）前属临潭县飞地，民国二十一年（1932）后为康乐县辖区，属景古区紫松乡。民国二十九年（1940）设五户乡公所。1949年8月，五户解放，设五户、丁滩二乡，属景古区管辖。1950年属于第四区五户乡。1955年丁滩、五户二乡合并成立五户乡，1958年建为五户人民公社，同年11月随康乐县并入和政县。1962年划归康乐县，仍为五户人民公社。1983年4月撤销人民公社，成立五户乡人民政府。2011年底辖五户，打门、朱家、元树、蔡家、下窑、丁滩、丁沟、汪滩、汪沟10个村民委员会，67个村民小组。

0284 胭脂镇
简　介：因地处胭脂川而得名，传说三国时美女貂蝉、骏马赤兔皆出于此。地处康乐县南部，东接定西市临洮县，南连草滩乡，西邻上湾乡，北与附城镇接壤，人民政府驻地马集村。清时称之为胭脂川。1950年1月，胭脂设区。1955年11月，撤消胭脂区。1958年8月成立马集人民公社。1983年4月，改称胭脂乡人民政府。2002年4月胭脂乡撤乡建镇。2005年3月普巴乡撤销，八龙村并入胭脂镇。2011年末辖捞干、大庄、西坡、杨家沟、马集、蒲家、庄头、晏家、八龙、郭家麻、唐哈11个村民委员会，下设151个村民小组。

0285 流川乡

简　介：因古时该处有一当铺而得名，叫当川铺，后改名流川，故名。地处康乐县北部，东接虎关乡，南连康丰乡，西邻白王乡，北靠广河县。2011年末辖团结、古城、苏家、范家、清水、菜子沟、二甲、甘沟8个村民委员会，102个村民小组。

0286 苏集镇

简　介：因明清时期有一沙马族苏姓土司在鱼嘴山打了一座城，老百姓称之为苏城土司，后在此形成集市而得名。地处康乐县西北部，东与附城镇、康丰乡接壤，南连八丹乡、鸣鹿乡，西邻八松乡，北接白王乡。人民政府驻地苏集村。原称苏家集，形成于明清时期。民国二十一年（1932）与临洮县分置，属康乐县第二区。1950年设立苏集乡，1958年8月设立苏集人民公社，11月21日撤销康乐县建制，并入和政县，苏集仍为人民公社。1983年4月改人民公社为人民政府，2001年撤乡建镇，辖区范围不变。2011年下辖苏集、马寨、高楼子、关扎、丰台、半坡、古洞沟、塔关、周家沟9个村民委员会。

0287 鸣鹿乡

简　介：生态环境优越，古时有成群的梅花鹿等动物生息繁衍，人们常能听到呦呦鹿鸣，故取名鸣鹿。地处康乐县西南部，东临八丹乡，南接太子山东湾林区，西连八松乡，北与苏集镇为邻。辖郭家庄、尕路、八才沟、胡麻沟、东沟门、大东沟、洼滩、鸣关、拔子沟9个村民委员会。

0288 景古镇

简　介：地处康乐县南部，东接定西市临洮县，南与莲麓镇相连，西接甘南州卓尼、临潭两县，北与五户乡接壤。因镇政府驻地位于景色秀丽的"金""固"两姓农户所居住的古城而得名。《金史》载："狄道县有景古城。"《水经注》载："蓝川即今康乐城，和博城即今景古城。"景古城筑建于金代，属狄道县所辖，比水池城晚建约500年。康乐明时属河州卫，设当川里、胭脂里、景古里。2011年末辖温家河、八字沟、景古、秦家河、王家沟、安龙、线家滩、坟湾、牟家沟、阿姑山10个村民委员会。

（六十九）临夏回族自治州广河县

0289 广河县

简　介：广河县地处黄土高原丘陵沟壑地带，临夏回族自治州东南部，东临临洮县，西接和政县，南连康乐县，北靠东乡县，面积538平方公里，是国列扶贫开发重点县。全县辖6镇3乡，102个村，1121个合作社，总人口22.7万人。古称太子寺，曾为大夏县、羌县、定羌巡检司、太子寺城，1917年设宁定县，1961年更名为广河县。广河境内自然遗存丰富，文物古迹众多，是我国新石器时代与夏商过渡期典型文化——齐家文化的发祥地，有马家窑文化遗址和丰富的古动物化石遗迹，在国内外享有一定声誉，有"齐家文化摇篮"之美称。交通条件便利，区位优势明显，有"西部旱码头"的美誉。早在汉朝时期，这里就是"丝绸之路"的一个重要驿站，举世闻名的"唐蕃古道"穿此而过，明代又是"茶马互市"的一个重要市场。县内民间资本相对富足，有各类集贸市场26处，特别是皮毛市场与国内各大市场接轨，是西北地区乃至全国的重要集散地之一，三甲集镇被誉为"西北皮毛集散第一集"。

（七十）临夏回族自治州永靖县

0290 永靖县

简　介：永靖县是中国的水电之乡、彩陶之乡、傩文化之乡和恐龙之乡。因企盼"永远安宁"而得名。地处甘肃省中部、临夏回族自治州北部，东临兰州市西固区、七里河区、定西市临洮县，南隔黄河与东乡县、临夏县、积石山县相望，西接青海省民和县，北濒湟水与兰州市红古区、西固区相望。1949年8月23日，永靖县解放。同年9月1日县人民政府成立。1958年10月20日，撤销永靖县建制，政区划归临夏市。1961年12月15日，恢复永靖县建制。1964年5月31日，兰州市西固区关山公社划归永靖县。2001年12月，西河、刘家峡、三塬、岘塬、陈井、王台、红泉、川城8个乡改为镇，其中刘家峡乡更名为太极镇。2005年1月，撤销王坪、段岭两乡建制，所辖村分别并入新寺、坪沟乡。2011年末辖有刘家峡、盐锅峡、太极、西河、三塬、岘塬、陈井、王台、红泉、川城10个镇，杨塔、小岭、新寺、坪沟、关山、徐顶、三条岘7个乡，共计17个乡镇。

0291 红泉镇

简　介：红泉镇以驻地红泉村而得名，东接三塬镇、太极镇，南连杨塔乡、王台镇，西毗小岭乡、川城镇，北邻新寺、王坪乡，属典型的干旱贫困镇之一。全镇共辖9个行政村，67个合作社。主要农产品有小麦、洋芋、豌豆、玉米、谷子、胡麻、芥子等，其中洋芋种植已实现规模化，成为支柱产业，产量高、品质好，淀粉含量在15—18%之间。小麦籽粒饱满，出粉率高，曾有"砂子沟的麦子赛玛瑙"的美称。境内古文化丰富多彩，在砂子沟一带曾多处发掘的大量文物证明，境内有仰韶文化、齐家文化和马家窑文化。境内董家山村发现一处石灰石矿，该石灰石品位高、储藏量大，是生产水泥和烧制石灰的最佳原材料，具有很高的开发价值。境内盛产红柳，已建成红柳生产基地。

（七十一）临夏州回族自治州和政县

0292 和政县

简　介：地处临夏回族自治州南部，东南与广河、康乐两县相邻，南与甘南藏族自治州合作市、卓尼县交界，西与临夏县接壤，北与东乡族自治县毗连。古为羌戎之地。秦统一六国后，属陇西郡枹罕县，汉属陇西郡大夏县。2011年末辖城关、三合、三十里铺、马家堡、买家集、松鸣6个镇及陈家集、罗家集、卜家庄、新营、新庄、达浪、梁家寺7个乡，共13个乡镇。民间艺术有花儿、竹柳编、咪咪等。"松鸣岩花儿"被列入国家级非物质文化遗产，被联合国教科文组织列入"人类非物质文化遗产代表作名录"；和政秧歌列为省级非物质文化遗产项目。

0293 松鸣镇

简　介：原称吊滩乡，因境内有国家4A级风景名胜区松鸣岩而得名。地处大南岔河谷地带，东有槐山梁、风转磨梁、扎马梁，西有大桦梁、上苍梁、下苍梁。东南与广河县买家巷镇、康乐县八松乡接壤，南连太子山林区，西接新庄乡，北邻达浪乡。宋熙宁七年（1074）在今新集村置通会关。清以前属和政驿，1940年属礼让乡，1949年改为礼让区。1954年成立吊滩乡，1958年8月实行政社合一的人民公社制，并入城关公社；1961年12月15日析出，称吊滩人民公社；1983年取消人民公社，设置为吊滩乡。2010年7月撤乡建镇称松鸣镇。2011年末辖狼土泉、吊滩、中心、大山庄、科托、车巴、扁坡、新集、桦林等9个村民委员会，下设113个村民小组。2011年末，辖区总人口17322人，其中城镇常住人口488人，城镇化率2.8%。辖区东西最大距离5.6公里，南北最大距离15公里，总面积67平方公里。

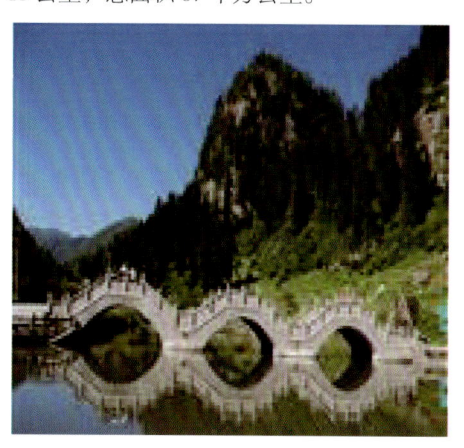

0294 三合镇

简　介：因大、小南岔河和牙塘河汇合于该镇南而得名"三合"。地处和政县中北部，东与广河县买家巷镇接壤，南与达浪乡隔广通河相望，西与城关镇、卜家庄乡毗邻，北连三十里铺镇、陈家集乡。人民政府驻石虎家村，电话区号0930，邮政编码731200，距和政县城 3 公里。清代属于南五会。1950 年归安远区，1954 年设蒿支沟乡。1958 年 12 月撤区并乡，设立三合乡(属广通县管辖)。1958 年乡改公社。1959 年 9 月三合从广通县划归和政县。1983 年 2 月取消人民公社设立三合乡。2002 年 2 月撤乡设镇。2011 年末辖杨家、虎家、石虎家、周刘家、前山、二甲、尕新庄 7 个村民委员会，下设 72 个村民小组。

0295 新营乡

简　介：明代洪武三年（1371），河州设立沿边 24 关，其中就有新营关，有驻军把守，因而得名。地处和政县南部，东接城关镇和新庄乡，西北连买家集镇，南靠太子山山脉。乡人民政府驻河沿村，电话区号 0930，邮政编码 731200，北距和政县城 17 公里。1950 年改为礼让区。1954 年属买家集回族自治区新营乡。1958 年并入买家集公社。1961 年分设新营公社。1983 年 9 月又复为新营乡。2011 年末辖寺营、炭市、河沿、大庄、尕庄、山城、闫菜坪、三坪、大沟 9 个村民委员会，117 个村民小组。

（七十二）临夏州积石山保安族东乡族撒拉族自治县

0296 积石山保安族东乡族撒拉族自治县

简 介：积石山保安族东乡族撒拉族自治县是大禹治水的源头、彩陶王的故乡、中国花椒之乡。因县政府驻地位于小积石山下得名。地处甘肃省西南部，临夏回族自治州境西北，小积石山东麓。东南与临夏县接壤，西与青海省循化撒拉族自治县毗邻，北以黄河为界与青海省民和回族土族自治县隔河相望，东北与永靖县以黄河为界。1980年6月14日，国务院批准成立积石山保安族东乡族撒拉族自治县，县治吹麻滩镇。2011年末辖有17个乡（镇），145个村民委员会，1296个村民小组。辖区总人口25.8万人。总人口以汉族为主，达11.89万人，占46.12%；回族、保安族、东乡族、撒拉族、土族、藏族等12个少数民族，共13.9万人，占53.88%。辖区总面积909.97平方公里，人口密度为每平方公里284人。

0297 刘藏镇

简 介：因历史上此地居住的吐蕃刘藏族而得名。地处县城东南部，东邻铺川乡，南与临夏县营滩乡接壤，西连小关乡，北接中咀岭乡。人民政府驻旧城村。清代属西乡十五会，临夏县永寿乡，1953年属第九区，1958年设立刘藏人民公社，1973年改为刘藏区，1981年2月临夏县与积石山乡置属刘藏人民公社，2004年撤乡建镇。2011年末辖旧城社区1个居民委员会和桥头、吊地洼、麻坝、学文、旧城、红星、纳莫沟、阴洼滩、甘藏沟、杨家岭10个村民委员会，下设旧城居民小组和90个村民小组。2011年末，辖区总人口16281人。辖区总面积27平方公里。人口密度为每平方公里633人。

（七十三）甘南藏族自治州合作市

0298 合作市

简 介：合作市是甘肃省甘南藏族自治州州府所在地，是全州政治、经济、文化、科技中心，也是藏区唯一设立的县级市。地处青藏高原的东南端，甘、青、川三省交界处，位于甘肃省西南部，国道213线和省道306线环城而过。北距甘肃省会兰州250公里，南距四川省会成都860公里，平均海拔3000米以上，年均气温1.7℃，无绝对无霜期。全市辖7乡4个街道办，39个行政村，9个居民委员会，有272个村民小组。"合作"现在是甘南藏族自治州州府所在地合作市的称谓。过去是这里的部落称谓，解放前写作"黑错"。无论写作"合作"还是"黑错"，都是藏语zou的译音。

0299 卡加曼乡

简 介：卡加曼乡位于合作市北部，东连佐盖曼玛乡，东北接卡加道乡，西南交那吾乡、夏河县扎油乡，西北邻夏河县唐尕昂乡。"卡加"系藏语音译，是吐蕃将领玉察长子帕乃之子"卡加"的姓名，由人名而得地名，"曼"意为下，故名卡加曼。乡政府驻新集村，距市区13公里。全乡辖4个行政村，27个自然村，全乡总面积约105.67平方公里，其中耕地1.5万亩，山地占1.4万亩，农作物主要有青稞、春小麦、豌豆、蚕豆、洋芋。

0300 佐盖多玛乡

简 介：据《贡唐·丹白卓美传》和有关史料载，公元8世纪赤松德赞时期，总管噶·益喜达吉到今四川阿坝一带征收赋税。益喜达吉初来乍到，因身着比丘袈裟，人们出于敬畏呼其为"襄佐盖郎"。后将这一地区的部落取"襄佐"的"佐"和盖郎的"盖"而称佐盖，并演变为地名。"多玛"意为上，故名佐盖多玛乡。佐盖多玛乡是合作市唯一的纯牧业乡，也是全州18个重点牧业乡之一，距离州府合作 28 公里，东距旅游地冶力关风景区 65 公里，东南与卓尼县接壤，北面与临夏和政县接壤，西南、西北分别与合作市佐盖曼玛和卡加道乡接壤。境内平均海拔 3600 米左右，年最高气温 18℃，最低气温—30℃，无绝对无霜期。全乡辖 4 个行政村，17 个村民小组。

0301 卡加道乡

简　介：卡加道乡位于合作市东北部 18 公里，"卡加"系藏语音译，是吐蕃将领玉察长子帕乃之子"卡加"的姓名，由人名而得地名，"道"意为上，故名卡加道。全乡土地总面积 55.4 万亩，其中耕地面积 1.18 万亩，林地面积 14.58 万亩。全乡 4 个村委会，26 个村民小组。全乡境内地形复杂，地势高亢，沟壑相间，闻名遐迩的太子山就矗立在境内东北部。

0302 合作市伊合昂街道

简　介：伊合昂为藏语音译，意为"牦牛的心脏"，故得名伊合昂。位于东经 102°54′41″，北纬 34°58′60″，东邻通钦街道办，南与当周街道办接壤，北与坚木克街道办相邻，西与那吾乡相邻。街道辖碌曲路、念钦街两个社区居委会，下设 26 个居民小组。

（七十四）甘南藏族自治州舟曲县

0303 舟曲县

简　介：舟曲县是甘肃省甘南藏族自治州下辖县，位于甘肃南部，甘南藏族自治州东南部。公元1289年，立西固城军民千户所，1949成立西固县人民政府，1954年设立舟曲行政委员会，1955年改为舟曲县，1959年1月改名龙迭县，1962年恢复舟曲县，2011年舟曲县总面积3010平方公里，辖2个镇、17个乡、210个行政村、403个自然村，总人口13.69万人，其中藏族4.6万余人，占34%。舟曲县地处南秦岭山地，地势西北高、东南低，是典型的高山峡谷区，气候属温暖带区，"一江两河（白龙江、拱坝河、博峪河）"贯穿其中，地形地貌复杂，自然灾害频繁。舟曲县有国家级森林公园——沙滩森林公园、翠峰山、拉尕山等自然景观。

0304 曲瓦乡

简　介：曲瓦乡以驻地曲瓦村命名，曲瓦，原名除瓦。"曲瓦"为藏语，意为白色的水。这里明清为黄土司辖地，清雍正七年（1730）改土归流，属阶州西固分州。解放前名除瓦寺。1954年6月设除瓦乡（联合区）。1958年并入巴藏公社。1962年析置除瓦公社。后为除瓦乡。1985年更名曲瓦乡。

0305 八楞乡

简　介：八楞乡地势较低，乡政府驻地为小盆地，地形有"八楞"之说，故名八楞。全乡共辖10个行政村，14个自然村，25个村民小组，有农户1102户，人口4545人，藏族1055户人，占总人口的97%，汉族47户，205人，属纯藏族乡。耕地面积9782.4亩，人均占有耕地2.2亩。西岔梁和金钱沟是诱人的避暑胜地和民俗文化村开发区，沙大公路（沙湾至武坪大水沟口）穿境而过。八楞乡历史较为悠久，沿革源远流长。八楞境内出土"半两"方孔铜币，系先秦惠文王至昭王时期通行货币。东岔湾、斜坡、林家山等台地秦汉时期墓葬的发现，证明先秦时八楞已属秦地。清康熙五十三年（1704）起，八楞为宕昌马土司属地；民国二十三年（1934），划归西固县沙湾乡。1950年设八楞乡，驻阳山村，武坪自治区管辖；1953年增设斜坡乡，驻斜坡村；1958年成立人民公社，斜坡乡并入八楞公社，1984年后更名八楞乡。

（七十五）甘南藏族自治州卓尼县

0306 卓尼县

简　介：卓尼县位于甘南藏族自治州东南部，东与定西地区所属岷县、漳县为邻，南与迭部县相接，西南与四川省若尔盖县睦邻，西与碌曲县、合作市毗连，北与临夏回族自治州所属和政、康乐及定西地区所属渭源县接壤，中部与临潭县环接。总面积5419.68平方公里，设3镇12乡，97个村委会，461个村民小组，有藏、汉、回、土、满、苗等10多个民族。截至2011年末，总人口102371人，其中藏族占68%。全县耕地面积16.73万亩，林地面积360.94万亩，草场面积494.54万亩。洮河是主河流，流经县境8乡镇，长达174公里，水流湍急，水量稳定，可建大中型水电站。境内有较大的车巴河、卡车河、大峪河、冶木河、羊沙河等大小26条支流呈网状分布，水流充足，流量稳定，水质清洁，落差集中。境内广阔的草场和森林，孕育了丰富的动植物资源。矿产资源中硫铁矿和洮砚石储量大，尤以洮砚石最具开发利用价值。旅游资源主要有八大景区，即县城、大峪沟、卡车沟、车巴沟、石门峡、九甸峡、康多峡、阿子塘景区等。主要旅游景点有60多处，大峪沟被列为国家4A级旅游景区，是一方具有广阔前景和迷人魅力的旅游胜地。

0307 尼巴乡

简　介：尼巴乡位于卓尼县西南部车巴沟上沟，东与卡车乡接壤，南与迭部县益哇乡相连，西接四川省若盖县，北靠刀告乡，以原驻地尼巴村而得名。"尼巴"为藏语译音，意为"阳面"。属纯牧区乡，全乡总面积720平方公里，地势西南高，东北低，起伏较大，均为纵横交错的沟谷地带，平均海拔3300米。境内有广阔的森林和草场，自然资源丰富，森林面积约38.7万亩，草场面积430万亩，饲草料地1300亩，水资源充沛。全乡牧业、水利、林业、旅游、药材、矿产、山珍野菜等资源丰富。沟谷河川地带土地肥沃，气候适宜，是理想的牧、林旅游业综合发展基地。全乡共辖4个村委会，15个村民小组，845户，5148人。

0308 柳林镇

简　介：柳林镇位于卓尼县境中部，藏语称"卓尼道"，意为卓尼口，现为县人民政府驻地。是全县政治、经济、文化中心。辖区南临木耳镇，北靠临潭县羊永乡和流顺乡，东临木耳镇，西临喀尔钦乡，平均海拔2000米，洮河贯穿全境，流域长达15公里。

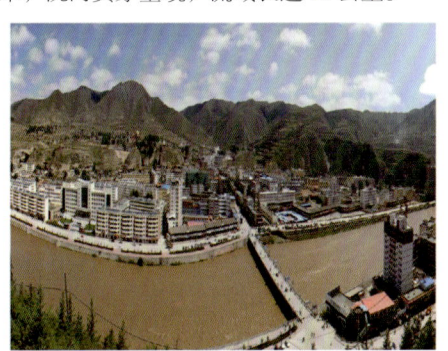

0309 刀告乡

简　介：刀告乡位于卓尼县西南部的车巴沟下沟，乡政府驻贡巴寺，距卓尼县城67公里。东与临潭县术布乡接壤，西南与尼巴乡为邻，北与扎古录镇毗连。刀告乡以原驻地刀告村而得名，刀告为藏语译音，意为"沟口"。全乡总面积305.99平方公里，地势西南高，东北低，起伏较大，均为纵横交错的沟谷地带，平均海拔3300米。境内有广阔的森林和草场，林地面积15.67万亩，草场面积28.16万亩，耕地5161亩。洮河最大的一级支流车巴河流经全境，牧业、水利、林业、旅游、药材、山珍野菜等资源丰富。沟谷河川地带土地肥沃，气候适中，是理想的牧、农、林业综合发展基地。全乡共辖3个村委会，17个村民小组，850户，4550人。

0310 阿子滩乡

简　介：阿子滩乡位于卓尼县中北部，省道312线贯穿全乡而过，距卓尼县城33公里，距临潭县城5公里。"阿子滩"乃藏语音译，原为"阿赀塘"，意为"阿赀的川和滩"，据传为吐谷浑王阿才的驻地而得名。东接临潭县卓洛乡、本县申藏乡，南临临潭县古古、术布乡，西与完冒乡毗连，北连恰盖乡。全乡总面积113.79平方公里，其中草场面积11.9万亩，耕地面积24100亩。

（七十六）甘南藏族自治州临潭县

0311 三岔乡

简 介：三岔乡，辖斜沟村、高楼子村、半沟村、直沟村、岳家河村等5个行政村，下设21个村民小组。1949年设八角乡，1958年并入冶力关公社，1962年析置八角公社，1983年复置乡。位于县境东北部，距县城110公里。面积134.2平方公里，人口0.5万。有简易公路接新（城）冶（力关）公路。辖庙花山、中庄、八角、竹林、切阳、牙扎、巴度、牙希山8个村委会。属高山深谷地形。农产品有小麦、青稞、豆类、胡麻、油菜子等，兼有牧业。还产有党参、当归、大黄、秦艽、黄连、丹参等药材。边境地区有莲花山风景名胜区，为省级森林公园。自然资源较丰富，有森林面积44000多亩，主要树种为云杉、落叶松幼树，每亩60株左右，下木有蔷薇、忍冬、枸子、珍珠梅、金露梅等，覆盖都在70%左右。野生动物有豹子、麝、狐狸、狼、狍鹿、兔子及野鸡等。耕地面积7300亩，人均2.8亩；可利用草地面积9.6万亩，林地面积2.65万亩。

0312 石门乡

简 介：石门乡由辖区内"石门金锁"的传说而得名。地处临潭县东部，东濒洮河，东南与王旗乡相连，南连王旗乡、店子乡，西南接店子乡，西与新城镇相衔，北、西北、东北与羊沙乡相邻。人民政府驻大桥关村，1936年8月，中国工农红军长征途径临潭时，有四方面部分红军攻占临潭后于新城地区成立了苏维埃政府。1938年，甘肃省调整行政督察区，扩大第一督察区（岷县）范围，划石门为该区隶属。1953年，划归临潭县管辖。1953年设乡，1958年并入新城公社，1962年改为石门公社，1983年复置乡。辖大桥关村、大河桥村、罗卜沟村、草山村、三旦沟村、占旗河村、扎浪沟村、梁家坡村、石门口村、园里村10个行政村，下设49个村民小组。耕地面积1.18万亩，人均1.6亩；可利用草地面积7.53万亩，林地面积5.94万亩。粮食作物以小麦、青稞、蚕豆、油菜、洋芋为主。

0313 八角乡

简 介：八角乡相传是由藏语"哇交"演变而来。"哇交"属于藏语，为"祈祷成功"之意。在民国末年，八角公社分别为莲峰乡和冶海乡管辖。解放后，自1949年至1959年属临潭县第四区（冶力关）管辖。

1958年公社化后临、卓两县分开，从冶力关公社划出组建为八角人民公社，沿用至今。八角公社今辖8个大队，38个生产队，46个村。耕地面积8800亩，人均1.6亩；可利用草地面积4.78万亩，林地面积9.7815万亩。粮食作物以冬小麦、蚕豆、豌豆、洋芋等为主。

0314 长川乡

简　介：长川乡是以驻长川村命名的。而长川村，是以原名"常喇嘛川"演变而来的。相传该地早期住有一位姓常的喇嘛，故得名常麻川。民国末年，属伪临潭县西平乡管辖。1949年后，先后为临潭县第二区（旧城）和三川区管辖，名为和平乡。1958年9月7日为和平人民公社，12月20日划归羊永人民公社管辖。1962年初，置千家寨人民公社。9月2日，千家寨人民公社更名为长川人民公社。1984年改为长川乡。辖木地坡、汪槐、马牌、塔那、长川、千家寨、冯旗、沙巴、敏家咀、阳升等10个村民委员会，49个村民小组。耕地面积2.78万亩，人均2.66亩。粮食作物以小麦、青稞、洋芋为主。主要经济作物有油菜、中药材等。畜牧业以牛、羊、猪、家禽等为主。

0315 新城镇

简　介：由新筑的城垣而得名新城镇。新城镇位于临潭县中部，西临流顺乡，东靠店子乡，南连洮滨乡，北与石门乡、卓尼县恰盖乡接壤。最早建于北魏太和五年（481），为吐谷浑11世14传王符连筹所建，称洪和城，距今已有1600多年的历史。北、隋、唐置美相县，天宝中更名为临潭县，宋置通民堡，元、明、清三代为洮州府、卫、厅址，民国二年二次列名为临潭县，一直到1953年县府西迁旧城，设立新城乡。新城镇共辖端阳沟、后池、西街、东街、南门河、晏家堡、丁家山、东南沟、东山、刘旗、红崖、李家庄、羊房、哈尕滩、口子下、肖家沟、扁都、吴家沟、下川、张旗等20个行政村。

0316 古战乡

简　介：古战相传为藏语，为"大帐篷"之意。清初康熙二十六年编纂的《洮州卫志》记为"古尔占"，又清末光绪三十三年纂写的《洮州厅志》载为"古尔占"，藏语称其地为"可达那",为"城内"之意。临潭县西部地区,东、东南与城关镇隔山相望,南、西南邻术布乡,西、北、东北均与卓尼县阿子滩乡接壤。人民政府驻古战村。耕地面积6300亩,人均2.03亩。可利用草地面积9663亩,林地面积2037亩。其中小麦、青稞、洋芋等粮食作物播种面积2583亩,经济作物油菜籽、大芥等播种面积为2205亩,饲料作物苜蓿、燕麦、箭舌豌豆等播种面积1512亩,畜牧业以养殖为主。

0317 羊沙乡

简　介:羊沙乡位于临潭县驻地东北方向65公里处。东濒洮河,西接卓尼县恰盖。有驻羊沙自然村而得名。羊沙为藏语之称,意为"陡峭之地"。《洮州厅志》记载为"羊撒"。1949年前为莲峰乡管辖。解放后为临潭县第四区(冶力关区)和第五区(羊沙区)管辖。1953年设甘沟乡、岸门乡。1958年公社化时,临、卓两县合并后,划归北山公社管辖。1962年,临、卓两县分开后,正式组建为羊沙人民公社,1984年改为羊沙乡。辖大草滩村、羊沙村、新庄村、下河村、甘沟村、秋峪村等6个村民委员会,下设32个村民小组。耕地面积9833亩,人均1.67亩;可利用草地面积11.9万亩,林地面积11.7万亩。粮食作物以小麦、青稞、豌豆、油菜、洋芋、药材为主。

0318 卓洛乡

简　介:卓洛回族乡因乡政府驻卓洛村而得名。卓洛为藏语译音,清朝时曾译名为"着洛"(见《洮州厅志》),意为"平川里的松树"。解放前,属旧城镇(即今之临潭县城关镇)管辖,解放后,于1963年建立人民公社,1980年改为卓洛乡人民政府,1985年成立卓洛回族乡至今。

0319 冶力关镇

简　介:冶力关镇,是由原称"野林关"演变而来(见明驼《李自成陇南》)。而"野林关"相传是以野外森林和关隘组合得名的。另有"冶里关"和"冶林关"的书写和称呼。《洮州厅志》载为"冶泥关"。民国末年,属临潭县冶海乡管辖。自1949年底至1957年为临潭县第四区(冶力关)管辖。1958年临、卓两县合并后,建立冶力关人民公社,并划朳哇和八角一带地区为该社管辖。1962年,临、卓两县分开后,名称仍称冶力关。2002年撤乡建镇。

0320 流顺乡

简　介：流顺乡，是以明初百户刘顺得名的。刘顺乡的名胜古迹有候家寺、红堡子古城。解放前为西平乡管辖。1949后，为临潭县第二区（旧城）管辖，1951后属三川区（羊永）管辖，1958年改名春光人民公社。1962年羊永公社划出成立流顺人民公社，1983年设流顺乡，并沿用至今。辖宋家庄、上寨、眼藏、八仁、汪家咀、丁家堡6个行政村，50个村民小组。

（七十七）甘南藏族自治州迭部县

0321 迭部县

简　介：甘肃省甘南州迭部县位于青藏高原东部边缘，甘南州东南部，白龙江上游的高山峡谷地带。海拔高度1600米—4920米之间。全县辖10个乡，总人口5.6万人，系藏民族聚居区。总土地面积为5108.3平方公里，地势西北高，东南低，东西长110公里，南北宽75公里。县境内青山碧水，层岭叠嶂，遍布悬泉、飞瀑、神湖、秀峰、隘峡等奇丽而壮观。气候温和湿润，四季分明，冬无严寒，夏无酷暑。年平均气温6.7℃。县内有森林、矿产、水能、草场、珍稀动植物，旅游资源非常丰富。全县林地面积30.07万公顷，占总面积的58.32%。水利资源目前境内装机容量达2.9万千瓦。天然草场235.28万亩。现已探明的有金、铜、铁、钒、镁、白云岩等17种矿产资源。县境内野生动植物资源也非常丰富，有大熊猫、羚羊、雪豹、梅花鹿、红腹锦鸡、水獭等国家重点保护珍稀动物27种。野生经济植物主要有沙棘、蕨菜、木耳、羊肚菌、蘑菇等无污染天然绿色食品，受到国内外商家的青睐。野生药材植物127种，中药材总量在3200吨以上，还有很多营养丰富、具有保健作用的野生植物和菌类资源待开发利用。

（七十八）甘南藏族自治州玛曲县

0322 玛曲县

简　介：藏语称黄河为"玛曲"，因流经玛卿山，取其山名首字"玛"，"曲"为藏语河流总称而得名。玛曲县位于青藏高原东端，甘南藏族自治州西南部，地处甘青川三省结合部。东北以西倾山为界与碌曲县接壤，东南与四川省阿坝藏族羌族自治州若尔盖县、阿坝县为邻，西南、西北分别与青海省果洛藏族自治州久治县、甘德县、玛沁县毗邻，北接青海省黄南藏族自治州河南蒙古族自治县。全县总面积10190平方公里，海拔3300—4806米，年平均气温1.2℃，平均降水量为611.9毫米，气候寒冷阴湿，无绝对无霜期。全县辖7乡1镇1场1站41个行政村，总人口5.64万人，其中藏族人口占89%以上。拥有集中连片的天然优质草场1288万亩，是甘肃省主要的牧区和唯一的纯牧业县。境内畜牧、矿产、水电、旅游、藏药材、风能、太阳能等资源丰富，是河曲马、阿万仓牦牛、欧拉羊和河曲藏獒四大优良畜种的产地，"天下黄河第一弯""世界最大最美湿地草场""格萨尔发祥地""中国赛马之乡""藏民歌弹唱故里"等旅游品牌享誉海内外。生态地位突出，黄河环流县境433公里，境内有560万亩的湿地资源，构成黄河上游完整的水源体系，具有很强的水源涵养和水土保持功能，是维系黄河中下游地区生态安全的天然屏障，素有"中华水塔"之称，被誉为"地球之肾"和"天然蓄水池"。

0323 齐哈玛乡

简　介：齐哈玛，藏语意即住河边，因人们居牧于黄河首曲的扎西塘而得名。位于玛曲县境南部，东、南、西与四川省阿坝县接壤，北与本县采日玛乡隔黄河相望，地势西南高、东北低。解放前属拉卜楞寺院管辖，1950年属夏河县第七区，1954年由玛曲行政委员会管辖，1958年属尼玛公社农业队，1959年设置齐哈玛公社，1962年改为齐哈玛乡，1968年恢复齐哈玛公社，1983年11月25日改社设乡至今。

0324 欧拉秀玛乡

简　介：欧拉意即"银角"，秀玛即"下"，以二世嘉木样在阿米欧拉山顶埋下装有银宝之角而得名。位于玛曲县境西部，东与本县欧拉乡接壤，南与本县木西合乡为邻，背对阿尼玛卿山主峰，西北与青海省甘德、玛沁县相接，北与青海河南蒙古族自治县隔黄河相望。地势西北、东南高，东北低。乡政府驻西麦朵塘，距玛曲县城107公里。解放前为拉卜楞寺院管辖的郭哇制，1958年后属欧拉公社，1966年—1981年甘南州曾建西柯合羊场，1981年10月西柯合羊场撤销，玛曲县人民政府报请甘肃省人民政府批准，于1982年成立欧拉秀玛公社，1983年11月25日改社设乡至今。

0325 阿万仓乡

简　介：原部落名称，以土官姓名而得名，仓即部落，阿万即阿秀万青甲布。阿万仓乡位于玛曲县境南部，东与甘南州河曲马场、本县阿孜畜牧实验站相接，南与四川省阿坝县求吉玛乡、青海省久治县康赛尔乡相邻，西与本县木西合乡接壤，北与本县欧拉乡相连。地势西北高、东南低。解放前为拉卜楞寺院管辖的土官世袭制部落，1949年至1958年先后隶属于夏河第七区，1958年前沿袭土官世袭制，同年10月成立阿万仓人民公社，1962年改称阿万仓乡，1968年底又恢复阿万仓人民公社。

0326 曼日玛乡

简　介：曼日玛以地理方位得名，意即"下部落"。地处玛曲县境东南部，北与甘南藏族自治州河曲马场为邻，东与四川省若尔盖县隔黄河相望，南与本县采日玛乡接壤，西与阿孜畜牧实验站、阿万仓乡相接。乡人民政府驻夏休，电话区号0941，邮政编码747305，距玛曲县城54公里。350年前左右，从四川阿坝县克可合地方迁来12户牧民，头人名叫潮塔尔本（方言潮音乔），故命名乔科，其人之子分居今玛曲县阿万仓、齐哈玛、曼日玛三处，称三乔科，乔科曼日玛是其中的一个，简称曼日玛。1958年与采日玛合并成立公社，1962年分设曼日玛乡，1968年改设曼日玛公社。

0327 欧拉乡

简　介：全称为欧拉拉德，简称欧拉，欧拉即"银角"，拉德即"神庄"之意。据传200多年前，拉卜楞寺院二世嘉木样来此地时，在阿米欧拉山巅埋下装有银宝之角，故名欧拉，拉德系寺院管辖的村庄。位于玛曲县境中西部，东与甘南藏族自治州河曲马场相邻，南与本县阿万仓、木西合乡由阿尼玛卿山（积石山）背接，西与本县欧拉秀玛乡相连，北与本县尼玛镇、青海省河南蒙古族自治县隔黄河相邻，地势因阿尼玛卿山东西横贯而西南高、东北低。解放前属拉卜楞寺院管辖，1954年由玛曲行委管辖，1958年成立欧拉公社，1962年改称欧拉乡，1968年底又改称公社，1983年11月25日改社设乡至今。

0328 采日玛乡

简　介：200多年前，从四川阿坝、贾诺、华尔秀部落有部分牧民迁居此地，因头人姓采，故名采日玛部落，简称采日玛。位于县境东南部，东与四川省若尔盖县隔河相望，南与本县齐哈玛乡相邻，西与四川省阿坝县求吉玛乡隔河接壤，北与本县阿孜畜牧实验站、曼日玛乡相接，因欧吾木山从西北向东南递减，地势西北高、东南低。解放前属拉卜楞寺院管辖，1950年属夏河县第七区，1954年由玛曲行政委员会乔科管辖，1958年与曼日玛合并成立乔科公社，为第二大队，1962年分社，成立采日玛乡，1968年底改为采日玛公社。

0329 尼玛镇

简　介：尼玛藏语意即"阳面"，因地处西倾山南麓而得名。是玛曲县政治、文化、经济中心。地处县境东北部，西倾山南麓，黄河西流段北岸，甘、青、川三省交界处。东与碌曲县尕海乡接壤，南与四川省若尔盖县辖麦乡、玛曲县欧拉乡为邻，西北与青海省河南蒙古族自治县相连。据传17世纪末，四川省卓格12部落之一，卓格浪哇若最先迁居这里，后又相继迁来3个部落。18世纪中叶，第二世嘉木样统辖这些部落时命名为卓格尼玛部落。1958年初成立尼玛乡，当年10月建立人民公社，1962年2月又改为尼玛乡，1968年底又改为公社，2003年撤乡建镇至今。

0330 木西合乡

简　介：木西合系木拉、西合强两部落之合称，简称木西合。位于玛曲县境西南部，东与本县阿万仓乡接壤，南、西与青海省久治县门堂乡相邻，北与本县欧拉、欧拉秀玛乡毗邻。地势西北高、东南低。解放前属夏河寺院管辖，1958年建社时系阿万仓公社二大队，1960年改称群强公社（当时洮江县委以期待该社贫困变富强而命名），1962年改称群强乡，1968年底恢复原称，1982年底根据地名命名原则及群众意愿更名为木西合公社。

甘肃省文化资源名录

第三十卷 地名文化 I

村、社区

（一）兰州市七里河区
（二）兰州市西固区
（三）兰州市安宁区
（四）兰州市榆中县
（五）玉门市
（六）敦煌市
（七）酒泉市肃北蒙古族自治县
（八）嘉峪关市
（九）金昌市永昌县

（一）兰州市七里河区

0001 魏岭乡龙池村

简 介：据传说，这个地方曾经有一片海，随着地势增高，在这里形成了一条盘龙，后来龙随着黄河流入大海，人们在这里聚居，故称为龙池，后因政府改制，称之为龙池村。龙池村地处魏岭乡中梁，全村辖龙池、蒋家湾。主要特色产业有马铃薯、百合等。

0002 阿干镇大沟村

简 介：大沟村位于兰州市七里河区阿干镇东部，距市区24公里，距镇政府8公里，海拔2400—2660米，无霜期160天，年平均降水量380毫米，年平均气温5—6℃，属高寒二阴山区。全村共辖4个村民小组，干沟破、小盘道、大盘道、石关子，总户数225户，全村总人口886人，农作物以种植百合、玉米为主，少量种植小麦和洋芋、豆类等。

0003 彭家坪镇贾家山村

简 介：相传该村最早为贾姓居住，称贾家山村。清朝乾隆四十六年（1782），贾姓人因战乱而迁往外地，现该村无贾姓，但贾家山村名仍保留至今，现有人口574人。

0004 黄裕乡王官营村

简 介：王官营村地处黄峪乡北端，与彭家坪镇禄家庄村相邻，是全乡最大的行政村，距近郊龚家湾仅4公里，全村辖车家坝、阴洼、阳洼、堡子、王官营、河子、西山等7个自然村。共有农户635户，3066人，劳动力1679人。总耕地面积4460亩。农业生产以蔬菜为主，主要特色产业有韭黄、胡萝卜、西红柿等。明代系王姓百户管理之屯营区，后屯营废，村名沿用王官营。王官营村以王氏人家居多，故称为王官营大队，后因政府改制，称之为王官营村。现王官营村村民姓氏较杂，有张姓、李姓、梁姓等，但还是以王姓居多。

0005 阿干镇马泉村

简　介：马泉村位于阿干镇西部，距市区29公里，距镇政府8公里，东邻本镇琅峪村，西接临洮县中铺镇，南界榆中县银山乡，北邻本镇坪岭村，海拔2200—2400米，无霜期160天，年平均降水量380毫米，年平均气温6—8℃，全村共辖8个村民小组：马上、马下、后沟岭、三条、水泉、上关、黑沟、山庄，总户数415户，总人口1668人。

0006 阿干镇民意社区

简　介：民意小区于2007年2月开始建设，于2009年7月完工。占地面积37431平方米，建设规模67375.93平方米，共16栋，总户数1056户。民意社区成立于2010年12月26日，因"民意小区"的建设而得名。

0007 黄裕乡鲁家村

简　介：该村地处黄峪乡南部，该村属黄峪乡后山地带，距市区30公里，境内山大沟深，村民居住较为分散，全村辖鲁家、孟家、王家窑3个村民小组。鲁家村因其村内村民以鲁姓居多而得其名。

0008 八里镇二十里铺村

简　介：明代在此间有店铺，因距兰州旧城20华里，故名二十里铺村。

0009 彭家坪镇蒋家坪村

简　介：相传600年前，明朝肃王带家人落于此地，免税垦殖，后因山西蒋姓人家迁此垦居，蒋氏家族逐渐兴旺，遂名蒋家坪，沿用至今，现有人口1267人。

0010 彭家坪镇石板山村

简　介：石板山村山高坡陡，顶部平坦，形似石板，遂名石板山。1983年5月正式成立为石板山村，现有人口437人。

0011 彭家坪镇彭家坪村

简　介：明朝洪武年间由山西洪洞县大槐树迁移来到此地，以彭姓人居多，1983年改名为彭家坪村，现有人口1380人。

0012 八里镇后五泉村

简　介：因这里也有龙泉、伏泉、马黄泉、叶家泉、谢家泉等五眼泉水，正好背对前山的惠泉、蒙泉、甘露泉、摸子泉、掬月泉等五泉，故兰州人俗称后五泉。

0013 黄峪乡中庄村

简　介：中庄村地处黄峪乡东山片，距市区6公里，海拔1700—2200米，境内山大沟深，村民居住分散。全村辖韩家咀、黑洼、下沟、马莲沟、中五、中六6个村民小组，农作物以小麦、玉米、洋芋和百合等为主。中庄村因地处黄峪乡东山片，其东西南北都有村庄、人家居住，因其地理位置居中而得其名。

0014 彭家坪镇土门墩新村

简　介：土门墩原位于黄峪沟水下游西岸黄河之南，自古以黄河为天然护城河。元亡明兴时，为防御赤金蒙古、瓦剌部族的南下侵扰，乃于明神宗万历元年（1573）复加修固，是为长城上的一处墩台。1969年至1971年土门墩农户由原驻地迁至东大坪，沿用旧村名称，形成重名，1982年4月经七里河区政府正式命名为土门墩新村，现有人口1173人。

0015 阿干镇大水子社区

简　介：据说，大水子域内有几条沟，其中有一条沟内流水湍急，水流量较大，称之为大水沟，另外一条水流量较小的称之为小水沟。大水沟有几盘水磨，在当地比较有名，后把这儿称为大水子。另说，大水子旧时有一大片水地，盛产花樱萝卜，水分十足，口感细嫩香甜，故把这片地域称为大水子。

0016 黄峪乡邵家洼村

简　介：该村地处黄峪乡南部，境内山大沟深，村民居住较为分散，全村辖吴家咀、陈家沟、邵家洼、丁家洼、常家庄、陡咀子、麻地湾7个村民小组，现有农户457户，1961人。耕地面积4599亩，均为旱地，大部分是山坡陡地、石山土盖头，有林地面积2170.4亩。农作物以百合、洋芋、小麦为主。邵家洼村因其邵家洼村小组在7个村民小组中地理位置居中，村民以邵姓居多而得名。

0017 阿干镇中街社区

简　介：阿干镇中街社区距离兰州市区21公里，属沉陷区，城乡结合地带，位于兰阿公路，由于地域的限制，两山夹一沟，沿途坡度大，弯道多，路面狭窄，无排水设施；原来由西街居委会、中街居委会、下街居委会组成，这里有丰富的煤炭资源，居民群众一直过着靠山吃山的生活，在经历40多年的大规模机械开采和乱采乱挖后，致使资源枯竭，靠山吃山变成了一句空话。2001年阿干镇人民镇府对原三居委会进行合并改名，因原中街居委会地理位置居辖区繁华路段，人口集中，因此命名为中街社区。

0018 彭家坪镇王家堡新村

简　介：据顾炎武《天下郡国利病书》（卷57堡砦页14）记载：明初为防残元铁骑侵扰，"移民实边"，浙江余姚兵部尚书王阳明(宗任)迁徙兰州之后裔，筑堡曰王家堡。1959年由原址搬迁至东大坪，任旧延旧村名称，形成重名。1982年4月正式命名为王家堡新村，占地面积1.08平方公里，现有人口1173人。

0019 阿干镇阿干村

简　介：阿干镇早在北宋元丰年（1083），即阿干堡。后金世宗大定二十二年（1182）升为阿干县，元初仍为阿干县，又为司候司，元世祖至元七年（1270）废县、司并入兰州，名为兰州阿干里。明洪武年间（1268—1398）开采煤矿，随即制陶、冶铁、铁器加工业相继发展，商贸兴起，阿干镇成为远近闻名的集镇，阿干镇煤炭开采自开采之日起至21世纪，是兰州市工业用煤和民用燃料的主要生产基地之一。阿干村位于七里河区南部，距市区20公里，距镇政府1公里，全村共有6个村民小组。

0020 彭家坪镇龚家湾新社区

简　介：明朝肃藩移民戍边时，江浙一带迁来龚姓移民在此筑堡寨，防兵患，垦田定居，遂名堡子，后因龚姓家族兴旺聚落于一弯曲地带，故改称堡子为龚家湾。2007年改为龚家湾新社区，占地面积3平方公里，现有人口3216人。

0021 魏岭乡沈家岭村

简　介：据历史资料显示，因为第一个扎根的是姓沈的一户人，所以这地方叫做沈家岭，后因政府改制，称之为沈家岭村。沈家岭村地处魏岭乡东端，全村辖沈家岭、孟家梁、尖角地、侯家湾、潘家岘等5个自然村。农业生产以百合为主，主要特色产业有马铃薯、百合等。

（二）兰州市西固区

0022 河口镇岗镇村
简　介：岗镇村，明代称沙岗墩，清代称沙金岗，民国时期改称岗镇村。有上岗子、下岗子和套沟3个自然村，水川耕地面积872亩，在秦川有插花地、旱地1244亩，总耕地面积2100余亩。

0023 东川镇下车村
简　介：该村位于东川镇西北面，因以前水车灌溉，梁家湾车拐子处有上车、中车2架水车，下车村有一架水车，称为下车。该村北濒临黄河与五〇四厂以河为界，南临甘青公路同四七一厂为邻，西与新城镇下川村接壤，东同东川镇政府隔百米之远。

0024 河口镇石圈村
简　介：此地曾是游牧民族的栖息之地，游牧民族以畜牧为生，遂取当地山脉裸露而出的石头石块为围墙，以供羊群圈养，早出晚归，周而复始，因得名石圈儿，有上石圈、下石圈、殿摊、沙沟门4个自然村，总耕地1148亩，主要生产蔬菜、粮食和水果。

（三）兰州市安宁区

0025 安宁堡街道红艺社区

简　介：红艺社区位于上川中段。1973年后，逐步建起新住宅区。1984年前为安宁堡大队第三、四、五生产队。1984年冬建乡时设村，合并成立上庄子村民委员会。1988年9月19日更名为红艺村村民委员会。红象征喜庆，艺因村北为乡园艺科学实验站基地而得名。包括红艺村、上崖根、上庄子西段。1991年建村委会于上庄子。1992年被安宁区授予文明村光荣称号，特产蜜桃，驰名全国。

0026 安宁堡街道河涝坡社区

简　介：河涝坡社区原名河楼坡，源于本村村头建一座东阁楼，故称为河楼坡。又因为乡民沿坡南下，经大沙沟去黄河饮水，取名河路坡，后转音叫河涝坡，沿用至今。1984年前为安宁堡大队第九、第十生产队，1984年冬建乡时设村。辖河涝坡、南门村东段、东门外南段、罗家坟一带。

0027 沙井驿街道西沙社区

简　介：西沙社区位于安宁区西大门，东与沙井驿社区相连，西与西固区张家大坪相连，南临黄河，北依凤凰山、望东山，与皋兰县中心乡相接，是西固区、安宁区、永登县三地的交接点，是安宁的西大门。社区总面积约2.5平方公里。2002年2月成立社区时有居民696户，1706人。社区驻有兰州制胶厂（破产）和甘肃东兴铝业公司（搬迁）等企业，因兰渝铁路编组站建设拆迁。辖区现有居民380户，810人，大部分居民已经迁回二十九家园。

0028 安宁堡街道东门社区

简　介：东门社区因位于安宁堡东城门外一带而得名。原有关帝庙一座，1978年拆除。1984年前为安宁堡大队第十一、十二、十三生产队，1984年冬建乡时设村。辖东门外南北一条大道，南连南门街东口，北接刘沙公路，区内建有衬衫厂、橡塑厂和粮站。

（四）兰州市榆中县

0029　小康营乡李家营村
简　介：相传汉朝赵充国屯军在榆中，设七十二营堡，营盘按领兵人姓氏命名此地为李家营。土改时属郭家营乡，1958年为城关基层社郭家营大队，1961年为王保营公社郭家营大队，1965年为王保营公社，合并小康营公社，1980年合郭家营为李家营大队，1983年社改乡时设郭家营村委会。该合并村地势平坦，水源充足，气候温和。以农为主，适种小麦、蔬菜等。有村办小学、保健站、石灰厂等。小（康营）双（店子）公路过境，交通便利。

0030　夏官营镇孙家营村
简　介：该村土改时为二区孙家营乡，1955年为王保营乡孙家营行政村，1956年为先锋社，1958年为双店子大队孙家营中队，1961年为双店子公社孙家营大队，1965年与双店子公社合并为三角城公社，沿用孙家营大队，1983年社改乡时，设孙家营村民委员会，2004年3月撤三角城乡将该村归夏官营镇管辖，沿用至今。

0031　园子岔乡小岔村
简　介：该村土改时属园子岔乡小岔行政区，合作化时为小岔初级社，后和胃子岔、园子岔合并为民主社，公社化时为青城基层社小岔大队，1983年社改乡时设小岔村委会。

0032　城关镇杨家庄村
简　介：该村土改时属一区峡口乡杨家庄行政村，合作化时为峡口高级社杨家庄生产大队，1961年为城关公社杨家庄大队，1983年社改乡时，设杨家庄村民委员会，沿用至今。该村位于城关镇的西部，属川区村，以农为主，主要种植小麦、玉米、胡麻、洋芋等作物。

0033　马坡乡张家寺村
简　介：清末时，村东建"玉泉寺"，村内张姓大户每年向寺内献小孩当喇嘛，改名张家寺，以后以寺定名。该村土改时属羊寨乡张家寺行政村，合作化时建初级社，后为高级社的两个生产队，公社化时为榆中县红旗公社城关基层社八大队羊寨中队的一个作业组，1961年为马坡公社张家寺大队，1983年社改乡时为张家寺村民委员会。该村属二阴山区，以农为主，产小麦、洋芋、蔬菜等。

0034　定远镇邓家营村
简　介：相传唐代在此地驻军扎营，后来邓氏人到此地居住，得名邓家营。该村土改时属皋兰县定远区邓家营乡，1954年划为大池泉乡，合作化时为定远初、高级社，1958年划归榆中县，1961年为定远公社邓家营大队，1983年社改乡时为邓家营村委会。该村系山坡地，处两沟三岭、二阴地区，起伏较大。

0035 连搭乡张家坪村

简　介：该村以姓氏和地形得名。该村土改时属皋兰县朱典营乡，合作化时为胡家营高级社，1958年划榆中县为连搭公张家坪大队，1983年社改乡时为张家坪村委会。该村大部分为山坡地，地势由南向北逐渐平缓，产小麦、蔬菜等作物。

0036 夏官营镇大兴营村

简　介：相传唐代此地曾驻军营，后因该村建有一座天主教堂，故名塔兴营，1956年改为大兴营，意为解放后人民生活大有兴旺之家。该村1952年为夏官营区大兴营乡，1955年为夏官营乡大兴营行政村，1958年为金崖基层社夏官营大队大兴营中队，1961年为双店子公社大兴营大队，1965年双店子公社合并为三角城公社为大兴营大队，1983年社改乡时，为大兴营村民员会，2004年3月撤三角城乡将该村归夏官营镇管辖，沿用至今。

0037 清水驿乡东古城村

简　介：明朝肃藩王镇守金城（兰州）时，在此地筑城池一座，地处金城东，取名东古城。该村土改时为甘草区清水乡东古城行政村，1956年为东合社，1958年为高崖基层社清水大队东古城中队，1961年为清水公社东古城大队，1983年社改乡时为东古城村委会。

0038 小康营乡刘家营村

简　介：相传汉朝赵充国屯军在榆中，设七十二营堡，按领兵人姓氏取营盘名称此地为刘家营。土改时为王保营乡，1958年为城关基层社王保营大队洪亮营中队，1961年为王保营公社洪亮营大队，1980年合洪亮营分队，为刘家营大队，1983年社改乡时设刘家营村委会。

0039 和平镇袁家营村

简　介：历史上此地住过军营，后袁氏人在此营基上定居，故名袁家营。该村土改时属皋兰县定远区袁家营乡，1956年建袁家营初、高级社，1958年为东岗区和平公社袁家营大队，1963年划榆中县，1983年社改乡时为袁家营村委会。

0040 甘草店镇东村

简　介：该村土改时为四区甘草乡，1955年为五星高级社，1958年为高崖基层社甘草店大队，1961年分为西队、东队、北队、河东4个大队，1965年由东队和河东合为东村大队，1983年社改乡时设东村村委会。

0041 小康营乡洪亮营村

简　介：相传汉朝赵充国屯军在榆中，设七十二营堡，此地姓洪的领兵晚上点灯为号，取名洪亮营。土改时为王保营乡，1958年为城关基层社王保营大队洪亮营中队，1961年为王保营公社洪亮营大队，1980年合刘家营分队为洪亮营大队，1983年社改乡时设洪亮营村民委员会。该村属平川，水源充足。以农为主，产小麦、洋芋等。有村办小学、医疗站各1所，小（康营）公路过境。

0042 金崖镇邴家湾村

简　介：邴氏人先住此地，地形北边靠山，东西高，中间低南临宛川河，形状似湾，取名邴家湾。解放初属金崖区邴家湾乡，合作化时为和平社，1961年为金崖公社邴家湾大队，1983年社改乡时设邴家湾村民委员会，沿用至今。

0043 夏官营镇双店子村
简　介：宋代杭州两兄弟被发配到此，该地是兰州通往西安的古道，他俩在路南北各设小店一处为生，故名双店子。该村土改时为甘草区清水乡双店子行政村，1955年为双店子初、高级社，1958年为清水大队双店子中队，1961年为双店子公社双店子大队，1965年双店子公社合并为三角城公社为双店子大队，1983年社改乡时为双店子村民委员会，2004年3月撤三角城乡将该村归夏官营镇管辖，沿用至今。

0044 清水驿乡孟家山村
简　介：该村以原驻地孟家山得名。该村1952年为甘草区清水乡孟家山村，1955年为三墩营乡，1958年为高崖基层社清水大队孟家山中队，1961年清水公社孟家山大队，1983年社改乡时为孟家山村委会。

0045 连搭乡朱典营村
简　介：相传此地唐代曾驻军营，朱姓人在此开店，叫朱店营，后因生意兴旺又是第一个开店者，"店"与"典"相近，故为朱典营。该村土改时为皋兰县连搭区朱典营乡，合作化时为朱典营初、高级社，1958年划榆中县为连搭公社朱典营大队，1983年社改乡时，设朱典营村民委员会。

0046 夏官营镇太平堡村
简　介：别名乱庄，清同治年间，回汉两族发生矛盾，除堡子住的人外，余者全部遇害，故得名太平堡。该村解放初属金崖区过店子乡，合作化时为太平堡高级社，1961年为夏官营公社太平堡大队，1983年社改乡时，设太平堡村民委员会，沿用至今。

0047 夏官营镇高墩营村
简　介：相传唐代曾驻军营，筑有土墩，地势较高，故名高墩营。该村1951年为二区高墩营乡，1955年为三角城乡高墩营行政村，1956年为先锋社，1961年为三角城公社高墩大队，1983年社改乡时，设高墩营村民委员会，2004年3月撤三角城乡将该村归夏官营镇管辖，沿用至今。

0048 夏官营镇化家营村
简　介：相传唐代曾驻军营，后来化氏人居住，取名化家营。该村土改时为二区，1955年为三角城乡化家营行政村，1965年为三角城公社化家营大队，1983年社改乡时，设化家营村民委员会，2004年3月撤三角城乡将该村归夏官营镇管辖，沿用至今。

0049 马坡乡马坡村
简　介：清朝年间牧民为了牧马于山坡，和官兵发生冲突，牧民骑马至分水岭处，遭官兵伏击。后人为纪念死难牧民，取名马坡。该村土改时属马坡乡马坡行政村，合作化时合并羊寨乡建马坡初、高级社，公社化时为榆中红旗公社城关基层社八大队河湾中队马坡生产队，1961年为马坡公社马坡大队，1966年与哈班岔合并为马坡大队，1980年分为马坡大队，1983年社改乡时设马坡村民委员会。

0050 马坡乡打磨沟村
简　介：该村多产磨石，地形是沟，故取名打磨沟。该村土改时属银山乡打磨沟行政村，1955年为初级社，1956年打磨沟、孙家湾、高家湾合为银山高级社，公社化时为阿干公社银山中队，1961年为银山公社打磨沟大队，

1963年划榆中县，1983年社改乡时，设打磨沟村民委员会。2003年合并为马坡乡打磨沟村。该村东南高，西北低，山地干旱，河滩地水源充足，粮食作物以小麦为主，兼种洋芋等。

0051 夏官营镇接驾咀村

简　介：原名结家咀，因几户异姓人住在此地，团结如一家人，山像龙咀伸向川心，故名结家咀。明代肃藩王路过此地，绅士在此迎接，改名接驾咀。该村土改时为甘草区清水乡接驾咀行政村，1955年为接驾咀初、高级社，1958年为清水大队接驾咀中队，1961年为双店子公社接驾咀大队，1965年双店子公社合并了三角城公社，为接驾咀大队，1983年社改乡时为接驾咀村民委员会，2004年3月撤三角城乡将该村归夏官营镇管辖，沿用至今。

0052 新营乡寨子村

简　介：该村《金县志》载：汉朝大将赵充国在榆中设七十二营堡，此地为屯军寨，设大队时取名寨子。该村解放初属新营区沿川乡，合作化时为寨子初、高级社，1958年为新营大队寨子中队，1961年为新营公社寨子大队，1983年社改乡时，设寨子村委会。

0053 金崖镇金家崖村

简　介：在汉朝时，一金氏陕西人居住此地，该地三面临崖，一面靠山，故名金家崖。该村解放初属第五区金崖乡，1958年为金崖基层社金崖大队，1961年为金崖公社金崖大队，1983年社改乡时设金崖村民委员会，沿用至今。

0054 夏官营镇夏官营村

简　介：公元385年至431年，西晋时期，陇西鲜卑族部落酋长乞伏国仁在宛川建都筑勇士城，后被平凉大夏国赫连定部所灭，在攻打勇士城时，兵分三路，主力营扎地称夏国营，因系夏国官兵驻扎的营盘，故称为夏官营。该村解放初属金崖区夏官营乡，合作化时为辰光、万光、红光、新光4个初级社，后合为夏官营高级社，公社化时为金崖基层社夏官营大队，1961年为夏官营公社夏官营大队，1983年社改乡时设夏官营村民委员会，沿用至今。

0055 金崖镇大耳朵村

简　介：元朝时鞑子（蒙古族）住此地，名为鞑子多，以后字音叫别，为大耳朵。该村解放初属贡井区二乡，土改后属梁坪乡，公社化时为贡井基层社梁坪大队大耳朵中队，1961年为梁坪公社大耳朵大队，1983年社改乡时设大耳朵村民委员会，2004年撤乡时归金崖镇管辖，沿用至今。

0056 小康营乡小康营村

简　介：明朝永乐年间，肃庄王出巡勘查墓地，逢雨住在此地，当时居民供官军食用小米，庄王称小康生活，临行取名小康营。该村土改时属二区凫谷乡，合作化时为小康营高级社，1958年为城关基层社小康营大队，1961年为小康营公社小康营大队，1983年社改乡时设小康营村民委员会，沿用至今。

0057 马坡乡窑沟村

简　介：清代末年因沟内建陶器窑而得名。该村土改时属马坡乡窑沟行政村，合作化时建窑沟初级社，后为马坡高级社一个队，公社化时为榆中县红旗公社城关基层社八大队河湾中队一个作业组，1961年为马坡公社窑沟大队，1983年社改乡时为窑沟村民委员会。

0058 和平镇路口村

简 介：该村土改时属阿干区兰山乡路口行政村，合作化时建4个初级社，后转为路口高级社，1958年为阿干公社兰山大队路口小队，1960年为兰山公社路口大队，1964年划榆中县，1983年社改乡时为路口村委会。该村依山旁路，居住分散，以农为主，产小麦、洋芋等。

0059 连搭乡麻启营村

简 介：该村相传唐代曾驻军营，后来麻姓人在此居住，因系第一个在此废营基上的住户，故名麻启营。该村土改时属皋兰县定远区乔家营乡，合作化时为团结高级社，1958年划榆中县，1961年为连搭公社麻启营大队，1983年社改乡时设麻启营村委会。该村属平川，地势由东向西逐渐平缓，产小麦、糜谷、洋芋、蔬菜等，三电西干为主要水源。

0060 和平镇桑园子村

简 介：明代因肃王在此建有桑树园而得名桑园子。该村解放初属皋兰县定远区桑园子乡，合作化时为桑园子初、高级社，1958年划榆中红旗公社金崖基层社黄河大队，1961年为桑园子大队，1965年为来紫堡公社桑园子大队，1983年社改乡时为桑园子村委会。该村属山区，水利条件好，以农为主，产小麦，复种烟叶。

（五）玉门市

0061 昌马乡东湾村
简　介：相传薛仁贵西征时在此牧马，马不胜土蕃，立名昌马，得胜，遂沿用。东湾村是昌马乡的一个村。

0062 六墩乡昌和村
简　介：因地有六墩而得名，2009年移民建乡取名六墩乡，下辖昌河村等。

（六）敦煌市

0063 月牙泉镇月牙泉村

简　介：月牙泉村有月牙泉，因泉为名。月牙泉村位于镇政府的南面，南靠鸣沙山，北邻合水村和杨家桥村，东至鸣山村，西与合水村四组相连。月牙泉村现辖3个村民小组，有人口933人。

0064 莫高镇新墩村

简　介：新墩村南侧原有一座高大的土台，此属清代同治元年所建的一座墩讯，为防守、监视、瞭望、盘查之用，同时也兼有通讯、军用两种性质。此墩属于近代所建，后人便称"新墩"，新墩之名由此产生。新墩村位于镇政府西侧，敦煌火车站新建在此村。新墩村南邻瓜敦公路，北靠郭家堡前进村，东至五墩村，西与苏家堡村相接。新墩村现辖5个村民小组，445户，1600人，耕地3149亩。

（七）酒泉市肃北蒙古族自治县

0065 盐池湾乡阿尔格勒泰村

简　介：该地域历来有大群盘羊栖息，蒙古语称阿尔格勒泰，即有盘羊的地方。此地海拔 3283 米。阿尔格勒泰村可利用草场面积为 43.7 万亩，该村现有 39 户，111 人，各类牲畜存栏 12232 头（只）。主要养殖绵羊、绒山羊、牦牛、马、骆驼等。

0066 盐池湾乡奎腾郭勒村

简　介：奎腾郭勒，地名，意为寒冷的河。奎腾郭勒村海拔 3616 米，可利用草场面积 31.43 万亩，该村现有 26 户，88 人，各类牲畜存栏 12973 头，主要养殖绵羊、绒山羊、牦牛、马、骆驼等。

(八)嘉峪关市

0067 峪泉镇嘉峪关村

简　介：该村因境内嘉峪关关城而得名。嘉峪关关城文化旅游景区就坐落在该村境内。嘉峪关村地处峪泉镇南1公里处，位于东经98°23′，北纬39°82′。东距市区5公里，西与玉门市接壤，南接北大河，北距黄草营村5公里。据考证自魏晋以来，这里就有居民生活。明、清时期居民多为镇守嘉峪关关城官兵的后裔。民国时期，属酒泉县嘉峪区第七保。解放后，属酒泉县嘉峪区峪关乡。1958年属酒泉县嘉峪关公社。1965年随嘉峪关公社从酒泉县划入嘉峪关市管辖。1983年成立嘉峪关村村民委员会。2003年撤乡建镇后属峪泉镇。

（九）金昌市永昌县

0068 六坝乡六坝村

简　介：六坝村是六坝乡人民政府驻地村，因地处东大河灌区第六条水坝得名。

后 记

在甘肃进行全面性的文化资源普查属于首次,将普查成果汇编成大型的文化资源名录在国内也属于前列。《甘肃省文化资源名录》是按照《甘肃省文化提升行动协调推进领导小组工作方案》和《甘肃省文化资源普查和分类分级评估工作实施方案》要求推出的重要成果。经过甘肃省文化资源普查和分类分级评估工作领导小组办公室组织40多名专家学者,在甘肃省文化资源普查平台数据库基础上,历时两年精心编排,终于完成书稿,这是参与全省文化资源普查的所有工作人员集体智慧的结晶。

甘肃省委原常委、省委宣传部原部长连辑,甘肃省委常委、省委组织部部长梁言顺,甘肃省委常委、省委宣传部部长陈青,先后领导和部署了本名录的编辑出版工作。省委宣传部原副部长、省社科院原院长范鹏研究员协调推进了本名录的编写。甘肃省社科院院长王福生研究员组织实施了本名录的策划设计、内容编排、审定并最终定稿。甘肃省社科院副院长马廷旭研究员负责了审稿、统稿和出版发行事宜。刘玉顺同志全程负责了书稿编排工作。

在《甘肃省文化资源名录》面世之际,感谢甘肃省文化提升行动协调推进领导小组各位领导的大力支持与关心,感谢参与普查工作的各市(州)县(区)、有关省直厅局的鼎力相助,感谢参与普查的专家学者和基层工作人员的辛勤付出,感谢中国书籍出版社为本名录的出版所做的努力,感谢所有关心关注本名录的人们。《甘肃省文化资源名录》是从盘清全省文化资源家底的角度入手,收录范围极其宽泛,有部分内容还存在缺项,有的资源没有资源简介,有的资源缺图片等等,给该书的出版留下了遗憾(该套丛书普查数据截至2012年12月31日)。同时,由于我们的水平有限,可能还有错讹疏漏之处,恳请读者随时批评指正,以便在将来进一步完善和修订。

甘肃省社会科学院
2017年7月

甘肃省文化资源名录
总书目

第 一 卷　　可移动文物 Ⅰ（金银器、铜器）
第 二 卷　　可移动文物 Ⅱ（铜器）
第 三 卷　　可移动文物 Ⅲ（铜器、铁器）
第 四 卷　　可移动文物 Ⅳ（陶泥器）
第 五 卷　　可移动文物 Ⅴ（陶泥器）
第 六 卷　　可移动文物 Ⅵ（陶泥器）
第 七 卷　　可移动文物 Ⅶ（陶泥器）
第 八 卷　　可移动文物 Ⅷ（陶泥器）
第 九 卷　　可移动文物 Ⅸ（砖瓦、瓷器）
第 十 卷　　可移动文物 Ⅹ（瓷器）
第 十一 卷　　可移动文物 Ⅺ（宝、玉石器，石器、石刻）
第 十二 卷　　可移动文物 Ⅻ（纺织品、皮革、漆木竹器、珐琅器、玻璃器、骨角牙器、文具乐器法器、绘画）
第 十三 卷　　可移动文物 ⅩⅢ（书法、拓片、玺印、货币、雕塑、造像）
第 十四 卷　　可移动文物 ⅩⅣ（文献图书、徽章、证件、票据、邮品、度量衡器、交通运输工具、武器装备、航天装备、古脊椎动物化石、人类化石、其他）
第 十五 卷　　不可移动文物 Ⅰ（古墓葬、古遗址）
第 十六 卷　　不可移动文物 Ⅱ（古建筑、石窟寺及石刻、其他）
第 十七 卷　　红色文化（故居、旧址、纪念地、纪念设施、烈士墓、其他）
第 十八 卷　　历史事件与人物 Ⅰ（历史事件、历史人物）
第 十九 卷　　历史事件与人物 Ⅱ（历史人物）
第 二十 卷　　历史文献 Ⅰ（古籍）
第二十一卷　　历史文献 Ⅱ（古籍、志书、档案、其他）
第二十二卷　　非物质文化遗产 Ⅰ（民间文学、民间音乐、民间舞蹈、民间戏剧、曲艺）
第二十三卷　　非物质文化遗产 Ⅱ（民间杂技、游艺传统体育与竞技、民间美术、民间技艺）
第二十四卷　　非物质文化遗产 Ⅲ（民间技艺、民间医药、民间信仰、岁时节令、生产商贸习俗、消费习俗、民间知识、人生礼俗）
第二十五卷　　建筑、自然景观文化（建筑文化、自然景观文化）

甘肃省文化资源名录
总书目

第二十六卷	文学艺术Ⅰ（文学、艺术）
第二十七卷	文学艺术Ⅱ（艺术）
第二十八卷	饮食文化（酒、茶、饮料、特色饮食、饮食器皿）
第二十九卷	节庆、赛事、文化之乡（节庆、赛事、文化之乡）
第 三十 卷	地名文化Ⅰ（特色自然地理地名、市州、市县区、乡镇街道、村、社区）
第三十一卷	地名文化Ⅱ（村、社区）
第三十二卷	地名文化Ⅲ（村、社区）
第三十三卷	地名文化Ⅳ（村、社区）
第三十四卷	地名文化Ⅴ（村、社区）
第三十五卷	地名文化Ⅵ（村、社区）
第三十六卷	文化产业、传媒Ⅰ（新闻出版发行服务、广播电视电影服务、文化用品的生产、文化产品生产的辅助生产）
第三十七卷	文化产业、传媒Ⅱ（文化艺术服务、文化信息传输服务、文化休闲娱乐服务、工艺美术品的生产）
第三十八卷	文化产业、传媒Ⅲ（文化创意和艺术服务、文化专用设备的生产、传媒）
第三十九卷	社科研究Ⅰ（机构和团体、著作类、研究报告、学术活动、社科刊物、获奖成果）
第 四十 卷	社科研究Ⅱ（论文）
第四十一卷	社科研究Ⅲ（论文）
第四十二卷	文化类高等教育、文化艺术机构团体Ⅰ（文化类高等教育、文化艺术机构、文艺团体、文艺表演团体、文艺场馆）
第四十三卷	文化类高等教育、文化艺术机构团体Ⅱ（群众文化艺术馆）
第四十四卷	文化人才Ⅰ（社科人才）
第四十五卷	文化人才Ⅱ（社科人才）
第四十六卷	文化人才Ⅲ（图书情报人才、档案人才、文博人才、新闻人才、出版人才、文艺人才）
第四十七卷	文化人才Ⅳ（体育人才、网络文化人才、动漫人才、民间文化人才）
第四十八卷	宗教文化、民族语言文字Ⅰ（教职人员、宗教经卷）
第四十九卷	宗教文化、民族语言文字Ⅱ（宗教活动场所）
第 五十 卷	宗教文化、民族语言文字Ⅲ（宗教活动场所、民族语言文字）